Pioniere der deutschen Wirtschaft

Bernd Ziesemer ist seit über 20 Jahren als Journalist mit den Schwerpunkten Wirtschaft und Außenpolitik tätig. Seit 2002 ist er Chefredakteur des *Handelsblatts*. 1999 erschien von ihm im Campus Verlag *Die Neidfalle. Wie Mißgunst unsere Wirtschaft lähmt.*

Bernd Ziesemer (Hg.)

Pioniere der deutschen Wirtschaft

Was wir von den großen Unternehmer-
persönlichkeiten lernen können

Campus Verlag
Frankfurt/New York

Bibliografische Information der Deutschen Bibliothek.
Die Deutsche Bibliothek verzeichnet diese Publikation in der
Deutschen Nationalbibliografie. Detaillierte bibliografische Daten
sind im Internet über http://dnb.ddb.de abrufbar.
ISBN-13: 978-3-593-38121-3
ISBN-10: 3-593-38121-4

Copyright © 2006 Campus Verlag GmbH, Frankfurt am Main
Umschlaggestaltung: Büro Hamburg
Umschlagmotiv: © akg-images
Druck und Bindung: Freiburger Graphische Betriebe
Gedruckt auf säurefreiem und chlorfrei gebleichtem Papier.
Printed in Germany
Besuchen Sie uns im Internet: www.campus.de

Inhalt

Einleitung

Das Wirtschaftswunder

Wie es wirklich entstand – und wie es sich wiederholen könnte

Wer sich die Deutungshoheit über die Geschichte verschafft, bestimmt auch ein großes Stück Zukunft. Im kollektiven Gedächtnis der (West-)Deutschen sind die Nachkriegsjahrzehnte heute vor allem mit politischen Chiffren besetzt, die in weiten Teilen erst nach 1968 geprägt worden sind. Das gilt besonders für den Begriff der »Adenauer-Zeit«, der im Nachhinein als Sinnbild für eine enge und gleichsam vormoderne Gesellschaft herhalten muss, die sich angeblich erst durch die Studentenrevolte und die nachfolgende Ära der sozial-liberalen Koalition unter Willy Brandt öffnete und liberalisierte. In Wahrheit waren die fünfziger und sechziger Jahre in Deutschland jedoch vornehmlich eins: Dekaden eines bis heute beispiellosen wirtschaftlichen Modernisierungsschubs in der deutschen Wirtschaft, der bis weit in die Gesellschaft ausstrahlte.

Die Geschichte der Bundesrepublik Deutschland war »vor allem ihre Wirtschaftsgeschichte«, schrieb der Bielefelder Historiker Werner Abelshauser schon 1983 zu Recht. »Nichts hat den westdeutschen Staat stärker geprägt als seine wirtschaftliche Entwicklung. Auf keinem anderen Gebiet sind seine Leistungen greifbarer als dort: Ihnen verdankt die zweite, die westdeutsche Republik jene Stabilität und Handlungsfreiheit, die der Republik von Weimar fehlte.« Lange Zeit glich Deutschland sogar, fügte Abelshauser hinzu, »einer Wirtschaft auf der Suche nach ihrem politischen Daseinszweck«.[1] Wie die meisten Historiker befasst sich jedoch auch Abelshauser in seinem Standardwerk *Deutsche Wirtschaftsgeschichte seit 1945* in erster Linie mit den ordnungspolitischen Weichenstellungen, den Konjunkturzyklen und langfristigen volkswirtschaftlichen Trends. Wirtschaftsgeschichte ist jedoch vor allem anderen die Summe vieler Unternehmensentwicklungen. Die Politiker konnten Rahmenbedingungen setzen, aber die Unternehmer »machten« die Wirtschaftsgeschichte. Das gilt gerade für die beiden entscheidenden Dekaden nach dem Ende des Zweiten Weltkriegs.

Die Adenauer-Zeit war die Zeit der Konzernschmiede und Pionierunternehmer, der Gründer und Erfinder, der innovativen Geschäftsideen und neuen Exportstrategien. Einige dieser Pioniere der deutschen Wirtschaft, die unmittelbaren Zeitzeugen der wirtschaftlichen Modernisierung in den fünfziger und sechziger Jahren, leben noch und können über ihre Erfahrungen berichten: Männer wie Werner Otto, der Gründer des gleichnamigen Versandhauskonzerns, oder Dübelerfinder Artur Fischer, der als genialer Tüftler den Grundstein für eine der erfolgreichsten Firmengruppen in Deutschland legte. Männer wie der Schraubenfabrikant Reinhold Würth, der seine mittelständische Unternehmensgruppe in wenigen Jahrzehnten zum Weltmarktführer machte, oder Roland Berger, der Ende der sechziger Jahre erst eine Wäscherei und dann eine der ersten Unternehmensberatungen in Deutschland gründete, die heute zu den erfolgreichsten internationalen Consulting-Firmen gehört. In diesem Buch sprechen sie in und aus ihren Porträts über weite Strecken selbst, ein Stück Wirtschaftsgeschichte als »oral history«.

Reporter des *Handelsblatts* machten sich vor mehr als einem Jahr auf die Suche nach den Männern, die Deutschlands Unternehmen über weite Strecken zu dem gemacht haben, was sie heute sind. Einige dieser Männer stehen auch hochbetagt noch immer in engem Kontakt mit ihren Unternehmen und wirken in der Öffentlichkeit, andere zogen sich bereits vor vielen Jahren völlig ins Privatleben zurück. Einige von ihnen waren sofort begeistert, an diesem Projekt mitzuarbeiten. Andere wollten mühsam überzeugt werden, bevor sie sich oft nach vielen Jahren zum ersten Mal wieder zu einem Gespräch mit Journalisten bereit erklärten. Einige Gesprächspartner, die bereits feste Termine mit uns vereinbart hatten wie der Bertelsmann-Patriarch Reinhard Mohn, mussten in letzter Minute krankheitshalber wieder absagen. Die Entstehungsgeschichte dieses Buches wurde damit fast so spannend wie sein eigentlicher Inhalt. Einige unserer Gesprächspartner stellten uns die Fragmente ihrer Lebenserinnerungen und umfangreiche Dokumentensammlungen zur Verfügung. Anderen liegt nichts ferner als die Idee, Memoiren zu verfassen. Alle aber opferten uns ihre Zeit: Denn wir wollten nur die Unternehmer porträtieren, mit denen wir auch selbst (oft viele Stunden) über ihre eigenen Erfahrungen sprechen konnten. Ergänzt wurden diese Gespräche durch akribische Archivrecherchen, bei denen wir auf die umfangreichen Datensammlungen des *Handelsblatts* zurückgreifen konnten, das seit seiner Gründung 1946 die Entwicklung der deutschen Unternehmen begleitet.

Die Auswahl der auf diese Weise entstandenen Geschichten kann deshalb zwar nicht im engeren Sinne als repräsentativ für eine ganze Unternehmergeneration gelten: Viele prägende Gestalten der Nachkriegswirtschaft sind gestorben, wie Josef Neckermann oder Aenne Burda. Andere wie die Gebrüder Albrecht beantworten grundsätzlich keine Fragen von Publizisten oder Historikern. Trotzdem ergeben sich aus der Gesamtschau der vorliegenden Porträts erstaunliche Parallelen, die den Begriff der Repräsentativität durchaus rechtfertigen. Die Lebensleistung dieser Unternehmer, die heute im siebten, achten oder gar neunten Lebensjahrzehnt stehen, verdichten sich zu einem erstaunlichen Ausschnitt der deutschen Wirtschaftsgeschichte.

Die Porträts von 15 deutschen Pionierunternehmern, die in diesem Buch nach monatelanger Arbeit versammelt sind, unterscheiden sich von vielen anderen Schilderungen aber nicht nur durch die unmittelbare Nähe, die wir herstellen konnten. Sie unterscheiden sich auch in einem anderen wichtigen Punkt: In allen Gesprächen mit diesen Ausnahmeunternehmern ging es nicht nur um die Vergangenheit der deutschen Wirtschaft, sondern auch um Lehren für die wirtschaftliche Zukunft eines Landes, das sich seit nunmehr mindestens zehn Jahren im Teufelskreis sinkender Wachstumsraten und steigender Arbeitslosigkeit dreht. Gerade diese Frage reizte viele hochbetagte Unternehmer zur Mitarbeit an diesem Projekt.

Wir fragten alle unsere Gesprächspartner: Stimmt möglicherweise die bekannte Diagnose des Bundespräsidenten, Deutschland sei sich in den letzten Jahren »selbst untreu geworden«? In seiner oft zitierten Berliner Grundsatzrede vom 15. März 2005 betonte Horst Köhler: »Wir vernachlässigen schon lange das Erfolgsrezept, das der Bundesrepublik Deutschland nach dem Krieg Zuversicht und Wohlstand, Stabilität und Ansehen gebracht hat. Es gab Zeiten, da sprach noch niemand von Globalisierung, aber der VW lief in aller Welt – und lief und lief. Damals galt in der Bundesrepublik eine Ordnung, die Leistung ermutige und sozialen Fortschritt brachte.« Diese »Ordnung der Freiheit« sei im Niedergang, fügte der Bundespräsident hinzu, »weil immer neue Eingriffe sie schleichend zersetzt haben, selbst wenn sie gut gemeint waren.«

Seit Jahrzehnten fallen Bundes- und Landesregierungen und nicht zuletzt Brüssel immer neue Auflagen und Regulierungen für die Wirtschaft ein, Wirtschafts- und Sozialverbände haben das Ihre dazu getan, die Tarifpartner schlossen Verträge zu Lasten von Dritten, und die Bürger ließen sich gern immer neue Wohltaten versprechen und Geschenke machen.« Notwendig sei daher in Deutschland eine Rückbesinnung auf Ordnungspolitik: »Die Ordnung der Freiheit bedeutet: Die Bürger beauftragen den Staat, die Spielregeln zu setzen. Aber das Spiel machen die Bürger. Die Regeln lauten: Privateigentum und Vertragsfreiheit, Wettbewerb und offene Märkte, freie Preisbildung und ein stabiles Geldwesen, eine Sicherung vor den großen Lebensrisiken für jeden und Haftung aller für ihr Tun und Lassen. Der moderne Sozialstaat schützt vor Not; aber er gaukelt nicht vor, dem Einzelnen den einmal erreichten Lebensstandard garantieren zu können.«[2]

Eine erheblich sparsamere Regelungsdichte für die Wirtschaft im Ganzen und eine geringere Belastung der Unternehmen durch Sozial- und Steuerlasten standen auf jeden Fall am Anfang des deutschen Wiederaufstiegs nach dem Zweiten Weltkrieg. Die Staatsquote, also der Anteil der öffentlichen Hand an der gesamten Wirtschaftsleistung, lag weit unter den Werten in den achtziger und neunziger Jahren. Dieser Zustand war jedoch weniger politisch gewollt, als das Ergebnis wirtschaftlicher Prozesse. Unternehmer nutzten die Freiräume, die in der »Stunde Null« entstanden waren, ohne lange zu fragen und auf regierungsamtliche Vorgaben zu warten. Die Bürokratien funktionierten noch nicht wieder, selbstverliebte politische Detailregelungen wie heute waren noch die Ausnahme. Die Ingenieure des Sozialstaats, die heute immer kompliziertere Systeme konstruieren und das Land so in die Komplexitätsfalle treiben, steckten noch in den Kinderschuhen. Die Brüsseler Kommission mit ihrer Dauerproduktion an Regelungen für den europäischen Wirtschaftsraum existierte noch nicht. Die Wirtschaftstätigkeit wuchs schon bald so schnell, dass der Staatsanteil am Bruttosozialprodukt schon fast zwangsläufig zurückbleiben musste. Der Boom nährte den Boom. So lange offene Not in Deutschland herrschte, hielten die Finanzminister außerdem die öffentliche Verschwendung im Zaum. Die Bürger konsumierten munter, der Staat sparte eisern und erwirtschaftete Haushaltsüberschüsse – heute ist es genau umgekehrt.

Die bewussten Verfechter einer freien Marktwirtschaft wie Ludwig Erhard gerieten jedoch in Deutschland trotzdem schon bald in die politische Defensive, wie der amerikanische Historiker Alfred C. Mierzejewski in seiner vor kurzem erschienen brillanten Biografie über den ersten Bundeswirtschaftsminister nachgewiesen hat: »In Deutschland gab es eine lange Tradition antikapitalistischer Ressentiments, die von der verbreiteten Auffassung, die Ära des Kapitalismus sei mit der Wirtschaftskrise zu Ende gegangen, noch verstärkt wurde«, schreibt der Erhard-Biograf. »Lediglich kollektivistische Lösungen, die den Einzelnen vor Wettbewerb schützen, hatten Aussicht auf Unterstützung.«[3] Was das politisch-gesellschaftliche Gesamtklima betraf, hatten es die Unternehmer in den fünfziger Jahren also auch nicht leichter als heute.

Der Bundeswirtschaftsminister war nach der Währungsreform

persönlich in der Bevölkerung überaus populär, politisch aber fein-
dete man ihn schon bald von allen Seiten an. Bundeskanzler Konrad Adenauer, ein begnadeter Taktiker der Macht, führte Deutschland in die Westbindung und festigte die neue Demokratie. »Wir
aber wählen die Freiheit«, verkündete der wichtigste deutsche Nach-
kriegspolitiker immer wieder. Ordnungspolitisch aber dachte Adenauer nicht, die Wirkungsweisen einer freien Marktwirtschaft blieben
ihm in vieler Hinsicht fremd. Ähnlich wie Bismarck im 19. Jahrhundert mit der Einführung der Sozialversicherung, wollte der Bundeskanzler die Sozialdemokraten mit den eigenen Waffen schlagen
und baute den Sozialstaat selbst schnell und massiv aus. Das Ergebnis waren nur allzu oft falsche wirtschaftspolitische Weichenstellungen.

Oft kämpfte Erhard, unterstützt von nur wenigen ordoliberalen
Professoren, ganz allein auf weiter Flur gegen die mächtigsten Inte-
ressengruppen. Der Bundesverband der Deutschen Industrie vertei-
digte unter seinem autoritären, mit Adenauer durch allerlei Kunge-
leien und Ränkespiele eng verbundenen Präsidenten Fritz Berg mit
aller Macht die wettbewerbsfeindlichen Kartellstrukturen, die in
der Kriegswirtschaft entstanden waren. Die Gewerkschaften mit ihrem nicht minder einflussreichen DGB-Vorsitzenden Hans Böckler
setzten 1951 gegen den erbitterten Widerstand Erhards die Mitbestimmung im Montanbereich durch, die schon bald auf die gesamte
Industrie ausgedehnt wurde. Und Adenauer brachte gegen jegliche
ökonomische Vernunft schon bald ein dynamisches Rentengesetz
ein, das die Alterseinkünfte fest an die Lohnentwicklung koppelte
und damit die Basis für eines der größten Probleme schuf, unter denen Deutschland heute leidet. In einem Brief an den Bundeskanzler
prophezeite Erhard bereits am 24. Mai 1955 das Abgleiten in einen
Subventions- und Wohlfahrtsstaat, der sich nur dadurch am Leben
erhalte, »dass er den verschiedenen Wählerschaften Vergünstigun-
gen zukommen lasse«.

Die Wirkungen falscher ordnungspolitischer Weichenstellungen
entwickelten sich jedoch nur sehr langsam und mit erheblicher Zeit-

verzögerung – oft erst nach Jahrzehnten. Die Konjunkturzyklen überdeckten kurzfristig die unmittelbaren Folgen staatlichen Handels. Am Ende aber waren die Wirkungen nicht zu übersehen: In den fünfziger Jahren wuchs die deutsche Wirtschaft um phänomenale 107 Prozent, in den sechziger Jahren um 55 Prozent, in den siebziger Jahren trotz Ölkrise immerhin um 31 Prozent, in den achtziger Jahren (also noch vor der Wiedervereinigung) nur noch um 23 Prozent. Seitdem verringerten sich die Zuwächse weiter. Schon 1982 forderte der damalige Wirtschaftsminister Otto Graf Lambsdorff in seinem berühmten »Wendepapier« vergeblich eine Diskussion über die Erosion der deutschen Wettbewerbskraft. Die wachsende Arbeitslosigkeit, die unkontrollierbare Eskalation der Haushaltsprobleme und die mangelnde Finanzierbarkeit der Sozialsysteme führten über kurz oder lang in eine »Systemkrise«, prophezeite der FDP-Politiker schon damals. Erst in den letzten Jahren setzt sich in allen etablierten Parteien allmählich die Erkenntnis durch, dass Lambsdorff richtig lag. Die Kraft zu einschneidenden Reformen in Deutschland aber fehlt. Das maximale Wachstumspotenzial der deutschen Wirtschaft liegt heute bei gerade 1 Prozent pro Jahr – viel zu wenig, um die Etatprobleme zu lösen und das langfristige Überleben der Sozialsysteme zu sichern.

Wieso lag das Wachstum aber in den fünfziger und sechziger Jahren so viel höher als heute? In dieser Boomphase kamen in Deutschland gleich mehrere objektive und subjektive Faktoren zusammen, die sich in den nachfolgenden Jahrzehnten immer weiter abschwächten oder sogar in ihr Gegenteil verkehrten. So profitierte die westdeutsche Wirtschaft damals von einer schnell wachsenden Bevölkerung: Erst zogen Hunderttausende von Vertriebenen aus den ehemaligen Ostgebieten des Deutschen Reiches in die junge Bundesrepublik, dann sorgten ein Babyboom und die Massenflucht aus der DDR für weiter steigende Kopfzahlen und ein stetiges Angebot an neuen Arbeitskräften. Später kamen die Gastarbeiter hinzu. Im Inland war der Warenhunger so groß – man denke nur an die berühmte »Fresswelle« in den fünfziger Jahren –, dass die Binnenkonjunktur nahezu von selbst lief. Der niedrige Außenwert der D-Mark machte deutsche Waren zugleich überall auf den Weltmärkten im höchsten Maße konkurrenzfähig. Der Koreakrieg führte zu einem besonderen Nachfrageboom in der Eisen- und Stahlindustrie, den traditionellen Eckpfeilern der deutschen Wirtschaft.

Genauso wichtig aber waren die subjektiven Faktoren: Die Leistungsbereitschaft in der Bevölkerung war ungebrochen, die 35-Stunden-Woche und die »Freizeitgesellschaft« lagen noch in weiter Ferne. Der Zukunftshunger der Kriegsüberlebenden prägte die gesellschaftlichen Erwartungen. Die Unternehmerinitiative stieß noch auf wenig Hindernisse. Und der bereits erwähnte Modernisierungsschub trug in der gesamten Wirtschaft zu erheblichen Rationalisierungsgewinnen bei. Soviel Zukunft wie damals war selten in Deutschland: Der Anteil neuer Produkte und neu gegründeter Unternehmen am Wachstum der deutschen Volkswirtschaft lag in den Jahrzehnten danach nie wieder so hoch wie in der viel gescholtenen und als altmodisch verlachten Adenauer-Zeit. Wer sie als restaurativ oder sogar reaktionär beschreibt, missachtet also die wirtschaftlichen Fakten. Das gilt auch für die innere Entwicklung der Unternehmen.

In den ersten Jahren nach 1945 übernahmen in vielen Unternehmen zwar noch einmal die »überlebensgroßen Führungspersönlichkeiten der Zwischenkriegszeit« (so der Historiker Harold James[4]) das Ruder – Männer wie zum Beispiel Hans-Günther Sohl bei Thyssen. Sie bemühten sich mit eisernem Willen vor allem darum, das zusammenzuhalten, was Krieg, Demontage und Entflechtungspolitik der Besatzungsmächte von den alteingesessenen Vorkriegskonzernen übrig gelassen hatten. Das beste Beispiel dafür war Krupp: Nach dem »Gesetz Nr. 27 der Alliierten Hohen Kommission« vom Mai 1950 sollte der Essener Konzern wesentliche Betriebsteile verkaufen, sodass seine Überlebensfähigkeit auf dem Spiel stand. Alfried Krupp von Bohlen und Halbach, der letzte Familieneigentümer, wollte die Einheit des Unternehmens dagegen um jeden Preis erhalten. Von den Alliierten zunächst als Kriegsverbrecher in Festungshaft genommen, widmete er sich nach seiner Entlassung pausenlos diesem Ziel. Was folgte, war ein jahrelanges Ringen zwischen Krupp, der Bundesregierung und den Alliierten, das erst am 31. Juli 1968 offiziell endete: Die Siegermächte Frankreich, Großbritannien und die USA erklärten in gleichlautenden diplomatischen Noten an den damaligen Bundeskanzler Kurt-Georg Kiesinger, dass sie die Verkaufsauflagen für Krupp nicht länger verfolgten und damit einer Reintegration des Konzerns nicht mehr im Wege ständen.

Ähnlich wie Berthold Beitz bei Krupp bemühten sich auch Vorstände in der Chemiebranche jahrelang, aus den Resten der Vergangenheit wieder lebensfähige Unternehmen zu konstruieren. Die Alliierten zerschlugen nach dem Krieg die IG Farben. Nun entstanden aus dem Chemiekartell die drei Konzerne BASF, Hoechst und Bayer, die nach neuen Strategien suchten. Diese Konzernentwicklung prägte die Nachkriegswirtschaft erheblich. Eine neue Rolle suchten aber beispielsweise auch die Banken, die ebenfalls große Teile ihres traditionellen Vorkriegsgeschäfts im In- und Ausland verloren hatten. Die Deutsche Bank, 1957 als Aktiengesellschaft aus drei Regionalbanken wiederauferstanden, stieg zwei Jahre später ins Privatkundengeschäft ein, um sich neben dem traditionellen Kreditgeschäft mit den Unternehmen ein zweites Standbein zu schaffen. Die Zahl ihrer Filialen verdreifachte sich im Zuge dieser Expansion in gut zehn Jahren auf mehr als 1 000. Erst Ende der sechziger Jahre wurde die Deutsche Bank damit zu dem führenden Kreditinstitut, wie wir es heute kennen.

Neben die Konzernschmiede traten in der Nachkriegszeit jedoch sehr schnell die Selfmade-Unternehmer der erste Stunde, die sich oft durch Schwarzmarktgeschäfte oder schnellen Tauschhandel das erste Startkapital für die D-Mark-Zeit besorgt hatten: Unternehmer wie die Verlegerin Aenne Burda, die mit ihren Schnittmusterbögen in Zeitschriftenform ein großes Bedürfnis unter den Nachkriegsfrauen befriedigte. Oder Männer wie Max Grundig, der bis 1949 schon 110 000 Stück seiner berühmten Radios Marke »Heinzelmann« und »Weltklang« verkaufte. Grundig betrieb zwar schon seit 1930 ein Handelsunternehmen, der eigentliche Durchbruch für ihn kam jedoch erst mit dem Einstieg in die Fabrikation von Unterhaltungselektronik. Mit der schnellen Expansion seiner Unternehmensgruppe, die er 1984 an den niederländischen Philipps-Konzern verkaufte, gilt er bis heute als Musterbeispiel für die Wirtschaftspioniere der Nachkriegszeit. Für die meisten von ihnen galt, was das *Handelsblatt* am 29. September 1950 über den Bremer Autofabrikanten Carl F. W. Borgward schrieb: »Der Optimismus, den Borgward ausstrahlt, ist der Grundzug seines Charakters«.

Trotzdem waren viele der ersten Nachkriegsunternehmer und Konzernvorstände nur Übergangsgestalten in der deutschen Wirtschaft. Viele scheiterten bereits in den ersten großen Anpassungskrisen der sechziger Jahren. So meldeten die Bremer Borgward-Werke am 11. September 1961 Konkurs an. Die Renommiermarke, die in der Nachkriegszeit nur noch mit Mercedes vergleichbar war, verschwand auf Dauer vom Markt. Selbst Grundig konnte sein Vermögen nur durch den Verkauf retten, sein Konzern starb langsam unter den neuen Eigentümern. Nur die besten Geschäftskonzepte überlebten, nur wenige Männer der ersten Stunde blieben bis in die siebziger Jahre oder gar länger am Ruder und prägten die Konzerne bis heute nachhaltig. Als Alfried Krupp von Bohlen und Halbach 1967 starb, erschien sein Tod wie der endgültige Abschied einer Unternehmergeneration. In den meisten Unternehmen war in den sechziger Jahren bereits »eine neue, tatkräftige Generation« nach vorn getreten, wie Harold James bemerkte, um die »Fesseln der Vergangenheit abzustreifen«[5]. Während radikalisierte Studenten in den Hörsälen der Berliner Universitäten vom Umsturz träumten, fand die wirkliche Revolution an der ökonomischen Basis statt: in den Unternehmen. Und man kann die These wagen, dass diese Revolution auch den gesellschaftlichen Überbau in Deutschland letztlich stärker veränderte als Rudi Dutschke und die Achtundsechziger.

Bahnbrechende Erfindungen ebneten in nur zwei Jahrzehnten weltweit den Weg für neue Produkte. Die Pille, der Videorekorder, das Transistorradio, die Solarzelle und die Satellitentechnik entstanden bereits in den fünfziger Jahren in internationalen Labors und Forschungseinrichtungen. In den sechziger Jahren kamen der Herzschrittmacher, der Laser, die Computermaus, der Taschenrechner, die Glasfaseroptik und der Vorläufer des Internets dazu. Ganz neue Geschäftsideen, Branchen und Vertriebsformen etablierten sich auf dieser Basis in Deutschland. Findige junge Manager brachten viele Innovationen von einem Besuch aus dem amerikanischen Mutterland des Kapitalismus mit und kopierten sie für den deutschen Markt. Gleichzeitig zog es immer mehr US-Gesellschaften nach Deutschland, die kostbares Know-how der damals fortgeschrittensten Wirtschaftsnation in die deutsche Wirtschaft transferierten. 1968 arbeiteten bereits wieder 420 amerikanische Firmen mit eigenen Niederlassungen und Vertriebsorganisationen im Land des ehemaligen Kriegsgegners.

Die deutschen Unternehmen nahmen Abschied von dem, was der langjährige Vorstandsvorsitzende des Thyssen-Konzerns, Dieter Spethmann, das Ancien Régime in der deutschen Wirtschaft nannte: Sie trennten sich von überzentralisierten Organisationsmodellen und dem autokratischen Stil des »deutschen Direktors«. Die Konzerne führten stattdessen moderne Führungsstrukturen und amerikanische Managementmethoden, fortgeschrittene Steuerungsinstrumente und betriebswirtschaftliche Kontrollmechanismen ein. Die elektronische Datenverarbeitung veränderte die Finanzabteilungen, der Controller ersetzte den Buchhalter. Erstmals tummelten sich in vielen Konzernzentralen Unternehmensberater, die bis dahin in der deutschen Wirtschaft eine weitgehend unbekannte Spezies gewesen waren. Sie bemühten sich gemeinsam mit den Vorständen, die Geschäftsprozesse nach dem Vorbild der US-Wirtschaft zu beschleunigen und kostengünstiger zu gestalten. Die Unternehmen eroberten schneller als alle ihre europäischen Konkurrenten neue Absatzmärkte (zum Beispiel im arabischen Raum, in Afrika und in den Ostblockländern) und wurden so zu den Gewinnern der ersten großen Globalisierungswelle nach dem Zweiten Weltkrieg – die damals allerdings noch niemand so nannte.

Als »Wirtschaftswunder« gilt in der deutschen Erinnerung jedoch
gemeinhin immer noch die unmittelbare Phase des Wiederaufbaus
Ende der vierziger Jahre, als sich nach Ludwig Erhards mutiger
Währungsreform und der (teilweisen) Freigabe der Einzelhandels-
preise gleichsam über Nacht die Läden mit begehrten Waren aller
Art füllten und das Geld wieder etwas wert war. Die meisten Bundesbürger denken an die Zeit zurück, als die Fabriken wieder not-
dürftig liefen und die ehemaligen Messerschmidt-Flugzeugwerke
den Kabinenroller auf den Markt brachten. Ökonomisch gesehen
geschah das eigentliche Wirtschaftswunder, mit dessen Hilfe
Deutschland zur führenden Exportnation der Welt aufstieg und
wirklich »Wohlstand für alle« schuf, jedoch viele Jahre später. Und
es waren nicht Politiker, die dafür die Weichen stellten, sondern in
aller erster Linie Unternehmer, die neu entstandene politische und
gesellschaftliche Spielräume nutzten.

Die deutsche Wirtschaft verzweigte sich auf diese Weise in neue
Branchen, die schnell zusätzliche Arbeitsplätze schufen und für Vollbeschäftigung in der Bundesrepublik sorgten. Schon 1956 gründete
die Deutsche Bank beispielsweise die erste deutsche Fondsgesell-
schaft DWS, die schnell zum Vorbild für eine ganze Multimilliar-
denbranche wurde und das Sparverhalten der Deutschen grundlegend revolutionierte. 1959 begann mit dem Werk von Hewlett
Packard in Böblingen der Siegeszug der Kugelkopfschreibmaschine
durch die deutschen Büros, der Startschuss zu einer Welle der Büro-
automatisierung. 1960 eröffnete in Dortmund der erste »Albrecht-
Discount-Laden« und schon bald breiteten sich mit großer Ge-
schwindigkeit die so genannten Aldi-Geschäfte über ganz Deutschland aus. 1964 erfand Otto Beisheim die Metro, die mit ihrem Cash-
and-carry-Konzept den gesamten Handel und die Distributionsket-
ten revolutionierte. 1967 etablierte sich in Düsseldorf die erste
McKinsey-Niederlassung in Deutschland. 1968 baute der junge
Willy Korf das erste Ministahlwerk mit neuer Elektrolichtbogen-
technik am Rhein, der erste Herausforderer der alteingesessenen
Stahlkonzerne im Ruhrgebiet seit über 50 Jahren.

Für Egon Zehnder waren die späten fünfziger und die sechziger Jahre eine Ära der Pionierunternehmer. Umgekehrt spricht der Doyen der Personalberater und Kenner der deutschen Vorstandslandschaft von den »verwöhnten Achtzigern«[6], die Deutschland viel Unternehmerinitiative kosteten. Der Unterschied zeigte sich vor allem auf den Auslandsmärkten.

In der Ära der Pionierunternehmer spielten hungrige deutsche und japanische Konzerne die Rolle, die in den achtziger Jahren die koreanischen Chaebol übernahmen: Kein Land war ihnen zu entfernt, kein Auftrag zu schwierig, um Umsatz und Beschäftigung zu sichern. Alfried Krupp brachte das Credo der deutschen Konzerne am 17. Januar 1954 in seiner traditionellen Ansprache vor den Pensionären des Unternehmens auf den Punkt: »Wir müssen exportieren, um Beschäftigung für unsere Werke zu haben, Rohstoffe und Lebensmittel einzuführen. Wir tun das im ehrlichen Wettbewerb mit deutschen und ausländischen Konkurrenten, vielfach unter schwierigsten Bedingungen, denn durch Kriegs- und Nachkriegszeit sind wir vielen anderen gegenüber im Nachteil. Wenn wir nicht alle Arbeiten und Aufträge hereinholen, wie sie sich uns bieten, können wir auf Dauer nicht bestehen.«[7] Exportierte Krupp 1951 Waren im Wert von 150 Millionen D-Mark (bei einem Gesamtumsatz von 1,385 Milliarden), so waren es 1954 bereits 334 Millionen D-Mark.

Eines der eindrucksvollsten Fotos aus der Unternehmenschronik stammt aus dem April 1961: Damals versammelten sich vor der einschüchternden Kulisse der Villa Hügel 200 Direktoren aus 53 Ländern zum Gruppenfoto der ersten Auslandsvertretertagung – im respektvollen Abstand zum Eigentümer Alfried Krupp, seinem Sohn Arndt und dem Generalbevollmächtigten Berthold Beitz im Vordergrund.

Schon am 14. September 1954 hatte das Krupp-Direktorium Beitz beauftragt, mit Bundeskanzler Adenauer über eine politisch überaus heikle Reise deutscher Industrieller in die Sowjetunion zu reden, um neue Absatzmärkte hinter dem Eisernen Vorhang für Krupp zu erobern. Diplomatische Beziehungen zwischen beiden

Ländern existierten auf dem Höhepunkt des Kalten Kriegs noch nicht. Jede Kontaktaufnahme mit den Sowjets wurde von den Amerikanern argwöhnisch beäugt. Nun wurden Männer wie Beitz zu den ersten Protagonisten des »Wandels durch Annäherung«, noch bevor Egon Bahr diesen politischen Begriff überhaupt erfand. Sie stellten unter schwierigsten Rahmenbedingungen funktionierende Geschäftsbeziehungen mit den Staatsunternehmen im Ostblock her und ebneten damit zugleich den Weg für die Aufnahme diplomatischer Beziehungen 1955. Gefeiert wurde von der deutschen Öffentlichkeit jedoch nicht Beitz, sondern Adenauer. Dabei hätte der Bundeskanzler die Rückkehr der letzten deutschen Kriegsgefangenen bei den Sowjets niemals ohne die Vorarbeit der deutschen Wirtschaft durchsetzen können.

Die ersten Großaufträge aus der Sowjetunion, zum Beispiel für eine große Petrochemieanlage, trafen schon bald bei Krupp in Essen ein. Gleichzeitig engagierte sich der Konzern mit Großprojekten wie dem schlüsselfertig übergebenen Stahlwerk Rourkela in Indien auch immer stärker in der Dritten Welt – lange vor den meisten europäischen Konkurrenten. Wie Krupp verhielten sich viele Konzerne: Die schnell wachsenden Exporte der Unternehmen (und bald auch eine Welle von Direktinvestitionen zur Absicherung der Märkte) zogen die gesamte deutsche Wirtschaft mit. Volkswagen exportierte den Käfer 1959 bereits in 29 Länder – trotz gelegentlicher Boykottaufrufe in den USA und anderswo wegen der Verstrickung des Konzerns in die Verbrechen der Nazis. Im gleichen Jahr gründete der Selfmademan Korf in Chicago mit amerikanischen Partnern das erste Joint Venture im Stahlbereich, 1967 folgte sogar sein eigenes Stahlwerk in den USA, die Georgetown Steel Corporation. Sein Engagement in den USA galt damals als Sensation und brachte ihn auf die Titelseiten deutscher und amerikanischer Wirtschaftsmagazine.

Die Grundmuster der internationalen Verflechtung, die bis heute zu den absoluten Stärken der deutschen Wirtschaft gehört, entstanden in dieser Zeit. Sicherlich wurden die Außenwirtschaftsbeziehungen in den folgenden Jahrzehnten ausgebaut und ergänzt. Vor allem durch die Liberalisierung der Kapitalmärkte in den siebziger Jahren ging ein weiterer Internationalisierungsschub durch die Industrie. Der Historiker Harold James schreibt zu Recht über die siebziger Jahre: »Die traditionsreichen deutschen Großunternehmen wie Siemens, Daimler-Benz und Bosch verwandelten sich in multinationale Konzerne, und diejenigen, die dies nicht taten, wie etwa AEG, gingen unter.«[8]

Trotzdem eroberte die deutsche Wirtschaft nie wieder in so kurzer Zeit so viele neue Märkte wie in den fünfziger und sechziger Jahren. Eine vergleichbare Pionierrolle, wie sie die deutsche Wirtschaft damals im Geschäftsaustausch mit dem Ostblock spielte, konnte sie später nie wieder erringen – beispielsweise bei der Öffnung der Volksrepublik China nach 1979 oder der Reintegration der mittel- und osteuropäischen Länder in die Weltwirtschaft nach 1989. Eine große gesellschaftliche und kulturelle Rückkoppelung aus Asien findet in Deutschland jedoch bisher nicht statt. Auch das unterscheidet Deutschland heute von den sechziger Jahren, als die »Amerikanisierung der westdeutschen Wirtschaft« (Volker Berghahn) alle anderen externen Einflüsse verdrängte. Das Leben der Pionierunternehmer, die wir in diesem Buch porträtieren, liefert die besten Beweise für die These, dass die kulturelle Rückkopplung aus den USA zu den wichtigsten Erfolgsfaktoren für das deutsche Wirtschaftswunder gehörte. Deutschland verstand noch zu lernen – und damit auch aufzuholen im Wettbewerb.

Die Verbindung der späteren Pionierunternehmer zum amerikanischen Kulturkreis kam auf ganz unterschiedliche Weise zustande. Für einige wie den späteren Bertelsmann-Gründer Reinhard Mohn bringt die amerikanische Kriegsgefangenschaft schon 1945 das demokratische und marktwirtschaftliche Erweckungserlebnis. Andere kommen im Zuge der »Reeducation« nach dem Krieg als High Potentials aus Deutschland über den Atlantik. Manche weitsichtige Familienunternehmer schickten ihre Söhne aus eigenem Antrieb als Praktikanten ins Land der unbegrenzten Möglichkeiten. Oft waren es aber auch reine Zufälle, die einige künftige Führungskräfte der deutschen Wirtschaft schon in den frühen fünfziger Jahren in die USA brachten. Und einige schafften es zwar nicht selbst ins Land der Träume, aber sie sogen aus Büchern und Begegnungen »alles Amerikanische« auf, dass sie bekommen und für ihre eigenen Geschäfte nutzen konnten.

Nur einige Beispiele von vielen: Den jungen Erivan Haub schicken die Eltern mit 100 Dollar in der Tasche nach Illinois und Kalifornien, wo er mit einem Lastwagen um fünf Uhr früh Milch und Cornflakes in die Supermärkte ausliefert. Wenig später steuert Haub mit seinem Know-how aus dem amerikanischen Handel die deutsche Tengelmann-Gruppe auf einen gewaltigen Expansionskurs, der sie heute zu einem Giganten mit 184 000 Mitarbeitern und einem Umsatz von fast 27 Milliarden D-Mark gemacht hat. Dieter Spethmann reist als junger Rechtsanwalt mit 27 Jahren zum ersten Mal in die USA, um im Hauptquartier der National City Bank of New York am Exchange Place 20 in Manhattan mit amerikanischen Bankern über die Rückzahlung von Vorkriegsanleihen des Thyssen-Konzerns zu verhandeln. Zwei Jahrzehnte später krempelt er den reinen Stahlbetrieb mit amerikanischen Managementmethoden zu einem zukunftsfähigen Mischkonzern um. Der junge Roland Berger, der gerade sein Betriebswirtschaftsstudium beendet und erste praktische Erfahrungen als selbstständiger Kleinstunternehmer in München gesammelt hat, lässt sich von einer Unternehmensberatung in Boston anwerben. Nach fünf Jahren macht er sich 1967 mit einer eigenen Unternehmensberatung in Deutschland selbstständig, die heute über 35 Büros in 22 Ländern verfügt.

Die amerikanischen Erfahrungen haben nicht nur Haub, Spethmann und Berger nachhaltig geprägt. In den meisten Lebensläufen der großen deutschen Unternehmerkarrieren nach dem Krieg finden sich größere oder kleinere Spuren der Amerika-Verbundenheit oder sogar der Amerika-Begeisterung. Den heutigen Führungskräften, die ihre Prägung nach 1968 erfuhren, fehlt oft dieses amerikanische Gen – bei aller Weltläufigkeit, die sie sich viel stärker als frühere Generationen durch Studien- und Berufsjahre im Ausland erworben haben. Ausnahmen wie der neue Siemens-Vorstandsvorsitzende Klaus Kleinfeld, der seine prägenden Jahre als Nordamerika-Chef des Konzerns in den USA verbrachte, bestätigen die Regel. Wenn man die Unternehmer- und Managergeneration der Adenauer-Zeit mit der heutigen vergleicht und dabei die generelle Unvergleichbarkeit der unterschiedlichen Zeitläufe (beispielsweise die Kriegserfahrung) extrapoliert, fallen trotzdem auch andere Unterschiede auf. Die damaligen Männer der Wirtschaft (Frauen wie die Verlegerin Aenne Burda blieben die absolute Ausnahme) waren in einem weitaus höheren Maße Erfinderunternehmer und Unternehmererfinder als ihre heutigen Nachfolger. Ihr Verhältnis zur Technik und zu den Technikern in ihren Konzernen gestalteten sie enger als heute. Die damalige Begeisterung in der ganzen Gesellschaft für futurologische Lösungen prägte die Führungsetagen der Wirtschaft in einem viel größeren Maße als in den Jahrzehnten danach. Die spätere Auslagerung des technischen Fortschritts in spezielle Forschungs- und Entwicklungsabteilungen erschien vielen Unternehmern in den sechziger Jahren noch als völlig undenkbar. Technische Entscheidungen standen im Mittelpunkt der Unternehmensstrategie, sie gehörten zum persönlichen Kerngeschäft des Vorstandsvorsitzenden. Obwohl sich an der Spitze der deutschen Konzerne weitaus mehr Juristen als Ingenieure fanden, pflegten sie doch ein überaus enges Verhältnis zu ihren Technikvorständen. Der frühere Thyssen-Chef Spethmann hält dieses Vertrauen in den »technischen Genius« der Deutschen noch heute für eine der wichtigsten Voraussetzungen seines eigenen unternehmerischen Erfolgs.

Niemand verkörpert den Typus des Erfinderunternehmers besser als Artur Fischer, den wir in diesem Buch ebenfalls porträtieren. Am 8. November 1958 erwirbt der Bauernsohn aus Tumlingen persönlich das Patent Nummer 1097117, das ihn später weltberühmt machen sollte: Die »Fischer-Dübel« treten ihren Siegeszug in der Bauwirtschaft an, während ihr Erfinder weiter selbst den grauen Meisterkittel überstreift und mit der Feile in der Hand an anderen

Prototypen werkelt. Seine Unternehmensgruppe schafft er fast nebenbei quasi aus dem Nichts. Der elektrische Blitzwürfel für den Fotoapparat und die Fischer-Technik für Kinder sind nur einige Beispiele für die Erfindungen, die Fischer in marktfähige Produkte umsetzt. Eine große Managementphilosophie hat sich der schwäbische Unternehmer niemals zurechtgelegt. »Geht nicht gibt's nicht. Es geht *so* nicht, das gibt's«, sagt Fischer noch heute und bastelt weiter unermüdlich an der Verwirklichung seiner Ideen. Schon 1991 wurde er mit dem Werner-von-Siemens-Ring ausgezeichnet, dem »Nobelpreis für Techniker«, der seit 1916 nur alle drei Jahre vergeben wird. Fischer steht damit in einer Reihe mit Erfinderunternehmern wie Carl Bosch oder Carl von Linde.

Natürlich beschäftigen sich Unternehmer und Konzernvorstände auch heute immer wieder mit komplexen technischen Problemen. Die überbordende Technikbegeisterung der fünfziger Jahre findet sich heute jedoch nur noch in relativ wenigen großen Unternehmen wie beispielsweise BMW. Insgesamt prägt sie die Unternehmenskulturen in Deutschland immer weniger. In den achtziger Jahren machte sich der Irrglaube breit, viele deutsche Produkte seien »over-engineered«. General Manager und Marketingexperten liefen den Ingenieuren den Rang ab. Das Verkaufsgenie galt plötzlich mehr als das technische Genie. Diese Entwicklung mag man über weite Strecken als natürlichen Prozess in einer reifen Marktwirtschaft empfinden, in der Markenwerte mindestens genauso über den unternehmerischen Erfolg entscheiden wie technischer Vorsprung. In vielen anderen Industrieländern war ein ähnlicher Kulturwechsel zu beobachten.

Trotzdem ging diese Entwicklung gerade in Deutschland auch mit einem ungeheuren Verlust an unternehmerischem Potenzial einher. Anders als die angelsächsischen Länder, die schon immer mehr durch »Financial Engineering« glänzten, bildeten Ingenieurleistungen in Deutschland das Rückgrat der ganzen Wirtschaft. Heute sind es eher Länder wie Südkorea oder Taiwan, in der wir die Erfinderunternehmer unserer Zeit finden. Sie stützen sich, ähnlich wie die deutschen Pionierunternehmer der fünfziger und sechziger Jahre auf eine breite Zukunftsbegeisterung in der Bevölkerung. »Early Adopter« nehmen in Asien elektronische Neuheiten in Windeseile auf. Was beispielsweise die Alltagsdurchdringung mit moderner Mobilfunktechnik betrifft, muss sich der Exportweltmeister Deutschland heute hinter einem Schwellenland wie Südkorea verstecken. Während sich die Chinesen für ihre »Taikonauten«, die ersten Raumfahrer aus dem Reich der Mitte, begeistern, fehlen in Deutschland heute Leuchttürme einer Technikbegeisterung wie in den fünfziger und sechziger Jahren.

In Deutschland verlassen immer weniger Ingenieure die Universitäten, während sich Länder wie Indien langsam an die Spitze der Absolventenzahlen schieben. Durch politische Fehlentscheidungen und die technikfeindliche Ökowelle der achtziger Jahre (die auch in dieser Hinsicht eine Hochzeit der falschen Weichenstellungen in Deutschland waren) sind viele fortgeschrittene Technologien aus Deutschland verdrängt worden. Früher war die Technische Hochschule in Aachen beispielsweise weltweit führend in der friedlichen Nutzung der Atomenergie. Heute spielt Deutschland auf diesem Gebiet genauso wenig eine Rolle wie in der Gentechnik. Mit den restriktiven Beschlüssen zur Stammzellenforschung sind wir in Deutschland auf dem besten Wege, eine weitere wissenschaftliche Revolution zu verpassen, die unsere gesamte Pharmaindustrie und Medizintechnik verändern könnte.

Immer weniger ausländische Studenten zieht es an die technischen Hochschulen in unserem Land. In den fünfziger und sechziger Jahren studierten dagegen in Deutschland mehr indonesische Studenten als in den USA. Einer von ihnen, Bacharuddin Jusuf Habibie, stampfte in den siebziger und achtziger Jahren eine moderne Flugzeugindustrie in Indonesien aus dem Boden. 1998 stieg er nach dem Sturz des Diktators Suharto zum Präsidenten der Inselrepublik auf. In allen seinen Ämtern bemühte sich Habibie um den Ausbau der deutsch-indonesischen Wirtschaftsbeziehungen. Heute wiederholen sich solche Karrieren, die an deutschen Universitäten beginnen und in höchsten Führungspositionen in Schwellen- und Entwicklungsländern enden, kaum noch. Die künftigen Eliten aus China studieren beispielsweise fast ausnahmslos an amerikanischen Universitäten. Deutsche Unternehmen gehen gleichzeitig immer mehr Partnerschaften mit ausländischen Universitäten ein, um Anschluss an den technischen Fortschritt zu halten. Die schnelle Umsetzung von Erfindungen in neue Produkte, die so typisch für die deutschen Unternehmen in den fünfziger und sechziger Jahren war, wird in vielen Konzernen schwieriger statt leichter. Die Technik des MP3-Players entstand in Deutschland, die ersten erfolgreichen Produkte brachten japanische und südkoreanische Konzerne auf den Markt der Unterhaltungselektronik.

Neben dem unterschiedlichen Verhältnis zur Technik ist ein weiterer wesentlicher Unterschied zwischen früheren und heutigen Managergenerationen zu beobachten: Die Pionierunternehmer der fünfziger und sechziger Jahren sahen »unternehmerische Freiheit« als allerwichtigste Voraussetzung für ihren Erfolg. Kein Stichwort fällt so häufig wie dieses, wenn man heute mit ihnen über ihre Lebenserfahrungen spricht. »Ich habe die Freiheit der Demokratie erlebt an der Freiheit, arbeiten zu dürfen. Das habe ich tief eingesogen«, sagt beispielsweise der Banker Ludwig Poullain. Als Gründer der Westdeutschen Landesbank (WestLB) lebte er unternehmerische Freiheit in den sechziger Jahren in einem Maße, die in der damaligen öffentlich-rechtlichen Sparkassenlandschaft als ganz unerhört empfunden wurde. Erich Sixt, der seine Autovermietung aus einem Krisenbetrieb zum europäischen Marktführer hoch boxte, zieht das gleiche Fazit aus seinem Unternehmerleben: »Ich habe als Unternehmer stets darauf geachtet, mir einen bestimmten Handlungsspielraum zu erhalten, um schnell und unbürokratisch Entscheidungen treffen zu können. Es reicht, wenn schon externe Faktoren die Handlungsspielräume der Unternehmer einschränken.« Werner Otto fürchtet bis heute nichts mehr als die Einschränkung der unternehmerischen Freiheit – sei es von außen oder sei es aus dem Inneren des Unternehmens: »Bürokratische Gängelung erstickt den Pioniergeist«, sagt der Versandhausgründer, und:»Leider baut sich die Bürokratie ständig von allein auf.«

Die ersten materiellen Erfolge waren für die Pionierunternehmer in den fünfziger und sechziger Jahren vor allem die Voraussetzung, um sich noch mehr unternehmerische Freiheit zu sichern. Artur Fischer sah in seiner ersten großen Erfindung in den fünfziger Jahren vor allem den Garanten für das, was er sich damals am meisten ersehnte: Unabhängigkeit. Dieter Spethmann lehnte den mehrmaligen Ruf in die Politik ab, weil er seine materielle Unabhängigkeit als noch nicht gesichert ansah und keineswegs in Abhängigkeit geraten wollte. Roland Berger antwortet heute auf die Frage, was in den fünfziger und sechziger Jahren für Unternehmer anders war als heute:»Es gab weniger Vorschriften. Wenn man als Unternehmer gegen eine Vorschrift verstoßen hatte, brachte man es eben wieder in Ordnung.«

Die erfolgreichsten Konzernvorstände der Fünfziger und Sechziger betrachteten sich niemals als angestellte Manager im heutigen Sinne, die von Job zu Job weiterziehen, sondern als Unternehmer, die ihr Leben an eine Aufgabe in einem Unternehmen banden. Für Berthold Beitz war die Zusicherung Alfried Krupps, den Essener Konzern als Generalbevollmächtigter wie ein Unternehmer führen zu können, der entscheidende Grund zum Wechsel aus einem sicheren Direktorenamt in einer Hamburger Versicherung in ein damaliges Krisenunternehmen ohne sichere Zukunft. Spethmann, sein Konkurrent und Widersacher bei Thyssen, sah seine Rolle Jahre später nicht sehr viel anders: Die Freiheit, schnelle Entscheidungen zu treffen, sei die Bedingung jeglichen unternehmerischen Erfolgs, sagt er bis heute. An andere »Wunderrezepte des Managements« glaubt Spethmann nicht. Managementliteratur interessiert ihn wie die meisten anderen noch lebenden Pionierunternehmer herzlich wenig. Unternehmerischer Erfolg sei stets der Saldo vieler Entscheidungen, die auf einem glücklichen Zusammenspiel vieler Menschen und den Optionen eines konkreten Marktumfelds basierten. Eine erfrischende Theoriefeindlichkeit kann man fast schon zum verbindenden Merkmal der Beitz-und-Spethmann-Generationen erklären. In den USA sind viele Spitzenunternehmer in den letzten Jahrzehnten durch ausgefeilte Bücher über Managementstrategien aufgefallen. Vom IBM-Gründer Thomas Watson bis zum General-Electric-Manager Jack Welch reicht die lange Liste der Autoren. Viele dieser Bücher aus Unternehmerhand wurden internationale Bestseller. Die »Six-Sigma-Strategie« von General Electric wird heute sogar an vielen Business Schools gelehrt. Den deutschen Unternehmern fällt die abstrakte Denkweise der MBA-Programme dagegen erwiesenermaßen schwer. Wenn sie zur Feder greifen, dann um persönliche Erinnerungen oder eine Unternehmensgeschichte zu verfassen. Den meisten von ihnen geht völlig der Glaube ab, man könne gutes Management lehren oder in Sechs-Punkte-Programmen zusammenfassen.

Unternehmer zu sein, heißt für die meisten Angehörigen dieser Generation, aus dem Bauch heraus zu entscheiden und Risiken einzugehen. Managementtheoretiker würden die meisten Männer, die wir in diesem Buch porträtieren, bei aller Unterschiedlichkeit wohl dem Phänotypus des »charismatischen Führers« zuordnen, der weniger durch klare Grundsätze als durch persönliches Beispiel führt. Offenbar gehören solche Menschen nicht zu den schlechtesten Managern, auch wenn sie zwischenzeitlich im Zuge wechselnder Managementmoden als arg altmodisch galten.

Die politischen und publizistischen Kritiker haben die deutschen Pionierunternehmer immer als Autokraten beschrieben, die mit dem heutigen Prototyp des Managers als smartem Team-Player nichts im Sinn hatten. Die Gewerkschaftslinke prägte in den siebziger Jahren den Begriff, »Entscheidungen nach Gutsherrenart« passten nicht mehr zu einer modernen Wirtschaft. Aber das Patriarchalische und Hemdsärmelige, das so stark in die Kritik geriet, war möglicherweise nur die andere Seite unternehmerischer Entscheidungsfreude und sozialer Verantwortung für die Beschäftigten. Die Pionierunternehmer rieben sich nicht an starren Regeln wie heute, sondern an konkreten Personen und Problemen. Sie waren näher an ihren Kunden, weil sie noch wirklich entscheiden konnten und sich weniger mit internen Diskussionen aufhalten mussten. Erivan Haub sieht heute umgekehrt große Gefahren für die unternehmerische Freiheit in Deutschland: »Unser Land verknöchert bürokratisch.« Dabei geht es nicht nur um die politische Bürokratisierung der Wirtschaft, sondern auch um die Bürokratisierung der Unternehmen von innen, für die niemand anders als das Führungspersonal der Konzerne selbst verantwortlich zu machen ist. Als Unternehmer überleben heute diejenigen am besten, die sich durch die zahlreichen Hürden winden, die unser überkomplexes Wirtschaftssystem errichtet. Mitbestimmung, Umweltvorschriften, Arbeitsschutz, Baurecht, die Auflagen der Banken, Börsenvorschriften – das Netz, das Unternehmer fesselt, weben wir immer dichter. Gefordert werden von heutigen Managern außerordentliche Fähigkeiten der Political Correctness, die in früheren Generationen so gut wie keine Rolle spielten. Mit ihren vielfältigen Rücksichtnahmen auf Gewerkschaften, Gemeinderäte und Verbraucherschützer wirken viele Vorstände heute im Vergleich zu ihren Vorgängern merkwürdig feige und lendenlahm. Wer sich auf den Ethos der unternehmerischen Freiheit beruft, gerät dagegen unter den Generalverdacht, nur seinen Eigennutzen maximieren zu wollen.

Gesellschaftlich gilt als weitgehender Konsens in Deutschland, das unternehmerische Freiheit durch den Staat beständig zu zügeln und in ihrem natürlichen Lauf zu korrigieren sei. Nur so lasse sich ein vernünftiger Interessenausgleich zwischen Wirtschaft und Bevölkerung gewährleisten. Der soziologische Vordenker der rotgrünen Regierungskoalition, Ulrich Beck, versah eines seiner bekanntesten Bücher im Jahr 2000 mit dem bezeichnenden Titel *Freiheit oder Kapitalismus*. Seiner Meinung nach muss man die wirtschaftlichen Freiheiten eindämmen, um die politische Freiheit zu erhalten. Kein Wunder: Die unternehmerische Freiheit vermindert sich in einem solchen gesellschaftlichen Umfeld beharrlich und viele heutige Manager, die mit diesem System der öffentlichen Rücksichtnahmen zu leben gelernt haben, messen ihr daher auch geringere Be-

deutung zu als ihre Vorgänger. Möglicherweise ist zwischen den
fünfziger Jahren und heute tatsächlich eingetreten, was der Wirt-
schaftsnobelpreisträger Milton Friedman in seinem Standardwerk
Capitalism and freedom prophezeite, dessen Titel Beck offenbar bewusst paraphrasierte: Die »kumulative Wirkung einer Folge kleiner Modifikationen« kann das Wesen einer Wirtschaftsordnung, so
folgerte Friedman schon Ende der vierziger Jahre, »drastisch verändern«[9].

Unter den größten Konzernen in Deutschland, den so genannten
Dax 30, findet sich heute ein einziges jüngeres Pionierunternehmen
im echten Sinne: der 1976 von ehemaligen IBM-Managern in Walldorf gegründete Softwarekonzern SAP. Alle anderen Konzerne
(oder ihre jeweiligen Vorläufer) existierten schon in den fünfziger
Jahren oder gar vor dem Zweiten Weltkrieg. Die kapitalistischen
Gründerzeiten sind in Deutschland offenbar irgendwann in den
achtziger Jahren zu Ende gegangen und bis heute trotz aller »Start-
up-Programme« nicht wieder zum Leben erwacht. Unter den größten und erfolgreichsten US-Konzernen stechen dagegen viele neue
Firmen hervor, die erst in den siebziger, achtziger oder gar neunziger Jahren entstanden sind. Man denke nur an Microsoft, Ebay,
Dell, Amazon oder Starbucks. Einige von ihnen schufen ganz neue
Wirtschaftszweige. All diese Pionierunternehmen wären ohne cha-
rismatische Führungspersönlichkeiten wie Bill Gates oder Michael
Dell, die gerade in ihrer Anfangszeit über große Spielräume für Unternehmerinitiative verfügten, kaum entstanden.

SAP-Mitbegründer Dietmar Hopp, den wir in diesem Buch ebenfalls porträtieren, macht die gewachsene Rolle des Staates und die
Allmacht der Banken mitverantwortlich für die Schwierigkeiten
neuer Unternehmen in Deutschland. Unser leistungsfeindliches
Steuersystem macht Kapitalbildung durch hohe Pioniergewinne,
wie sie gewöhnlich mit technischen Innovationen einhergehen, faktisch unmöglich. Der frühe Börsengang bleibt vielen deutschen Unternehmen anders als in den USA versperrt, weil deutsche Anleger
höhere Risiken scheuen und sich von den Aktienmärkten fernhal-

ten. Damit wächst die Rolle der Kreditinstitute in der Unternehmensfinanzierung – und damit auch ihr Einfluss auf die Firmen selbst. »Wenn die Geldgeber zwei Tage in der Woche beim Chef am Schreibtisch sitzen, kann der keine Firma führen«, sagt Hopp zu Recht.

Dicke Bücher und politische Abhandlungen, die neue Gründerzeiten beschwören, werden seit vielen Jahren in Deutschland verfasst. Im Zuge einer »Innovationsoffensive« wollte Bundeskanzler Gerhard Schröder beispielsweise in seiner zweiten Amtsperiode den technologischen Fortschritt fördern. In einem 576-seitigen Buch mit dem modernistischen Titel *Made in Germany 21* sammelte Schröders Kanzleramtsminister Frank-Walter Steinmeier Dutzende von Beiträgen mit Hunderten von Vorschlägen ein, wie Innovationen in Deutschland zu fördern seien. Die Aufsatzsammlung überschlug sich mit technokratischen Visionen: Innovationskultur, Strukturrevolution, digitaler Kapitalismus, Nanokosmos, strategische Forschungsförderung – so lauten einige der wichtigsten Schlüsselbegriffe in dieser exemplarischen Studie. Man kann diese Begriffe zugleich (frei nach Jürgen Habermas) als Stichwörter zur geistigen Situation einer Zeit lesen, in der die Rolle des Unternehmers hinter einem technokratischen Nebel der kollektiven Machbarkeitsideologie verschwindet.

»Innovation« führen alle politischen Entscheidungsträger jeglicher Couleur im Munde. Die wenigen Ausnahmeunternehmer, die in den letzten Jahren in Deutschland an den Schaltstellen der Unternehmen tatsächlich für Innovationen sorgten, waren dagegen bis auf sehr wenige Ausnahmen im höchsten Maße unpopulär. Was soll man davon halten, wenn beispielsweise ein Banker, der wie Josef Ackermann ein deutsches Kreditinstitut mit beharrlicher Arbeit in die Weltliga führte, in der Öffentlichkeit zugleich als schlimmste Charaktermaske des Kapitalismus verunglimpft wurde? Wieso verstehen so wenig Menschen in Deutschland den Zusammenhang zwischen Unternehmerfreiheit und Beschäftigungswachstum?

Professor Frieder Meyer-Krahmer vom Fraunhofer-Institut für

Systemtechnik und Innovationsforschung prophezeite 2004 eine »Dekade der neuen Märkte«[10]. Technologiesprünge in der Medizintechnik, in der Nanowissenschaft oder bei Brennstoffzellen könnten in den nächsten Jahren ganz neue Absatzmärkte schaffen, ähnlich wie die Computer in den siebziger Jahren oder das Internet in den neunziger Jahren. Wenn diese Prognose stimmt, dann wird Deutschland allerdings keineswegs zu den Gewinnern der nächsten Globalisierungswelle gehören, wenn wir auf staatliche Förderung von Forschung und Innovationen im Sinne einer dirigistischen Industriepolitik setzen. Alle diese Instrumente waren in den fünfziger und sechziger Jahren kaum bekannt; ihre Abwesenheit verhinderte keineswegs die Eroberung neuer Märkte, sondern erleichterte sie sogar. Nur der Markt, nicht die Politik kann Pionierunternehmungen von illusionären Geschäftsideen trennen. Die Befürworter staatlicher Industriepolitik argumentieren deshalb im Wesentlichen mit einem klassischen Zirkelschluss, den auch alle Protektionisten dieser Welt in der Handelspolitik bemühen: Wenn andere Länder Technologien fördern und Industriepolitik betreiben (oder sich vom Weltmarkt abschotten), dann müssen es alle anderen angeblich auch tun, wenn sie im weltweiten Wettbewerb nicht zurückfallen wollen.

Wenn wir eines aus dem deutschen Wirtschaftswunder lernen können, dann vielleicht das genaue Gegenteil: Die beste Innovationspolitik wäre eine Politik, die größere Spielräume für unternehmerische Freiheit eröffnete. Von dem großen Historiker Jacob Burckhardt stammt die Erkenntnis, Schicksale von ganzen Völkern könnten davon abhängen, »dass ein außerordentlicher Mensch zu gegebener Zeit gewisse Seelenspannungen aushalten könne«[11]. Für die Unternehmen gilt offenbar Ähnliches: Ihr Gedeih und Verderb wird oft von wenigen Menschen bestimmt, die im richtigen Augenblick unter schwierigsten Bedingungen richtige Entscheidungen fällen und sie danach gemeinsam mit vielen anderen Menschen begeistert umsetzen. Was wir Wirtschaft nennen, ist letztlich nichts anderes als die Summe von Unternehmerinitiativen. Ohne die großen

Unternehmer, die in den fünfziger und sechziger Jahren große An-
spannungen »aushalten« mussten, wäre Deutschland nicht zu Wohlstand gelangt.

Der große österreichische Ökonom Joseph Alois Schumpeter beschreibt die »schöpferische Zerstörung« in seinem 1912 erschienen
Meisterwerk *Theorie der wirtschaftlichen Entwicklung* als eigentliche Triebkraft des modernen Kapitalismus. Die Marktwirtschaft
entwickele sich in stetigen Ungleichgewichten weiter, weil Unternehmer auf der Suche nach Pioniergewinnen immer wieder aufs
Neue alte Geschäftsideen und veraltete Produkte verdrängten. In
seinem weitaus weniger bekannten zweibändigen Nachfolgewerk
von 1939 (*Business Cycles*) stellte Schumpeter die Theorie auf, relativ wenige Pionierunternehmer zögen in einer Volkswirtschaft
viele andere Unternehmer gleichsam mit – sei es als Zulieferer oder
als Nachahmer. Diese »dynamischen Unternehmer« wirkten »ge-
ballt« auf die Konjunktur eines Landes und erzeugten so durch ihr
Wirken letztlich den Aufschwung, der allerdings von vielen anderen Unternehmern mitgetragen werde. Deutschlands Nachkriegs-
boom in der Adenauer-Zeit wirkt im Nachhinein wie die empiri-
sche Bestätigung dieser Ideen Schumpeters.

Man muss die Pionierunternehmer der Nachkriegsjahrzehnte
nicht zu menschlichen Heroen ohne Fehler stilisieren. Der Historiker Harold James schrieb, unternehmerische Visionen seien etwas
sehr Persönliches und enthielten vielfach sogar ein »dämonisches
Element«[12]. Viele Ausnahmeunternehmer waren keine leichten
Partner für ihre unmittelbaren Mitarbeiter und schon gar nicht für
ihre Familienangehörigen. Manch einer von ihnen riss im Alter wie-
der in den Abgrund, was er in seiner Jugend geschaffen hatte. Reinhard Mohn scheiterte beispielsweise bei Bertelsmann letztlich mit
seiner Idee, mit wissenschaftlich ausgeklügelten Mechanismen die
ideale Unternehmensnachfolge zu sichern.

Ihr Geschäft trieb die großen Unternehmergestalten um und verdrängte über große Strecken alles andere aus ihrem Leben. Viele Unternehmer in der Frühzeit der Bundesrepublik scheiterten erbärm-

lich, bevor sie sich schließlich doch durchsetzten. In gewisser Weise gehörte die »Kultur des Scheiterns« (ein Begriff des Historikers Wolfgang Schivelbusch) sogar zu den konstituierenden Elementen eines typischen Unternehmerlebens nach dem Kriege.

Viele Jahre lang bestimmten härteste Auseinandersetzungen das Leben dieser Unternehmer, fast jeder von ihnen machte viele Fehler – auch und gerade gegenüber fähigen Mitarbeitern. Viele dieser Kämpfe sind vergessen und tauchen in den heutigen Erinnerungen der handelnden Personen in ein altersmildes Licht. Die Erinnerungen, die aus den Porträts dieses Buches sprechen, sind deshalb keine objektive Geschichtsschreibung. Konkurrenten und Kritiker, ja vor allem die Betroffenen unternehmerischer Entscheidungen, werden vieles anders sehen als die handelnden Personen selbst. Unser Blickwinkel auf die Pioniere der deutschen Wirtschaft bleibt daher weitgehend subjektiv, aber vielleicht erweist er sich gerade deshalb auch im besten Sinne als lehrreich.

Deutschland wird die wirtschaftlichen Herausforderungen nur dann meistern und seinen Spitzenplatz unter den Industrieländern verteidigen (oder wiedererlangen, wo es ihn bereits verloren hat), wenn unser Land wieder mehr von seinen erfolgreichsten Unternehmern lernt. Ihre Würdigung fehlt in unseren Lehrbüchern an den Schulen. Dabei sollten uns die Pioniere der deutschen Wirtschaft mindestens genauso Vorbild sein wie die großen Staatsmänner, denen wir Deutschlands Weg in die westliche Demokratie und zur Wiedervereinigung verdanken.

Bernd Ziesemer

Kapitel I

»Geht nicht gibt's nicht«

Der Erfinder Artur Fischer

Es knirscht. Und dann zerreißt es den Beton. Das Knattern der Winde unter der 5 Meter hohen Hallendecke erstirbt. Mit bis zu 50 Tonnen Zugkraft hat die Winde an dem Dübel gezerrt, den Werner Heinzelmann in die 40 Zentimeter dicke Betonplatte auf dem Boden gesteckt hat. Der Prüffeldleiter der Fischer-Werke ist zufrieden: Wieder einmal war ein Fischer-Dübel stärker als Beton – dieses Mal ein Zyklon-Bolzenanker Typ FZA.

Während Heinzelmann den unversehrten, fingerlangen Bolzen aus dem Geröll zu seinen Füßen pult und von Kilonewton und dem Kanaltunnel zwischen Frankreich und Großbritannien erzählt, den solche Bolzen zusammenhalten, klappert es hinter einer Werkbank. Artur Fischer, 85, holt einen kleinen blauen Staubsauger, knipst ihn an und saugt den Betonstaub von Bohrloch und Boden weg. Gründlich.

Früher lief er gerne am Wochenende durch die Firma, schaute hier, schaute dort. Montags fand dann manch ein Beschäftigter einen Zettel des Chefs an Werkbank, Maschine oder Schreibtisch: »Ordnung ist das halbe Leben«, war da zu lesen. Oder ein anderer bodenständiger, bauernschlauer Satz.

Draußen hinter der Halle schmiegen sich die Wiesen des Waldachtals an die Hänge – damals wie heute. Von hier, genauer gesagt aus Tumlingen, wo in den fünfziger Jahren »einer schon ein Großbauer war, wenn er zwei Pferde besaß«, wie Artur Georg Fischer erzählt, stammt er. Von hier wollte er nie weg. Hier wohnt er noch heute, oben, in seinem Haus am Hang, hinter den Bäumen, mit Blick übers Werk. Oft kommt er noch herunter, schließt seine Werkstatt auf, werkelt am Schraubstock, sucht, findet, erfindet, testet – und staubsaugt, wenn nötig.

In Tumlingen hielt es ihn so fest wie seine Dübel den Schrank in Ihrer Küche oder wie sie die Arena auf Schalke oder das Taipeh 101, das mit 508 Metern höchste Gebäude der Welt in Taiwan, zusammenhalten. Darum schuf er seinen Weltkonzern von hier aus, vom Standort Schwaben, lange und kurvenreiche 60 Kilometer südwestlich von Stuttgart.

Fischers Weltmarke, der Dübel aus Nylon, war so erfolgreich, dass er in vielen Sprachen nur »Fischer-Dübel« heißt. Der Mann verschmilzt mit seinem Produkt.

»Geht nicht gibt's nicht. Es geht *so* nicht, das gibt's«, sagt Fischer. Das ist kein machohaftes Managerlatein aus dem Motivationsseminar. Es ist seine tiefe Überzeugung. Noch heute kann er beim Grübeln über ein *so* die Zeit vergessen – vor allem morgens unter der Dusche, wo er manches Mal sinnierend eine ganze Stunde verbringt. »›Das geht nicht‹ ist das Bequemste, was man sagen kann«, findet Fischer und fügt hinzu: »Aufgeben fasse ich immer noch auf wie Fahnenflucht.«

Immer und immer wieder fand Artur Fischer eine Lösung für das *so*. 1991 erhält er den Werner-von-Siemens-Ring, den Nobelpreis für Techniker, der seit 1916 nur alle drei Jahre vergeben wird. Er stellt Artur Fischer in eine Reihe mit Carl Bosch, Carl von Linde und Wernher von Braun. Es gab Jahre, in denen seine Firma fast wöchentlich ein neues Patent anmeldete. 1 100 Patente hält Artur Fischer bis heute. Das sind nur ein paar weniger als Amerikas Nationalgenie Thomas Alva Edison, der der Welt zwischen 1847 und 1931 Glühbirne, Schreibmaschine und Phonograph schenkte. Mit seinen Erfindungen pflanzte Edison die Saat, aus der einer der größten Konzerne der Welt mit 125 Milliarden Euro Umsatz und 374 Milliarden Dollar Börsenwert spross: General Electric.

Erwin Teufel, der ehemalige Ministerpräsident Baden-Württembergs, stellt seinen Landsmann Artur Fischer in die Reihe der ganz

Großen à la Edison. Fischer sei nicht nur »einer der erfolgreichsten Baden-Württemberger aller Zeiten«, er habe auch »den Rang der großen Industriepioniere aus dem letzten Jahrhundert« erreicht. »Ich kenne keinen vielseitigeren und kreativeren Menschen«, sagt Teufel. Ganz so groß wie General Electric wurden die Fischerwerke – Umsatz 2004: 440 Millionen Euro – zwar nicht. Dafür fehlt Artur Fischers Unternehmen ein halbes Jahrhundert Geschichte und dem Gründer selbst wohl auch die nötige Portion Gier. Genug geniale Ideen hätte Artur Fischer aber allemal gehabt. Fotosynchronblitz, S-Dübel, Fischertechnik: Gleich drei Produkte von Weltruhm entwickelte er, während den meisten Erfindern solche Erfolge wohl nur einmal im Leben vergönnt sind. Hätte Deutschland heute nur zehn fantasievolle, clevere und risikofreudige Erfinderunternehmer wie Artur Fischer, dann wäre es sein Innovationsproblem los. Und es wäre um zahlreiche Weltkonzerne reicher.

Artur Fischers Wirtschaftswunder geschieht an einem Samstagnachmittag anno 1958. In Bonn regiert Konrad Adenauers CDU mit absoluter Mehrheit. Der Nachkriegsmangel ist überwunden, Westdeutschlands Landschaften blühen auf. In seiner Werkstatt im schwäbischen Hörschweiler bei Tumlingen spannt der Gründer der schon recht stattlichen Firma »Artur Fischer Apparatebau« einen Nylonklotz in seinen Schraubstock. Er feilt. Er sägt. Er bohrt. Heraus kommt ein geschlitztes Röhrchen mit Außenrillen, das sich wie ein Krokodilmaul öffnet, wenn man eine Schraube hineindreht. Der Spreizdübel ist erfunden, mitten im Bauboom. Nach den ersten Tests ist dem 39-jährigen Erfinder klar: »Des, wenn's klappt, gibt a Bombasach!« Das Patent Nummer 1097117 vom 8. November 1958 für den S-Dübel wird Artur Fischer zum größten Festmacher der Welt küren.

Die Erfindung kommt nicht von ungefähr. Schließlich waren Dübel schon bekannt, die üblichen Modelle aus Blech mit Hanffüllung waren aber unzuverlässig und die Montage knifflig. Es gab also massiven Bedarf für eine gute Idee – es gab einen Markt. Wie schwer es aber sein kann, ihn auch zu erobern, lernt Fischer früh: Sein erster Haltebolzen ist ein Reinfall. Er hält nicht, was er halten soll. 1956 hat ihn sein ehemaliger Meister gebeten, für ihn einen britischen Bolzen nachzubauen, der nicht mehr vertrieben wird. Fischer entwickelt einen Bolzen in einer Gummimuffe:»Seetru – die elastische Schraube mit festem Sitz« versprechen die Werbeplakate.

Ehrensache, dass Fischer den Seetru im ersten eigenen Häusle einbauen lässt, das er sich und seiner vierköpfigen Familie Ende der fünfziger Jahre gönnt. Der Schreck kommt im ersten Frühling: Das Gummi schmilzt in der Sonnenwärme und die Fensterläden fallen ab vom Fischer-Haus.

So einen Bolzen braucht niemand – und es kauft ihn auch fast keiner. Artur Fischers Vertreter Eduard Kettner schnaubt:»Entweder Sie entwickeln einen neuen Dübel, oder ich geh!«»Sie kündigen nicht!«, antwortet Fischer, stellt sich am Samstag an den Schraubstock und feilt und bohrt und sägt. Kettner ist begeistert: »Von diesem Dübel könnte ich jede Woche mindestens 10 000 Stück verkaufen!«

Mit Nylon als Grundstoff für seinen Dübel geht Fischer ein hohes Risiko ein. Das Kilo kostet 8,20 D-Mark – eigentlich viel zu viel für ein Massenprodukt. Der Außendienstler von BASF rät Fischer dringend ab:»Für diesen Dübel ist Nylon viel zu schade.« Aber Fischer hat die Vorteile des Werkstoffs erkannt: weich, aber zäh, biegsam, aber so gut wie reißfest.»Für unsere Kunden«, entscheidet er, »ist das Beste gerade gut genug und das Richtige.« Nachdem er noch die beiden Schwänzchen an den Seiten hinzugefügt hat, dreht der Dübel im Bohrloch auch nicht mehr durch. Sein Design hat der S-Dübel bis heute kaum verändert, aber er wird zum Aufhänger für ein schwäbisches Imperium: 8,5 Millionen Dübel aller möglichen Größen laufen heute bei den Fischerwerken in Tumlingen vom Band – pro Tag. Der Patentschutz hält 18 Jahre.

»Ein bisschen profan« sei er schon, sein Dübel, sagt Artur Fischer heute, kneift die Augen zusammen, lächelt und schaut sein Gegenüber fast ein wenig entschuldigend an. Die eckige Metallbrille unter dem links gescheitelten, noch vollen Haar wirkt altmodisch und wie ein Kassenmodell. Seit mindestens 20 Jahren schon scheint sie Fischer nicht mehr ersetzt zu haben, wie ältere Fotos zeigen.

Aber das profane Produkt beschert Fischer, was er sich Mitte der fünfziger Jahre am meisten wünscht: Unabhängigkeit. Der Dübel macht ihn freier, als er jemals hoffen durfte. Dank des kleinen grauen Nylonröhrchens kann er erfinden und verkaufen, was auch immer er will. Die krisenfesten Millionenumsätze aus dem Dübelgeschäft erlauben Fischer ein Leben lang das, was er am liebsten tut: spielen.

Spielen mit Ideen, mit Problemen, mit Lösungen – auch zum Spaß, aber stets mit dem Ziel, Produkte für einen Markt zu schaffen, eine Nachfrage zu bedienen, das Leben leichter zu machen. Auch heute noch bekommt er fast täglich Post oder Anrufe von Erfindern, die ihn um Rat fragen. »Ich bin so was wie eine Hebamme für Erfinder. Die erzählen mir dann von ihrer tollen Idee«, sagt Fischer, über dessen Schreibtisch ein solarbetriebenes Miniflugzeug unablässig seine Runden dreht wie in vielen Kinderzimmern.

»Ich frage dann immer: ›Haben Sie mal überlegt, wer das kaufen soll?‹« Nur wo ein Markt ist, lohnt eben auch eine Erfindung. »Dann sagen viele: ›Deutschland hat doch 80 Millionen Einwohner!‹ Ich sage dann: ›Wenn Sie nur 5 Prozent davon erreichen können, dann haben Sie ein tolles Produkt.‹ Mancher sagt da schon: ›Das reicht mir aber nicht.‹« Unrealistische Erwartungen und Ungeduld – auch das ist es, woran der Standort Deutschland krankt, findet Fischer.

Aller unternehmerischer Anfang ist klein – wie damals mit Artur Fischers erstem Serienprodukt. Drei Jahre nach Kriegsende beherrscht der Mangel den Alltag vieler Bundesbürger. Besonders unangenehm ist, dass es kaum Streichhölzer gibt. Die Stromversorgung funktioniert dafür schon wieder flächendeckend. Fischer, erst seit kurzem selbstständig, erkennt die Marktlücke und erfindet ein passendes Produkt: einen elektrischen Glühanzünder. Seine Frau Rita, die er im Mai 1947 geheiratet hat und die bis heute an seiner

Seite ist, zieht mit dem klobigen, einem kleinen Toaster ähnlichen Apparat von Tür zu Tür, und nach wenigen Tagen ist die erste Serie verkauft – oder eingetauscht gegen Eier und Speck. Auch mit seinem zweiten Produkt beweist Artur Fischer seine Findigkeit. Als eine Firma in Bocholt per Zeitungsanzeige einen Fabrikanten sucht, der für sie neue Schalter für Webstühle entwickelt, reist Fischer durch drei Besatzungszonen, um das Problem vor Ort in Augenschein zu nehmen. In Heimarbeit entsteht der erste Prototyp. Die meisten Rohstoffe tauscht er sich zusammen. Granatenkartuschen schneidet er in Streifen und hämmert sie so lange weich, bis sie als Kontaktfedern für seine Schalter taugen.

Sein Improvisationstalent ist schon früh geweckt worden. Geboren am Silvestertag 1919, wächst der Kleine als Sohn des Dorfschneiders Georg Fischer in Tumlingen in bescheidenen Verhältnissen auf. Die Realschule bricht er ab, weil die Eltern das Schulgeld nicht mehr bezahlen können. Die Materialien für die Wasserräder oder Flugzeuge, die er als Bub baut, schnorrt er sich im Dorf zusammen. Der Vater schickt ihn in die Schlosserlehre nach Stuttgart. 1934 bis 1938 war das – und nur alle vier Wochen durfte er nach Hause. Harte Lehrjahre für Artur Fischer: Das Heimweh setzt ihm arg zu, und geht in der Werkstatt etwas schief, gibt es auch schon mal Hiebe vom Chef.

Aber der Lehrling beweist schnell seine Pfiffigkeit. »Klein habe ich mir dich schon vorgestellt«, brummt der Meister beim Kennenlernen, »aber so klein nicht«. Arturs knappe 1,60 Meter waren selbst damals nicht gerade Gardemaß. Weil die Werkbank zu hoch ist für ihn, schiebt Fischer kurzerhand eine leere Kiste davor und stellt sich drauf.

1938 tritt der 19-Jährige in die Wehrmacht ein. Fischer will das Militär nutzen, um sich weiterzubilden, um aufzusteigen. Den Pilotenschein und das Abitur will er machen und Offizier werden. Nichts davon wird ihm vergönnt sein. Weil er nachts büffelt, leiden die Augen, und er muss sich eine Brille zulegen. Eines Morgens beim Appell vergisst er, sie von der Nase zu nehmen. Ein Flieger mit Brille?

Das geht nicht, entscheidet der Kommandeur. Und dem Abitur kommt der Krieg zuvor.

So flickt der geschickte Schlossergeselle Flugzeuge zusammen wie die Ju52 – auch im Kessel von Stalingrad, aus dem er mit einem der letzten Transporte entkommt. Den 8. Mai 1945 erlebt er in Italien als Mitglied der 10. Fallschirmspringerdivision. Nach kurzer Gefangenschaft büxt er aus einem britischen Gefangenenlager in Österreich aus. Schon im Februar 1946 kehrt er zu Fuß heim nach Tumlingen, wo »außer Öde und Stille nichts war«, sagt Fischer. Der zukünftige Herr allen Dübelns ist 27 Jahre alt, und er ist endlich frei.

Mit seinen Anzündern und Schaltern hat der Jungunternehmer zwei Jahre später die Start-up-Phase gemeistert. Ein gutes Dutzend Mitarbeiterinnen bauen seine Produkte zusammen. Auf ihren grauen Kitteln ist »AF« aufgenäht – für Artur Fischer. Markenbewusstsein und Zusammengehörigkeitsgefühl der Mitarbeiter sind dem Chef von Beginn an wichtig. Erst später entsteht der stilisierte Fisch als Firmensymbol mit dem Wort »fischer« in der Mitte – das »F« schreiben die Fischers nun klein, weil es so besser ins Logo passt. Doch »Corporate Identity« hin oder her: Zunächst sind die Bauern des Waldachtals äußerst skeptisch, ihre Töchter »in der Fabrik schaffen« zu lassen. Aber die Firma zahlt gut – 80 Pfennig die Stunde: »So viel ließ sich in der Landwirtschaft nie verdienen!«, sagt Fischer – und sie expandiert bald rasant.

Die Geburt seiner Tochter Margot im Juni 1948 liefert den Anlass zu Fischers erstem großen industriellen Geistesblitz. Ein Foto vom »Butzele« soll her. Aber die Fotografin weigert sich: Der Magnesiumblitz der Kamera könnte die Fischer'sche Mansardenwohnung an der Hauptstraße in Tumlingen in Brand setzen. Wie gesagt: »Geht nicht« gibt's nicht bei Artur Fischer. Er forscht: Blitzer mit Glühbirnen gibt es schon, aber was fehlt, ist eine simultane Auslösung mit der Kamera. Deshalb gehen viele Bilder schief. Er denkt nach, probiert aus, obwohl er »von Feinmechanik überhaupt keine Ahnung hatte«. Am 9. Juli 1949 meldet er das Patent Nummer 8196209 an für ein »Magnesiumblitzlichtgerät für Photoapparate«.

ARTUR GEORG FISCHER wird am 31. Dezember 1919 in Tumlingen im Waldachtal geboren. Sein Vater ist Dorfschneider. Die Realschule bricht er ab, weil seine Eltern das Schulgeld nicht bezahlen können. 1934 bis 1938 macht er eine Schlosserlehre in Stuttgart. Von 1939 bis 1945 ist er Soldat. Mit einem der letzten Transporte entkommt er aus dem Kessel von Stalingrad. 1946 flieht er aus britischer Gefangenschaft und kehrt zu Fuß zurück nach Tumlingen.

Ende der vierziger Jahre macht sich Artur Fischer selbstständig. 1949 erfindet er den Synchronblitz für Fotoapparate, den er jahrzehntelang für den Fotokonzern Agfa produziert. 1958 entwickelt Fischer mitten im Bauboom den ersten Spreizdübel aus Nylon. Der S-Dübel erobert die Welt so rasant, dass er in vielen Sprachen heute noch »Fischer-Dübel« heißt. 1963 erfindet Fischer das Spielzeug Fischertechnik, weil er zu Weihnachten nicht mehr seine Geschäftspartner, sondern deren Kinder beschenken will.

Einen Tag nach seinem 60. Geburtstag übergibt Fischer am 1. Januar 1980 die Geschäftsführung der Fischer Holding GmbH & Co. KG an seinen damals 30-jährigen Sohn Klaus. Heute betreibt das Unternehmen Werke in 19 Ländern von China über Argentinien, Italien und Tschechien bis zu den USA und beschäftigt 3300 Mitarbeiter, 1800 davon in Deutschland. 2004 betrug der Umsatz 440 Millionen Euro.

Fischer baut 20 Blitzer. Für mehr reicht sein Geld nicht. Weil der Schlosser gehört hat, dass Fotografen »vornehme« Leute sind, lässt er für jedes Gerät eine Holzschachtel schreinern, die seine Mutter mit blauem Samt auslegt. Fischer packt den Musterkoffer und reist nach Frankfurt in die Mainzer Landstraße zur Fotogroßhandlung Henning. »Ich habe eine neue Blitzlampe«, sagt er dem Prokuristen. »Und funktioniert die auch?«, fragt der skeptisch. Fischer packt aus, drückt bang auf den Auslöser – und es blitzt. Der Händler zahlt 10 D-Mark in bar für jeden Blitzer, abzüglich 2 Prozent Skonto. Mit 196 D-Mark in der Tasche tritt Fischer den Heimweg an: »Ich war ein glücklicher Mann! So viel Geld auf einmal!«

Die Blitzer gehen also, doch für die Serienproduktion fehlt Fischer das Kapital. Vor allem Rohre braucht er, um sie für die Batterien zuzuschneiden, die die Blitzer blitzen lassen. Bei Eisen-Fuchs in Stuttgart bitte er um einen Materialkredit von 1 000 D-Mark. Die Firma verlangt eine Bürgschaft. Fischer leiht sich eine Schreibmaschine und tippt einen Brief: »Leider ist es mir nicht möglich, Ihrem Wunsch zu entsprechen. Ich habe aber den festen Willen, einen Betrieb auf sauberer und ehrlicher Grundlage aufzubauen. Wenn Ihnen mein Wort als Bürgschaft genügt, dann geben Sie mir bitte Bescheid.«

Artur Fischer bietet als Sicherheit seine Ehre – auf Treu und Glauben. Und Eisen-Fuchs liefert. Im Gegenzug sagt Fischer zu, die Firma als Alleinlieferanten für eine Reihe von Materialien zu behalten – »nicht einmal über Preise habe ich gefeilscht«. Sein Einkäufer hält den Chef für verrückt, aber Eisen-Fuchs liefert stets zu korrekten Preisen – ein Vierteljahrhundert lang, bis das Unternehmen trotz des treuen Großkunden Insolvenz anmelden muss.

»Diese Rohre haben mein ganzes Leben bestimmt«, sagt Fischer heute. »Hätte ich sie nicht gekriegt, wäre mein Leben total anders verlaufen.« Der ungedeckte Materialkredit der Firma Fuchs ist der Grundstein für den Aufstieg der Fischerwerke vom schwäbischen Mittelständler in die Elite der deutschen Industrie. Auf der Messe

Photokina in Köln 1950 kommt der Durchbruch für Artur Fischer. Die Agfa zeigt sich begeistert von seinem Blitzer. Fischer verhandelt: 12 D-Mark pro Stück will er, und die bekommt er auch. Aber am Schluss der Preisverhandlungen erschrickt er. Wie viele Blitzer er denn pro Jahr liefern könne?»Wie viele brauchen Sie denn?«, fragt Fischer.»50 000 Stück.« Der Erfinder Fischer schluckt, dann antwortet der Unternehmer Fischer:»Das geht in Ordnung.« Also wird expandiert in Tumlingen. Es wird samstags»geschafft«, auch sonntags, und wenn die Moral allzu tief zu sinken droht, geht der Chef mit der Kognakflasche durch die Reihen. Ende 1950 beträgt der Firmenumsatz schon 164 000 D-Mark. Im Jahr darauf baut Fischer seine erste Fabrik – natürlich in Tumlingen. Da hat die Firma schon über 100 Mitarbeiter. Vier Jahre später überschreitet der Umsatz die Millionenmarke. In 20 Jahren liefert Fischer zwölf Millionen Blitzlichtgeräte an Agfa.»Die Zahl habe ich übrigens von der Agfa. Ich selbst habe das gar nicht aufgeschrieben«, sagt Fischer. Es blieb eben immer der kreative Erfinder in Fischer, der dem ordnungsliebenden Unternehmer in ihm die Schau stahl.

Der Agfa verdankt er nicht nur seinen ersten Aufstieg zum Gipfel eines Weltmarktführers. Er lernt auch, sein Produkt unablässig zu verbessern. Denn der Konzern ist ein anspruchsvoller Kunde. Immer kleiner und immer leistungsfähiger sollen seine Blitzlichtgeräte sein. Was zunächst als tiernapfgroße Schüssel mit golfballgroßer Blitzbirne und einem unterarmlangen Alurohr auf die Kamera geschraubt werden muss, schrumpft zum viereckigen, viermal verwendbaren Blitzwürfel, bis es schließlich ganz innerhalb der Kamera verschwindet. Artur Fischer erfindet und erfindet – so viel, dass er bei jedem neuen Blitzer ein schlechtes Gewissen hat, weil seine Mitarbeiter immer wieder neue Montageroutinen lernen müssen.

Die ständig wechselnden Herausforderungen vergeltet Artur Fischer seinen Leuten mit außerordentlicher Sorge für ihr Wohlergehen. Nicht nur, dass er gut zahlt. Sondern zu Weihnachten gibt es auch großzügige Geschenke, und zwar für jeden etwas Persönliches, vom Chef selbst ausgesucht – etwa einen Ledermantel für den Meister Werner Stoll. Fischer will die Mitarbeiter an die Firma binden. Dafür kauft er auch in Tumlingen und Umgebung schon in den frühen fünfziger Jahren Baugrundstücke auf Vorrat, um sie bauwilligen »Fischerwerkern« anzubieten – zum Selbstkostenpreis. Das Finanzamt hat später etwas dagegen, nicht aber gegen die Werkswohnungen und die Baudarlehen aus der Firmenkasse. Auch eine Treueprämie für langjährige Mitarbeiter gibt es, ebenso wie eine »Nie gefehlt«-Prämie, und sogar die Gewinnbeteiligung führt Fischer ein. Gute Ideen honoriert der Chef mit symbolischen Groschen, die er den einfallsreichen Mitarbeitern überreicht.

Mit seiner Fürsorge, der schwäbischen Version der sozialen Marktwirtschaft, überredet Fischer auch viele der Auswanderer aus Ungarn, die im Schwabenland auf ihrem Weg nach Amerika Station machen, im Waldachtal Wurzeln zu schlagen. »Außerordentlich tüchtige Leute« waren das, sagt Artur Fischer. »Ich habe denen gesagt: Bleibt da!« Und ab 1967 gilt für Zugezogene wie für Eingeborene: Wer durch Krankheiten oder andere Schicksalsschläge bedürftig geworden ist, dem hilft der »Unterstützungsverein Artur Fischer e.V.«

Dennoch sind die Vorbehalte der Landwirte im Waldachtal gegen die »Fabrikler« lange Zeit groß. Fischer passt sich an: Viele Bauern arbeiten nur im Winter bei ihm, wenn es auf den Feldern nicht viel zu tun gibt. Er vergibt auch Heimarbeit, um vielen Bauersfrauen ein Zusatzeinkommen zu ermöglichen. Noch in den sechziger Jahren fährt ein Laster Millionen Dübel von Hof zu Hof, wo sie die Heimarbeiterinnen per Hand verpacken. Auf eine automatische Verpackungsmaschine verzichten die Fischer-Werke jahrelang. Nebeneffekt für die Heimarbeiter: Viele waren so erstmals krankenversichert.

Den ländlich geprägten Standort empfindet Fischer nie als Last, sondern als Vorteil, vor allem weil er Mäßigung fördert: »Dass wir ein bisschen von den großen Städten der Welt entfernt waren, tat uns gut. So haben wir nie einen Streik gehabt.« Er hindert Artur Fischer auch nicht daran, die Firma zu »globalisieren«. Schon in den fünfziger Jahren gründet er Betriebe in Spanien, Frankreich, England – zum Schutz. Nachkriegsdeutschland darf in viele Länder noch nicht exportieren. Um zu verhindern, dass die Fischer-Erfindungen kopiert werden, erobert Fischer die Märkte von innen – und dass, obwohl er »erst nach dem zweiten Glas Wein Englisch sprechen kann«.

Artur Fischer bringt die Industrialisierung nach Tumlingen und Umgebung. Die neuen Methoden treiben selbst seine »liebe Mutti«, wie er sie heute noch manches Mal nennt, und seinen Vater in tiefe Gewissenskonflikte. Nur die höchste moralische Autorität am Ort kann da noch helfen. »Herr Pfarrer«, sagt Frau Fischer, »stellen Sie sich einmal vor, mein Sohn, der hat Schulden, und das ist doch eine Sünde! Der darf doch keine Schulden haben!« Der Pfarrer beruhigt sie: »Is' scho' recht.« Als Artur Fischer mal wieder sein Werk erweitert und der Vater die Baustelle in Augenschein nimmt, sagt er vorwurfsvoll zum Sohn: »Du baust ja schon wieder! So viel Geld kannst du doch gar nicht haben!« Artur Fischer schmunzelt spitzbübisch, wenn er das erzählt. Er macht eine kleine dramatische Kunstpause. »Da habe ich ihm gesagt: Noch habe ich es nicht, aber ich krieg's bald!«

Gegen Tradition helfen Artur Fischer Humor und Herkunft. Gegen Bürokratie hilft ihm nur noch sein schwäbischer Dickkopf. »Besser geworden ist es sicher nicht«, das mit der Bürokratie, in den vergangenen 50 Jahren. Auch im Wirtschaftswunderdeutschland sitzen die Auf-den-Regeln-Pocher an zentralen Schalthebeln und gefährden unternehmerischen Erfolg. So ist das schon, als Artur Fischer ins Schaltergeschäft einsteigen will. Sein erster Kompagnon, der ihm zuvor die Kasse ausräumte, hat ihn bei der Handwerkskammer angeschwärzt wegen »Schwarzarbeit«. Denn nach den Statuten der Kammer darf ein Geselle keinen Betrieb führen.

»Das haben wir gerne, ein Schlossergeselle mit einem Ein-Mann-Fabrikbetrieb«, naserümpft der Kammerbeamte namens Huber. Dafür brauche er erst noch vier Jahre Gesellenzeit. »Ich war sechs

Jahre im Krieg. Reicht das nicht?«, fragt Fischer.»Nein.«»Wenn i zehn Mitarbeiter hab', Herr Huber, komm' i wieder, und wenn's fünfzig sind, nomol!«, sagt Fischer, schwingt sich aufs Fahrrad und radelt heim.

Ein Wort ist ein Wort. Als er zehn Mitarbeiter hat, kommt Fischer mit seinem Motorrad Marke Herkules zur Kammer. Als er 50 Beschäftigte hat, fährt er mit seinem Auto vor, einem Opel Olympia. Heute beschäftigt die Fischer Holding GmbH & Co. KG in 19 Ländern von Argentinien über China, Italien und Tschechien bis zu den USA 3 300 Mitarbeiter, 1 800 davon in Deutschland.

Die Blitzlichtgeräte machen Artur Fischer reich. Doch seine neu gewonnene Freiheit schwindet auch. Wohl und Wehe seines Unternehmens hängen ab vom Großabnehmer Agfa mit seinem rhombischen Markensymbol. Der Konzern drückt, drängt und drängelt – nicht nur auf Neuerungen, auch auf die Preise. Das sei das einzige Mal gewesen, sagt Artur Fischer heute, dass er »Bedrückung« empfand, dass ihm die Verantwortung für die Firma und ihre Angestellten zusetzte, damals, Ende der fünfziger Jahre. Ein Geschäftspartner, den er ins Vertrauen zieht, rät ihm:»Machen Sie doch einen Rhombus aufs Dach!« Die Firma verkaufen? Kommt nicht in Frage. »Dann kann ich nichts mehr entwickeln, weil mir die Freiheit fehlt«, entgegnet ihm Fischer.

Noch 50 Jahre später wird Artur Fischer ernst, wenn es um das Schicksal seiner Firma geht. Er faltet die Hände, spricht leiser, statt des verspielten Erfinders lässt er seine Seele sprechen:»Ich habe für die Fischerwerke nie ein Kaufangebot bekommen, aber ich hätte auch nie verkauft. Ich verkaufe mein Herz doch nicht.« Fischer schweigt. Dann sagt er, noch leiser:»Ohne Herz bin ich doch auch nicht mehr da.«

So feilt, sägt und bohrt Artur Fischer an jenem Samstagnachmittag anno 1958 auch gegen die neue Abhängigkeit an. Der S-Dübel nimmt ihm in wenigen Monaten alle Sorgen:»Das ging ja so schnell nach oben, da war das Problem vorbei.« In kürzester Zeit übersteigen die Dübelumsätze die Blitzerumsätze. Zwar liefert Fischer noch

Jahre lang Blitzlichtgeräte an Agfa, bis die ihr Blitzgeschäft an den Konkurrenten Kodak verkauft, was Artur Fischer 120 000 D-Mark für seine Patente einbringt. Aber die Zukunft der Fischerwerke, das ist Ende 1958 klar, sind Dübel, nicht Blitzer.

Für den gottesfürchtigen Gründer der Dübeldynastie heißt das auch: Er ist reich. Von Geld sprechen mag Artur Fischer nicht gern. Das ist kein überhebliches »Geld hat man eben, oder man hat es nicht« und kein pseudo-vornehmes Understatement. »Reich? Das hat mich nie interessiert. Ein Mensch kann nur reich sein, wenn er einen Wert in sich selber trägt. Diesen Reichtum kann einem niemand nehmen.« Artur Fischer sagt solche Sätze fast andächtig, aber ohne pastoral-moralische Inbrunst. Er meint, was er sagt. »Ich wollte immer nur soviel Geld haben, dass ich mir später mal ein Altersheim leisten kann«, sagt er noch. Und dann dirigiert er das Gespräch in eine andere Richtung, hin zu dem, was er nur dank seines Geldes tun konnte, hin zu seinem liebsten Thema, zu Fischertechnik und TiP.

Weihnachten 1963 naht. Wie jedes Jahr will Artur Fischer Kunden und Lieferanten beschenken, aber er ist es leid, Kirschwasser, Kugelschreiber und ähnlichen Kitsch zu verteilen. Und nicht die Erwachsenen will er bescheren, sondern deren Kinder. Nach dem Vorbild des Märklin-Baukastens, mit dem er als Bub so viel experimentierte, sägt er über die Feiertage aus Polyamid Bausteine zurecht. Schrauben soll es keine brauchen für sein Spielzeug, deswegen erfindet er die Zapfen am Ende jedes Steins, die genau in die Rillen an den Seiten der anderen Klötze passen. Räder, Achsen, Winkel, Platten, Motoren kommen hinzu. Vom Auto bis zum Flugzeug lässt sich mit den grauen Fischertechnik-Klötzchen bald alles im Kinderzimmer konstruieren.

Zu Weihnachten 1965 ist der erste Baukasten marktreif und Artur Fischer stiftet die gesamte Produktion der »Aktion Sorgenkind«. Nach Blitzlicht und Dübel ist das der Beginn der dritten Erfolgsgeschichte Artur Fischers. Schnell wird Fischertechnik als anspruchsvolles Qualitätsspielzeug von Frankreich bis Japan berühmt, heimst Preis um Preis ein.

In Deutschland ist seine Bedeutung für den Ingenieurstand gar nicht hoch genug zu bemessen. Noch heute bekommt Fischer Post von gestandenen Ingenieuren, die als Kinder mit Fischertechnik spielten, ihr technisches Verständnis schulten und heute als Diplom-Ingenieure die Gefährte, Gebäude oder Maschinen im Maßstab 1:1 bauen, die sie als Steppkes mit den grau-rot-schwarzen Fischertechnik-Bauteilen im Kinderzimmer zusammensetzten. Sie danken ihrem Inspirator Artur Fischer. Der Mann, der nie studiert hat, ist zum Ziehvater eines ganzen akademischen Berufsstands geworden.

Finanziell allerdings bleibt Fischertechnik immer ein Zuschussgeschäft – bis heute.»Mit Fischertechnik haben wir noch nie Geld verdient«, erzählt er.»Ich habe mir die Freiheit genommen, von dem Geld, das ich mit Dübeln verdient habe, die Fischertechnik abzuzweigen.« Verluste stören den Unternehmer Fischer nicht, wenn er überzeugt ist, Wichtiges und Richtiges zu tun.»Ich liebe meine Produkte wie eine Mutter ihre Kinder«, sagt Fischer.

Die Produkte für Kinder liebt er, so scheint es, sogar noch eine Spur mehr, als die, die ihn reich machten.»Die Fischertechnik ist ein ganz anderes Produkt als Dübel, sie hat mit dem Menschen zu tun.« Viele wissen bis heute nicht, dass beide Produkte einer und derselben Fantasie entsprangen. In seinem Büro parken Fischertechnik-Kräne, Fischertechnik-Laster und Fischertechnik-Traktoren – aus Liebhaberei, aber auch zu Forschungszwecken.

Mit TiP hat Fischer 1998 – da ist er 79 Jahre alt – ein weiteres Spielzeug entwickelt: Farbige Flocken aus Kartoffelstärke, die sich, zart angefeuchtet, zu Ritterburgen, Pirateninseln oder Froschkönigen verarbeiten lassen. Fischer will Fischertechnik und TiP integrieren – auch deshalb sieht das Büro des 85-Jährigen aus wie ein Kinderzimmer.

Kürzlich erhielt er ein Kaufangebot für TiP, aus Amerika, ein Strohmann, vermutet Artur Fischer. Er hat abgelehnt. Natürlich. Es gibt noch so viel zu tun.

Und es gibt noch so viel zu erfinden. Schon Mitte der siebziger Jahre, Artur Fischer steht erst im fünften Lebensjahrzehnt, plant er seinen Rückzug aus der Geschäftsführung. Er will zeitig übergeben und nicht warten, bis der Nachfolger »kein Interesse mehr hat«.

Sein Sohn Klaus, Jahrgang 1950, der es dem strengen Senior nicht immer leicht gemacht hat, hat 1975 gerade seinen Diplom-Ingenieur in der Tasche, als ihn der Vater fragt: »Willsch oder willsch net?« Klaus Fischer will. 1976 tritt er in das Unternehmen ein, zum 1. Januar 1980, einen Tag nach dem 60. Geburtstag Artur Fischers, übernimmt er die Geschäftsführung.

Leicht war sie nicht, die Zeit der Emanzipation, für beide nicht. »Das kann man laut sagen«, sagt Klaus Fischer heute lachend. So manches macht er anders, um die Fischerwerke zukunftsfest aufzustellen: »Wenn man in die Fußstapfen eines anderen tritt, dann läuft man immer hinterher. Ich wollte meinen eigenen Weg gehen«, sagt Klaus Fischer.

»Die große Stärke der Firma war 1980 ihre Innovationskraft«, sagt der Chef der Fischerwerke. Aber das Unternehmen muss im Auslandsgeschäft stärker werden, neue Produkte ins Sortiment aufnehmen und seine Abläufe, die sehr auf den Gründer zugeschnitten sind, flexibler gestalten. Manchen Strauß fechten Sohn und Vater aus – etwa wenn der Senior voller Tatendrang auf dem kurzen Dienstweg Verträge abschließt, von denen der Sohn erst hinterher erfährt. Oder wenn der Junior ins Autozuliefergeschäft einsteigen will, der Senior aber dagegen ist.

»Er hat einmal zu seiner Mutter gesagt: ›Wenn das so weitergeht, dann höre ich auf‹«, erzählte Artur Fischer einst seinen Biografen Helmut Engisch und Michael Zerhusen. »Natürlich war ich gelegentlich stur. Was hätte es denn genutzt, wenn ich's ihm leicht gemacht hätte?« Und: »Ganz sicher war ich mir nicht« bei der Betriebsübergabe, räumt Artur Fischer ein. Aber »ich hatte Vertrauen in meinen Sohn. So ist alles gutgegangen.«

Stimmt. Seit der Maschinenbau-Ingenieur Klaus Fischer 1975 in die väterliche Firma eingetreten ist, sind aus 1 500 Mitarbeitern und 160 Millionen D-Mark Jahresumsatz 3 300 Mitarbeiter und 440 Millionen Euro Umsatz geworden. 1982 führt er die Fischerwerke ins Autozuliefergeschäft mit dem CBOX-System für das Verstauen von Kassetten und später CDs, das heute in der Sparte »Automotive Systems« firmiert. Mitte der achtziger Jahre bringt er die Firma nach China. 1993 übernimmt Klaus Fischer den Dübelhersteller Upat, jahrzehntelang der härteste Konkurrent für das Leuchtturmprodukt im Fischer-Sortiment. Sich mit der Idee einer Großakquisition anzufreunden, fällt Artur Fischer schwer, aber sein Sohn hat erkannt, dass die Fischerwerke auf Dauer zu klein werden könnten angesichts von dynamischen Bauausrüstern wie Hilti oder Würth.

Viel Neues hat Klaus Fischer dem Unternehmen verordnet – und er schickt sich an, etwas zu schaffen, was selbst seinem Geht-nicht-gibt's-nicht-Vater nie vergönnt war: Mit Fischertechnik Geld zu verdienen. Spätestens 2006 soll Fischertechnik aus den roten Zahlen kommen und erstmals seit seiner Einführung Mitte der sechziger Jahre Gewinn machen. »Das werden wir schaffen«, sagt Klaus Fischer.

Bei den Fischers gelang die Übergabe von der Gründergeneration an die Nachfahren. »Mein Sohn kann sich nicht beschweren«, sagt Artur Fischer heute. »Immerhin habe ich mit 60 übergeben. Das ist ja auch nicht gerade üblich.« Sein Rat an Familienunternehmer lautet: »So früh wie möglich übergeben.«

Hier folgt Klaus Fischer dann doch den Spuren seines Vaters, jedenfalls hat er das vor. Im Herbst 2005 hat sein Sohn Jörg bei den Fischerwerken begonnen. Fünf Jahre soll er sich einarbeiten, dann will der 55-jährige Vater und Chef übergeben – mit 60, wie einst Artur Fischer.

Denn das bedeutet letztlich auch Freiheit. Für Artur Fischer heißt das vor allem: Freiheit, noch mehr zu spielen und zu forschen. Unterhalb seines Hauses am Hang des Waldachtals hat er sich ein eigenes Forschungszentrum gebaut. Ein Vierteljahrhundert ist das her, und noch immer treibt es ihn oft hier herunter: zum Suchen, Erfinden, Testen – und Staubsaugen.

Schließlich gibt es so schöne Experimente mit Fischer-Erfindungen – wie 1972, als das Magazin *Stern* für eine Reportage über Artur Fischer die S-Dübel einem ultimativen Test unterzog. Ein Beton-klotz wurde mit zwei Dübeln versehen, in denen zwei Haken steck-ten. An jedes Ende kam ein Stahlseil, und an deren Ende zwei Dampfloks.

Für den Herr allen Dübelns ist das Ergebnis des titanischen Tests schon vorher klar: »Eher platzt der Betonklotz.« Artur Fischer be-hielt Recht.

Joachim Dorfs, Christoph Neßhöver

Kapitel 2

»Bürokratie erstickt
den Pioniergeist«

Der Versandhausmilliardär WERNER OTTO

Vielleicht muss ein Unternehmer erst das biblische Alter von 96 Jahren erreichen, um so wunderbar klare und lebensnahe Sätze zu formulieren: »Fehler wachsen wie Unkraut aus allen Fugen. Darüber braucht man sich gar nicht aufzuregen, man kann sachlich darüber reden. Ein Unternehmen ohne Fehler gibt es nicht – ein Handeln ohne Fehler gibt es auch nicht. Das ist ein ganz natürlicher Vorgang.«

Oder Sätze wie diese: »Die Bürokratie baut sich ständig von allein auf; da wird getüftelt, werden unnötige Exposés erstellt, Sitzungen angeordnet, bei denen immer viele eingeladen sind, da wird um des Kaisers Bart gestritten – dabei vergisst man den Kunden. Der Kunde aber ist der Maßstab aller Dinge. Wenn man den Kunden nicht kennt, hilft einem keine noch so aufwendige Analyse oder Statistik.«

Der Mann weiß, wovon er spricht. Es ist Versandhauskönig Werner Otto, einer der ganz großen Konzerngründer in Deutschland. Eine Legende, ein Patriarch. Er baute sein Unternehmen zum weltgrößten Versandhaus mit einem Umsatz von heute mehr als 14 Milliarden Euro auf, einem international agierenden Handels- und Dienstleistungskonzern, der alle Konjunkturkrisen gemeistert hat, der intelligent diversifiziert wurde, der heute als Lehrbeispiel für die moderne Betriebswirtschaftslehre taugen würde und der mit der damals neuen Vertriebsform des Versandhandels in den Nachkriegsjahren das deutsche Wirtschaftswunder maßgeblich befeuert hat.

All das ist der Schaffenskraft von Werner Otto entsprungen. Der Mann geht auf die 100 zu, aber man sieht es ihm kaum an: der Anzug sommerlich-hell, dreiteilig, dazu ein strahlend weißes Hemd mit rot leuchtender Krawatte. Er wirkt zufrieden, er fühlt sein Reich gut geordnet. Und das ist es auch. Werner Ottos Söhne Michael und Alexander haben das Imperium des Vaters ausgedehnt, zu dem nun neben dem Otto-Versand auch der Post-Konkurrent Hermes, milliardenschwere Immobilienfirmen und die Projektentwicklungsgesellschaft ECE gehören, welche die Welt vor allem mit gewaltigen Einkaufszentren beglückt.

Otto hat fünf Kinder, er ist seit 42 Jahren mit seiner dritten Frau Maren Otto, 64, verheiratet. Die ganze hanseatische Familie gilt als weitsichtige Unternehmersippe. Sie erfreut sich nicht nur an guten Bilanzzahlen, sondern engagiert sich für die Natur, für Flüsse und Störche, sie unterstützt Stiftungen für Kranke und Bedürftige, und sie ist auch kulturell äußerst interessiert.

Die Kunst und die Ottos – das ist wahrlich eine enge Beziehung. Werner Otto mag besonders die deutschen Expressionisten, aber auch die alten Meister. Seine Sammlung gilt in der Fachwelt als bedeutend. Seine Tochter Ingvild Goetz betrieb lange eine Galerie für moderne Kunst in München, sie hat heute ein eigenes Museum. Sein Sohn Frank Otto wurde Musikunternehmer und rief den Clip-Sender Viva mit ins Leben. Und seine Tochter Katharina Otto-Bernstein lebt in New York und ist eine erfolgreiche Dokumentarfilmerin und Autorin. Ihr jüngstes Projekt ist ein Porträt des amerikanischen Theaterregisseurs Robert Wilson.

Als im April 2003 im Konzerthaus am Berliner Gendarmenmarkt der Werner-Otto-Saal eingeweiht wurde, in dem jetzt wieder das Orchester probt und kleinere Stücke laufen, da war fast die gesamte schöngeistige Familie vor Ort.

Eine Familie, über die das *Wall Street Journal* einst schrieb: Sie war eine »der imperativsten Erfolgsgeschichten des modernen Deutschlands«. Denn Werner Otto hatte zum Start seiner Karriere nichts, er hatte nichts geerbt, nichts besessen. Und vielleicht war das ja »sein großes Glück«, wie es der Hamburger *Zeit*-Verleger Gerd Bucerius einmal ausdrückte. Das sorgt für Kreativität und Willenskraft.

Nach dem Krieg, da war Werner Otto schon 40, stellte er in einer Hamburger Baracke mit Hingabe, Schere und Kleber seinen ersten Katalog zusammen. Hinter jedes Produkt schrieb er eigenhändig den Preis. Zuerst bot er Schuhe an, dann Marineklapphosen. Der erste Katalog umfasste 14 Seiten, heute sind es rund 1 000. Damals produzierte eine Handvoll Mitarbeiter 300 Kataloge, heute spucken die Rotationsmaschinen jedes Jahr 20 Millionen Stück mit mehr als 100 000 Artikeln aus.

Zahlen berauschen den modernen Menschen. Sie lassen sich ins schier Unfassbare treiben und bleiben doch ohne Ziel. Als der berühmte amerikanische Bankier Morgan starb und sein Vermögen zusammengerechnet wurde, höhnte sein Rivale Rockefeller: »Und wir dachten, er wäre reich.« Die Rockefellers besaßen eben ein paar Millionen mehr. Werner Otto zählt gewiss zu den reichsten Männern, immerhin so reich, dass sein Vermögen schwerlich zwischen 6 und 7 Milliarden Euro genau taxiert werden kann. Aber man wird von Werner Otto kaum einen Satz über diesen Reichtum hören, dafür sehr viel über den Aufbau eines Unternehmens, über Risiko und Mut, über die Auswahl von Mitarbeitern und welchen Abstand ein Unternehmer zu seinem Geschäft haben muss, um wirklich erfolgreich zu sein. Er sucht das Lebendige, nicht die tote Zahl.

Seinen Leitspruch fand er deshalb nicht in der Welt des Geldes, sondern bei Heraklit: *Panta rhei* – alles fließt. »Er zeigt Neugier auf Neues, Hoffnung auf Wandel, eine Spur Freiheit. Alles verändert sich. Wer ein Unternehmen als ein statisches Objekt begreift, hat schon verloren. Die Bedürfnisse der Menschen ändern sich, die Struktur der Märkte, die Technik. Alles ›fließt‹ eben. Das war vor 2 000 Jahren nicht anders als heute, nur dass der Prozess heute schneller abläuft. Darauf muss man sich einstellen.«

In seinen Unternehmensprinzipien stellte er einen anderen großen griechischen Satz an die Spitze: Erkenne dich selbst. »Das bedeutet, die eigenen Begabungen und Stärken zu erkennen – und auch die eigenen Fehler. Tüchtige, aktive Menschen machen die meisten Fehler; aber sie unterscheiden sich von den unfähigen dadurch, dass sie sich mit ihren Fehlern auseinander setzen. Sie wandeln sie in Erfahrung um.«

Bei einer Betriebsfeier dankte Otto einmal ausdrücklich jenen Mitarbeitern, die Fehler gemacht hatten. Sie hätten das Unternehmen manchmal mehr voran getrieben als andere, weil sie Mut zu Entscheidungen und Mut zu Fehlern aufgebracht hatten.

Vor ein paar Jahren zog Werner Otto im hohen Alter nach Berlin, am Kurfürstendamm hat er seine neuen Arbeitsräume. Sein Schreibtisch ist wunderbar aufgeräumt, aber meist arbeitet er ohnehin am Stehpult, das vor der breiten Fensterfront wartet. Auf dem Tisch in seinem Büro stehen lachsrote Rosen, der Boden ist mit grauem Teppich ausgelegt.

Unterwegs in der Stadt ist er immer noch viel. Bei einem Open-Air-Konzert sah man ihn noch jüngst über Bänke steigen, weil er zu spät gekommen war. Und auch an diesem Abend will er noch zu einem Konzert auf den Berliner Gendarmenmarkt gehen. Operetten werden da gespielt, er liebt auch die Musik.

Lange hatte er in Garmisch-Partenkirchen gelebt. Die Kinder hatten dort eine glückliche Zeit, sie spielten Tennis, fuhren Ski, er wanderte viel – besonders gern auch auf den Gipfeln des Ahornbodens. Von seinen langen Spaziergängen legte er regelrechte Wanderbücher an, er schrieb auf, welche Tiere er sah und welche seltenen Pflanzen, er notierte, wie lange er von einem Gipfel zum nächsten benötigte. »Das alles war lebensverlängernd«, sagt er heute. Vorher in Hamburg hatte ihm das feuchte Klima zugesetzt, »der Föhn in den Bergen machte mir nichts aus«.

Jetzt aber fühlt sich Werner Otto in der Hauptstadt wieder zu Hause. Es war für ihn ein Umzug in seine Kindheit. In Berlin arbeitete schon sein Großvater als Kunstschmied, am Oderbruch in dem Dorf Seelow wurde er geboren. Vor ein paar Jahren hat er der kleinen Gemeinde die Restaurierung der Dorfkirche spendiert. Es war seine Taufkirche, die Wehrmacht hatte den Turm gesprengt, um der vorrückenden Roten Armee die Orientierung zu erschweren. Seine Mutter starb kurz nach der Geburt, er wuchs in Prenzlau auf.

WERNER OTTO wird am 13. August 1909 in Seelow am Rande des Oder-
bruchs geboren. Nach der Schulzeit in Prenzlau will er zunächst
Schriftsteller werden. Er schreibt zwei Romane, deren Manuskripte
von den Nationalsozialisten bei seiner Verhaftung beschlagnahmt werden. Das Kriegsende erlebt er als Obergefreiter mit einer Kopfver-
letzung in einem Wehrmachtslazarett. Als mittelloser Flüchtling
schlägt er sich nach Hamburg durch.

Zuerst gründet Otto eine kleine Schuhfabrik, in der 1948 bis zu 150
Menschen arbeiten. Doch nach der Währungsreform hat er gegen die
Großen der Branche keine Chance. Er gibt die Firma auf und gründet
1949 mit einem Startkapital von 6000 D-Mark den Otto-Versand. Der
erste Katalog umfasst 14 Seiten. Anders als seine Konkurrenten setzt
Otto schon früh statt auf niedrige Preise mehr auf Qualität. So befreit
er seine Firma vom Geruch des Kleine-Leute-Handels und erobert
neue Kundenschichten. In den sechziger Jahren verkauft er ein Viertel der Firma an die Familien Brost und Funke, die die *Westdeutsche
Allgemeine Zeitung* (WAZ) verlegen. Mit dem Geld steigt Otto ins Immobiliengeschäft ein.

Heute leitet Ottos Sohn Michael den Versandhandel. Die Gruppe
setzte zuletzt mit mehr als 54000 Mitarbeitern 14,4 Milliarden Euro
um. In diesem Jahr erwartet die Otto Group eine Online-Nachfrage
von fast 3 Milliarden Euro. Der Familie gehören 75 Prozent der Firmenanteile. Es heißt, Otto wolle auch die 25 Prozent der WAZ-Eig-
ner wieder übernehmen.

Über der Familie stand in jenen Jahren ein Unstern, zumindest in wirtschaftlicher Hinsicht. Sein Großvater verlor sein Vermögen bei Spekulationen mit Immobilien, sein Vater meldete mit seinem Handelsgeschäft Konkurs an. Es reichte nicht einmal mehr für das Schulgeld. Werner Otto brach das Gymnasium ab und begann eine kaufmännische Lehre in Angermünde.

Er war stets ein ruheloser Mensch auf der Suche nach seiner Bestimmung. Er schrieb zwei Romane, machte in Stettin einen kleinen Laden auf und unternahm einen Ausflug in die Politik. Er verteilte Flugblätter für die Brüder Gregor und Otto Strasser, die in der NS-Bewegung sozialrevolutionäre Ideen vertraten. Einen von ihnen ließ Hitler ermorden, der andere floh ins Ausland. Werner Otto landete für zwei Jahre im Gefängnis und war vom Nationalsozialismus geheilt. Ein Studium oder eine vernünftige Karriere verwehrten ihm die Nazis, als Literat fehlte ihm das Geld.

Wieder versuchte er es mit einem Geschäft, nun war es ein Tabakladen in der Prenzlauer Straße in Berlin. Der drohenden Pleite entging er nur, weil er den Laden rechtzeitig wieder dicht machte. Seine Stunde sollte erst nach dem Krieg kommen, den er mit einer Schussverletzung überlebte.

Mit seiner ersten Frau und zwei kleinen Kindern zog es ihn wie so viele Flüchtlinge in den Westen. In Hamburg gründete er eine Schuhfabrik. »Ich verstand nichts von Schuhen und hatte noch nie eine Schuhfabrik gesehen«, gesteht er. »Wir besorgten uns Holzsohlen und Leder, und die nächste Aufgabe bestand darin, dieses Leder auf die Schuhe zu bringen. Wir kamen voran, wir produzierten. Die Schuhe waren schlecht, wir nannten sie ›Gurken‹. Sie wurden uns trotzdem aus den Händen gerissen.«

Nicht lange. Die traditionellen Schuhfabriken begannen ebenfalls wieder zu arbeiten und fegten die Hamburger »Gurken« vom Markt. Werner Otto lässt sich nicht entmutigen: »Ich war voller Tatendrang und Optimismus, wollte unbedingt etwas aufbauen. Die Fabrik musste ich wieder schließen, aber da bekam ich einen Versandkatalog von Schuh-Baur auf den Tisch, der erste Katalog, den ich je in meinen Händen gehalten hatte.«

Es war 1949, die Geburtsstunde des Otto-Versands, der wie ein gewaltiger Monsun auf der ausgedörrten Seele der deutschen Konsumenten niederging. Deutschland war noch ein Land ohne Waschmaschinen und Fernseher, und jedes Kleidungsstück wurde zu verschiedensten Zwecken gewendet, bevor es als Putzlappen diente. Die Menschen wollten genießen. Ein Katalog mit vielen bunten Kleidern weckte Sehnsüchte. Ein neues Gesellschaftsspiel begann: die Sammelbestellung. In der Nachbarschaft oder unter Freunden sammelte ein Kunde alle Bestellungen ein und erhielt 5 Prozent Rabatt. Das war nicht nur ein großes Erlebnis in abgelegenen Kleinstädten und Dörfern, es stachelte auch den Geschäftstrieb von Menschen an, die bis dahin herzlich wenig über Geschäfte wussten. Und einer profitierte immer: der Otto-Versand.

Die Aufbaujahre in der Bundesrepublik werden allgemein gern als paradiesische Umstände für Unternehmer dargestellt. Das stimmt nur bedingt. Auch damals gingen viele Firmen pleite, auch damals gab es Missmanagement. Die Menschen empfanden die Veränderungen als nicht weniger dramatisch wie heute.

In Erinnerung bleiben oft nur die großen Erfolge, »weniger die alltäglichen Mühsale und Probleme«. Werner Otto erzählt ein Beispiel: »Die Buchhaltung war in den ersten Jahren mit vielen Schwächen behaftet. Als wir 1952 endlich die Bilanzen der Jahre 1950 und 1951 erhielten, stellten wir fest, dass wir tief in den roten Zahlen steckten und eigentlich hätten Konkurs anmelden müssen. Aber 1952 hatten wir schon so gute Gewinne, dass sie die beiden Vorjahre ausglichen. Eine schlampige Buchhaltung bewahrte uns vor einem übereilten Schritt.« Wieder hatte ihm ein Fehler geholfen.

Kaum eine Firma, die heute in der Datenverarbeitung nicht Millionen an der falschen Stelle versenkte. Damals war es nicht viel anders, nur in kleineren Dimensionen. Mitte der fünfziger Jahre stellte der Otto-Versand auf das Lochkartensystem von Remington Rand um. Tausende von Lochkarten mit den Kundenwünschen ratterten durch Sortiermaschinen. »Am Anfang funktionierte vieles nicht«, erinnert sich Werner Otto. So bekam eine unserer besten Kundinnen jeden zweiten Tag einen Teppich, eine andere erhielt laufend Nachtschränkchen zugeschickt. Trotz dieser Pannen haben wir in den Aufbaujahren die ständige Weiterentwicklung der Organisation erstaunlich reibungslos bewältigt.«

Zu seinem Arbeitsalltag damals befragt, erzählt Werner Otto: »Ich arbeitete von morgens um acht bis abends um zehn Uhr, selbstverständlich sechs Tage die Woche. Am Sonntag beschäftigte ich mich mit Organisations- und Rationalisierungsfragen oder arbeitete an Werbekampagnen.«

Von außen ließ er sich nicht beeinflussen: »Ich war in Aufbruchstimmung und bin meinen eigenen Weg gegangen. Es gab keinen äußeren Einfluss. Ich habe nicht lange theoretisiert und mich nie mit einem Teilerfolg zufrieden gegeben, sondern ständig nach vorn gedrängt. Meine Ziele waren immer weit gesteckt.«

Seine höchstpersönliche Schlüsselentscheidung beschreibt er so: »Schon sehr früh war mir klar, dass das Unternehmen in der Führung auf eine breite Basis gestellt werden muss. Für mich war es ein Zwiespalt. Einerseits war ich noch voller unternehmerischem Schwung, andererseits konnte ein Führungsteam nur dann eigenverantwortlich arbeiten, wenn ich nicht mehr alle Fäden in der Hand hielt.«

Lange Zeit lief nichts ohne ihn bis hinunter in die kleinsten Abteilungen. Er war dreifacher Geschäftsführer und sechsfacher Hauptabteilungsleiter. Anfang der sechziger Jahre brach er mit einem Kreislaufkollaps zusammen, musste für drei Tage ins Krankenhaus. Er nahm die Warnung ernst und setzte einen Vorstand ein. »Ich zog mich aus dem Unternehmen ein Stück heraus, bezog sogar ein Büro in einem anderen Stadtteil, um dem Unternehmen gegenüber genügend Distanz zu haben und den Vorstand in seiner Tagesarbeit unabhängig zu halten.«

Anfangs knirschte es gewaltig, dann muss es geklappt haben, denn es gab später wenig Verschleiß in der Führungstruppe, und Werner Otto landete auch nicht im Jet-Set-Lager. Im Gegenteil. Er nahm neue unternehmerische Witterung auf.

Dem Essener Zeitungskonzern WAZ hatte er damals bereits 25 Prozent am Otto-Versand verkauft. Nun stieg er in das Immobiliengeschäft ein. Anfangs war es nur zur Absicherung der Familie geplant. »Ich hatte zwei Kriege und eine Wirtschaftskrise hinter mir und wollte keinen dritten Weltkrieg in Europa erleben. Deshalb baute ich die Sagitta Group in Toronto auf.« Die sechziger Jahre verunsicherten viele Vermögende in Deutschland. Erst der Mauerbau in Berlin mit dem kriegerischen Getöse, anschließend die Kuba-Krise mit der Gefahr eines Atomkrieges. Gleichzeitig wuchs eine neue Generation heran, die verächtlich auf den Aufbauwillen ihrer Väter schaute und die gegen die nach ihrer Meinung vorherrschende Ökonomisierung der Gesellschaft auf die Straße ging.

Nicht wenige wohlhabende Deutsche schafften sich in jenen Jahren in Übersee ein zweites Standbein: ein Haus in Florida, eine Farm in Brasilien. Meist war es totes Kapital, das höchstens von der allgemeinen Wertsteigerung profitierte.

Werner Otto fing ebenfalls mit einer Farm an, sie lag am Stadtrand von Edmonton in West-Kanada. Ein schöner Platz zum Ausruhen, aber er war nicht der Typ, der im Schaukelstuhl saß und auf blühende Wiesen schaute. Er war erst Anfang 50 und startete ein völlig neues Geschäft, mit dem er womöglich ein noch größeres Vermögen anhäufte als mit dem Versandhandel: Immobilien.

Die Provinzstadt Edmonton erwies sich dafür als zu träge, die Farm wird später wieder verkauft. »Ich wollte mich nicht verzetteln und hatte mich inzwischen für Toronto entschieden. Als erstes kaufte ich das Apartment-Hochhaus ›Towers auf York‹ und 106 Reihenhäuser. Abends nach langen Sitzungen und Kaufverhandlungen ging ich mit meinem Anwalt durch die damals noch beschauliche Stadt spazieren und habe dabei einige unserer besten Objekte entdeckt.« Toronto, Chicago und später New York wurden die Zentren seines neuen Immobilienreichs.

Über das Grundstücksgeschäft sagt er heute: »Es birgt die Gefahr, durch große Erfolge leichtsinnig zu werden. Es verführt zu spekulativem Denken. Die Gefahr, vom Unternehmer zum Spekulanten zu werden, ist sehr groß.«

In den Krisenjahren 1974 und 1975 gingen mehrere berühmte Bauunternehmer in den USA Pleite, Werner Otto kaufte bedachtsam zu und wuchs in immer neue Höhen.

Eine der Klippen in dem neuen Geschäft waren die Mietverträge: Manche hatten eine Laufzeit von 25 Jahren. Auf den ersten Blick war das beruhigend und schien den Wert des Bürohauses zu unterstreichen. In den Mietverträgen gab es aber manchmal eine Klausel, dass frei werdende Räume im Haus zu den gleichen Bedingungen dazugemietet werden konnten. In Wahrheit war es eine schleichende Enteignung. Der betreffende Mieter nahm jede frei werdende Fläche zum alten Preis, vermietete sie weiter für das Zwei- bis Vierfache und verdiente damit mehr als mit seinem eigenen Geschäft. Der Hausbesitzer rutschte wegen steigender Kosten ins Minus.

Eine weitere Klippe schildert Werner Otto so:»In Übersee ist eine Immobilie im Unterschied zu Deutschland mobiler, als man ahnt. Eine verheißungsvolle Gegend verwahrlost plötzlich oder der ideale Platz für ein Einkaufscenter rutscht ab, weil in der Nachbarschaft weitere Zentren entstehen.«

Zur Sagitta Group in Kanada kam die Paramount Group in New York hinzu, später wurden die Immobiliengeschäfte unter der ECE gebündelt.»Dieses Geschäft ist völlig unabhängig vom Otto-Versand entstanden.«

Was aber machte Werner Otto zu einem so außergewöhnlich erfolgreichen Unternehmer:

• Die Leidenschaft fürs Geschäft machte ihn nie blind. Er warf nie schlechtem Geld gutes hinterher. Wenn etwas nicht lief, und er es nicht für sanierbar hielt, stieß er das Geschäft wieder ab.

• Er war bereit, Teilhaber aufzunehmen, um neue Geschäfte zu entwickeln und die Abhängigkeit von Banken gering zu halten.

• Er konnte, zumindest später, Verantwortung abgeben, auch weil er Zeit für immer neue Ideen und Projekte brauchte.

- Seine Kreativität beschränkte sich nicht nur auf das Geschäft. In der Natur bewahrte er sich einen gesunden Abstand zum Tagesgeschäft.
- Er sah immer die Verantwortung des Unternehmers für die gesamte Gesellschaft.

Werner Otto: »Ich habe ein Unternehmen nie als eine Bilanzgröße angesehen, ohne den Wert guter Bilanzen zu unterschätzen. Ein Unternehmen ist in erster Linie eine Gemeinschaft von Menschen.« Früher als andere führte er die Fünf-Tage-Woche ein und legte einen Pensionsfonds für Mitarbeiter an. Im Zeitalter des Vorruhestands haben Sätze wie diese Seltenheitswert: »Wenn man bedenkt, dass Menschen im Betrieb die meiste Zeit ihres Tages verbringen, ihr gesamtes Berufsleben auf den Betrieb abgestellt haben. Wenn man beobachtet, welchen Loslösungsprozess ein Mitarbeiter durchmacht, der in Pension geht. Es ist, als wenn er einen Teil seines Lebens zurücklässt. Dann weiß man um die große Verpflichtung, die man als Unternehmer den Mitarbeitern gegenüber hat.«

Etwas wehmütig erinnert er sich: »Der Firmengründer hatte früher oft noch eine Gemeinschaft um sich. Er kannte viele Mitarbeiter persönlich, saß bei Betriebsausflügen mit ihnen an einem Tisch, alle fühlten die gemeinsame Verantwortung. Heute werden Mitarbeiter durch die überwiegende Arbeit am Computer zu Einzelkämpfern. Mobbing ist eine der häufigsten Krisenerscheinungen. Die Firmenberater geben dazu kluge Ratschläge. Der Begriff Teamwork wird theoretisch nach wie vor groß geschrieben. Die wirkliche Umsetzung dieses Begriffes kann ich mir beim besten Willen nicht recht vorstellen.«

Über aktuelle politische Fragen äußert sich Werner Otto kaum noch, das überlässt er den aktiven Unternehmern. Nur so viel: »Es fehlt das Vertrauen, dass die Politik fähig ist, bessere Rahmenbedingungen zu schaffen.« Und: »Bürokratische Gängelei erstickt den Pioniergeist.«

Den Versandhandel leitet schon seit Jahrzehnten sein Sohn Michael Otto. Der Vater lobt ihn: »Er macht das hervorragend.«

Werner Otto gründete mehrere Stiftungen, fördert medizinische Projekte und spendet Millionen, wenn die Politik es nicht mehr schafft. Mit seiner Hilfe wird in Hamburg der Jungfernstieg umgestaltet, er förderte die Renovierung des Belvederes auf dem Potsdamer Pfingstberg und das Konzerthaus am Gendarmenmarkt in Berlin. Er wird mit Ehrungen überhäuft. Welcher Wunsch bleibt da noch? »Asien«, sagt er, »das habe ich schon vor vielen Jahren gesagt, da liegt die Zukunft, da muss man jetzt Geschäfte machen.« Aber er hatte keine Lust mehr, was Neues anzupacken, ein Fehler, wie er heute meint.

An erster Stelle im Wunschdenken aber steht immer die Familie – ihre Gesundheit ist das Wichtigste, betont er, und dass sie vor größeren Schicksalsschlägen bewahrt bleibt. Und dann wäre da noch ein anderer Wunsch: Die Manuskripte seiner beiden Romane beschlagnahmten die Nationalsozialisten bei seiner Verhaftung. Lange hat er nach dem Krieg danach gesucht, er würde viel hergeben, wenn er sie heute wieder hätte. Ist es die ewige Sehnsucht nach etwas anderem? Vielleicht auch nach einem anderen Leben?

Vielleicht hält ein gnädiges Schicksal die Manuskripte verborgen, denn was wäre ein Leben ohne diese Sehnsucht. Das gilt auch für Werner Otto.

Peter Brors, Claus Larass

Kapitel 3

»Vertrauen ist das Wichtigste«

Der Familienunternehmer JÜRGEN HERAEUS

Sohn sein kann furchtbar sein. An jeder Ecke der zunächst kleinen Welt auf den schrecklich langen Schatten des Vaters zu stoßen. Keine Luft zu haben zum Atemholen, keinen Raum fürs eigene Selbstbewusstsein, kein Licht fürs Ego. Das Lächeln der Leute, die einen begrüßen, als wüssten sie immer schon, wer da kommt. Gefährlich nahe liegt hier der Teufelskreis aus hohen Erwartungen und immer größeren Enttäuschungen.

Liebe ist es nicht, die anklingt, wenn Jürgen Heraeus von seinem Vater redet. Sicher, Heraeus hat noch nie seine Gefühle zu Markte getragen. Dennoch verwundert die Distanz, mit der der Aufsichtsratschef des Hanauer Familienkonzerns über seinen Vater redet. Erst später erschließt sich, dass diese Distanzierung Methode hat. Sich die Gefühle vom Leib zu halten, um als Chef nüchtern analysieren zu können, was es wirklich braucht, um ein Familienunternehmen am Leben zu erhalten. Jürgen Heraeus weiß es längst: »Das Vertrauen, das mein Vater mir gegeben hat, das war das Wichtigste.«

Wollte man diesem Mann böse, würde man das betont Uneitle an ihm als Form der Eitelkeit tadeln, so deutlich schlägt er in der Glamourwelt der Reichen aus der Art. Dabei ist Jürgen Heraeus keiner, der sich versteckt wie die alten Aldi-Krämer aus Mülheim, er nimmt Verantwortung vielfältig und öffentlich wahr, ist als Funktionär und Mäzen präsent, er redet gern und gehaltvoll über Unternehmensethik. Doch spricht er zu den Menschen, dann ist es, als wollte er sein Ego einfach nicht nach draußen lassen, um ganz und gar Funktion zu sein.»Jürgen Heraeus ist ein bescheidener Mensch«, sagt Unternehmerkollege Randolf Rodenstock.

Jürgen Heraeus nimmt es sehr ernst mit der Aufgabe, das Unternehmen als Familienkonzern zu erhalten. Man muss ihn wohl länger und sehr gut kennen, um zu erkennen, wie sehr ihm das auch Freude bereitet.

1963 ist der angehende Doktor der Ökonomie Jürgen Heraeus mit Kommilitonen und Professor auf Exkursion, von der Universität München über das Saarland bis nach Hanau, ins Werk der Familie. Heraeus ist als Dozent bei Edmund Heinen unter Vertrag, einem strengen aber äußerst innovativen Experten für Kostenrechnung und Industriebetriebswirtschaftslehre. Der Empfang im Familienbetrieb ist freundlich, doch der Professor kommt beim Unternehmer schnell zur Sache.»Welche Investitionsplanungsmethode bevorzugen Sie?«, fragt Heinen Heraeus senior.

Die Antwort des Vaters wird der Sohn nie vergessen, in diesem Augenblick wäre er am liebsten im Boden versunken. Denn Reinhard Heraeus lächelt und zeigt dem Professor seinen peilenden, nach oben gestreckten Daumen.

Wohl auch deshalb gilt das Kostenmanagement des Hanauer Edelmetallkonzerns seit jenem Moment bis heute in Deutschland als vorbildlich, Jürgen Heraeus hat so manche Stunde seines Unterrnehmerdaseins damit verbracht, die Kostenstellensystematik seines Konzerns so weit wie möglich zu optimieren.»Kosten, da sind wir sehr diszipliniert«, sagt der heutige Aufsichtsratchef.

188 Familiengesellschafter hat das Unternehmen, Heraeus und seine beiden Geschwister kommen auf etwa 25 Prozent Stimmenanteil in der Gesellschafterversammlung, doch damit kann man allenfalls verhindern, nicht gestalten. In diesem Sinne also hat Jürgen Heraeus nie wirklich Macht gehabt. Und doch hat er in den nunmehr fast 42 Jahren, die er für die Firma mit seinem Namen Verantwortung trägt, so viel bewirkt, dass seine Ära als eine Blütezeit in die nun schon über 150-jährige Firmengeschichte eingehen wird. Denn heute gehört Heraeus zu den internationalsten Familienkon-

zernen der Republik. Das Unternehmen ist vom Edelmetallverarbeiter längst zum hochentwickelten Technologiekonzern geworden, der in vielen Nischen Weltmarktführer ist.

Heraeus fertigt Dentalwerkstoffe und Sensoren, Quarzglas und Infrarotstrahler, ist als Zulieferer für die Auto- und Luftfahrtindustrie tätig, für die Telekommunikations- und Chemiebranche, für die Medizintechnik und die Stahlverarbeitung. Der Konzern erreicht mit über 10 000 Mitarbeitern in mehr als 100 Gesellschaften einen Umsatz von über 8 Milliarden Euro. Schon Ende der siebziger Jahre setzt die Firma im Ausland mehr um als in Deutschland. Deutlich mehr als die Hälfte der Beschäftigten arbeitet jenseits der Grenzen.

Die Geschichte der Familie ist alt, sehr alt, auch das mag etwas erklären. Am 18. Mai 1611 tritt ein gewisser Johann Heer aus dem Dorf Wetter an der Lahn, einem Flecken bei Marburg, in das Pädagogikum von Gießen ein. Für die höhere Schule aber latinisiert er seinen Familiennamen um akademischer Ehren Willen und meldet sich als Johannes Heraeus am Gymnasium an. Später wird Dr. med. Heraeus Karriere machen und, von den Wirren des Dreißigjährigen Kriegs durch Deutschland getrieben, als Hofmedikus und Apotheker in der herzoglich-mecklenburgischen Residenz von Güstrow landen. Johannes Heraeus gründet eine Dynastie von Apothekern und Naturwissenschaftlern, der nicht nur der Forschergeist im Blut liegt, sondern, da darf man Quellen wie heutigen Augenzeugen Glauben schenken, auch die Sparsamkeit.

Johannes Sohn Isaac lernt beim Vater Apotheker, begibt sich auf Wanderschaft und kommt ins Hessische. In Hanau hat der Tüchtige Glück, er wird Provisor in einer Apotheke und heiratet kurz darauf die erst 21-jährige Witwe seines bisherigen Chefs. Jetzt gehört das Geschäft ihm, nach neun Jahren ist er so wohlhabend, dass er am Hanauer Markt ein großes Haus kauft und dort sein neues Lokal eröffnet. Seiner Apotheke gibt er den Namen »Zum weißen Einhorn«.

Sechs Generationen von Apothekern haben den Stolz auf das Erreichte weitervererbt, als Wilhelm Carl Heraeus 1851 die Einhorn-

Apotheke aus den Händen seines Vaters übernimmt. Bald schon wird der Tüftler und Denker, der während seines Studiums in Göttingen die neuesten Verfahren der modernen Chemie kennen gelernt hat, den Rahmen des Erworbenen sprengen – und das ist beinahe wörtlich zu nehmen.

Das Schmelzen von Metallen gehört für Apotheker in Hanau zum Brotgeschäft, das Goldschmiedehandwerk am Ort genießt europäischen Ruf. Doch mit einem Metall gibt es Schwierigkeiten: Platin. Wilhelm Carl Heraeus jedoch nimmt es mit dem extrem hohen Schmelzpunkt (1772 Grad Celsius) des seltenen Edelmetalls auf. Er weiß, dass er extrem hohe Temperaturen braucht, und entwirft dazu einen Ofen, der mit einer Mischung aus Sauerstoff und Wasserstoff arbeitet. Jeder Sextaner weiß, was dabei entsteht: Knallgas. Heraeus nutzt die explosive Kraft des Gemischs zur Erzeugung extrem hoher Temperaturen, bald schon wird er als einer der ersten Europäer Platin in industriellem Maßstab schmelzen können. Aus ist es mit den Apothekern, aus der Familie Heraeus werden Fabrikanten.

Jürgen Heraeus ist am 2. September 1936 auf die Welt gekommen, er weiß noch, was Krieg bedeutet. Hanau gehört zu den am stärksten vom Bombenkrieg zerstörten deutschen Städten. Zwischen Dezember 1944 und März 1945 fliegen die Bomber der Alliierten vier vernichtende Wellen auf Hanau, bei denen kaum ein Stein auf dem anderen bleibt. Strategisch gesehen, ergeben die Bombenangriffe keinen Sinn mehr, es ist wie eine Bestrafung. Wer Hanau heute besucht, der kann in all der Wirtschaftswunderarchitektur nicht einmal mehr erahnen, wie beschaulich es hier einst gewesen sein muss. Verwüstete deutsche Vergangenheit.

Auch die W. C. Heraeus GmbH ist, wie nahezu die gesamte deutsche Industrie, tief ins Unrechtsregime verstrickt. Das Unternehmen beschäftigt Zwangsarbeiter, profitiert von den Arisierungen einstmals jüdischer Unternehmen, der Vater von Jürgen Heraeus, Reinhard Heraeus, wird als Wehrwirtschaftsführer für Edelmetallbeschaffung nach Berlin gerufen und arbeitet an wichtiger Stelle für

Hitlers Rüstungsminister Albert Speer. Einerseits. Andererseits macht sich Reinhard Heraeus mit seinem Vetter Wilhelm für das Familienmitglied Werner Canthal stark, der laut Nürnberger Rassegesetzen Halbjude ist. Erst in den letzten Kriegstagen gerät Canthal, später einer der Geschäftsführer des Unternehmens, in die Fänge der Nazis, er überlebt in einem Arbeitslager im Harz.

Von den Fabriken der Familie bleibt 1945 kaum etwas übrig – mit einer Ausnahme: dem Edelmetalltresor, der noch heute das Herzstück des Stammwerks bildet. Unter einer gewaltigen Schutthalde verborgen, entgeht so ein großer Teil der Platinvorräte dem Zugriff der Sieger. Seine Goldvorräte hat das Unternehmen zuvor rechtzeitig in einen Stollen auf der Schwäbischen Alb ausgelagert. Unter abenteuerlichen Umständen gelingt es einem Angestellten, das Gold 1945 über die französische Besatzungsgrenze hinweg zurück nach Hanau zu bringen. So rettet das Unternehmen ein symbolisches Stammkapital über seine wohl schwerste Zeit.

Jürgen Heraeus hat keinen Hunger gelitten in diesen Monaten, aber Not. Mit Mutter, Schwester und Bruder ist er Ende 1944 in einem Behelfsheim in Untersotzbach, einem Nest im Vogelsberg-Kreis, untergekommen. In der unmittelbaren Nachkriegszeit verdingt sich die Mutter als Krankengymnastin, die Familie lebt in zwei Zimmern ohne Bad und Toilette, Jürgen ist für die Lebensmittelbeschaffung verantwortlich. »Wir haben sogar Maikäfer gesammelt und die beim Bäcker für Brot getauscht, der damit seine Viecher fütterte«, erinnert er sich.

Aus Hanau ist zu dieser Zeit keine Hilfe zu erwarten, die Produktion liegt völlig danieder, auch die Geschäftsführer müssen ran, um die Backsteine, die übrig sind, vom Mörtel zu reinigen. Fotos aus diesen Monaten zeigen, wie alle zusammen anpacken inmitten der Verwüstung. In der Not hilft Heraeus die Fertigung von Produkten für den alltäglichen Bedarf: Kochtöpfe, Siebe, Tauchsieder. Später kommen Glühbirnen hinzu. Aber als dann das Unternehmen 1951 sein 100-jähriges Bestehen feiert, liegt die schlimmste Zeit längst hinter ihm

JÜRGEN HERAEUS wird am 2. September 1936 in Hanau geboren. Er besucht das Realgymnasium in Wiesbaden, dann die Robert-Koch-Schule in Clausthal. Nach dem Abitur studiert er BWL in Freiburg und München. Als wissenschaftlicher Assistent promoviert er mit einer Arbeit über »Direct Costing als Grundlage kurzfristiger Unternehmensentscheidungen«.

1964 tritt er in die familieneigene W. C. Heraeus GmbH ein. Die Firma geht auf den Chemiker und Apotheker Wilhelm Carl Heraeus zurück, der 1856 ein Verfahren zum Schmelzen von Platin erfunden hat. Nach mehreren Stationen im Unternehmen wird Jürgen Heraeus 1970 zum Finanzchef berufen, 1977 zum stellvertretenden Vorsitzenden der Geschäftsleitung, deren Vorsitz er schließlich 1983 übernimmt. Er internationalisiert die Firma, diversifiziert und gibt ihr eine Holdingstruktur. Unter seiner Leitung steigt der Umsatz von 3 auf 8 Milliarden Euro. 2000 wechselt er als Vorsitzender in den Aufsichtsrat. Seitdem führen familienfremde Manager die Firma.

Die Heraeus-Gruppe gehört heute 188 Gesellschaftern der Familie. Jürgen Heraeus und seine Geschwister besitzen knapp 25 Prozent der Anteile. Heraeus fertigt Dentalwerkstoffe und Sensoren, Quarzglas und Infrarotstrahler, ist als Zulieferer für die Auto- und Luftfahrtindustrie tätig, für die Telekommunikations- und Chemiebranche, für die Medizintechnik und die Stahlverarbeitung. Der Konzern erreicht mit über 10 000 Mitarbeitern in mehr als 100 Gesellschaften einen Umsatz von über 8 Milliarden Euro.

Der erste neue Fabrikbau ist fertig, zwei Werke in Hanau sind wieder in Produktion, bald wird das Produktionsniveau der Vorkriegsjahre erreicht. Zum Jubiläumsfest veranstaltet die Geschäftsführung ein gewaltiges Festessen für die gesamte Belegschaft und führt zur Garnitur einen Sketch auf. »Mein Vater war ein richtig guter Schauspieler«, sagt Jürgen Heraeus.

Leicht hat es der Sohn trotzdem nicht. Die Eltern lassen sich scheiden, er zieht vorläufig zu den Großeltern nach Wiesbaden, besucht dort zunächst eine Mittelschule und geht später auf das Gymnasium in Clausthal, wo er Abitur macht. Der Vater ist Respektsperson, nicht mehr und nicht weniger.

Wie gut, dass Familie weit mehr ist als nur die Beziehung zwischen Vater und Sohn. Wenn Heraeus von den Frauen der Familie erzählt, dann wird deutlich, dass sie es ganz entscheidend sind, die das Gebilde auf ihre Art zusammengehalten haben, bis heute. »Meine Frau ist die Chefin der Familie.«

Überaus wichtig in dieser Geschichte ist Großmutter Bertha. Sie holt ihren Enkel zum Sommerurlaub nach Italien, verwöhnt ihn dort. Eines Tages nimmt sie ihn sogar mit ins Spielcasino. »Am Roulettetisch machten die Croupiers der alten Dame rasch einen Platz frei, und ganz schnell begann sie zu setzen. Sie zwinkerte mir zu und sagte: ›Ich gewinne immer‹«. So muss es dann gewesen sein, ein Haufen Chips bleibt als Gewinn über, Oma Bertha weiß, wann aufzuhören ist. »Sie schob mir einige Jetons rüber und sagte, davon kaufst du dir jetzt ein paar neue Schuhe. Der Rest ist für mich.«

Jahre später, da ist Heraeus schon angehender Doktor der Ökonomie in München, wird sie ihm telegrafieren: »Habe gehört, die Callas ist in München. Musst du unbedingt hin, Kosten egal.« Heraeus geht hin und ist im Deutschen Museum dabei, als die Diva eines ihrer legendären Konzerte gibt. Hinterher speist der Enkel auf Kosten der Großmutter im Franziskaner.

Dass ihm der Erfolg in die Wiege gelegt wurde, lässt sich trotz der Vorzugsbehandlung durch Oma Bertha nicht behaupten. Jürgen Heraeus hat hart für seine Karriere gearbeitet, spätestens an der

Universität jedoch tankte er so viel Selbstbewusstsein, dass er sich und anderen nicht mehr jeden Tag beweisen musste, was in ihm steckt. Das betriebswirtschaftliche Studium beendet er pünktlich und gut, als zweitbester seines Jahrgangs. »Mein Vater hat mir die Zeit gelassen und mir am Ende immer vertraut, das war wohl das Wichtigste«. Da ist es wieder, das Vertrauen.

Heraeus bekommt am Lehrstuhl des strengen Professors Heinen den Job eines wissenschaftlichen Assistenten. Sein erster Unterricht geht ziemlich daneben. »Eine so schlechte Übung habe ich noch nie erlebt«, antwortet der Professor auf die Frage, wie es gewesen sei. Das wird ihm nie wieder passieren, bis heute hat Heraeus nicht aufgehört, gerade aus eigenen Fehlern zu lernen.

Die Promotion zum *Doctor oeconomiae publicae* folgt 1963, im Januar 1964 schon tritt der Junior in die Firma ein. Die W. C. Heraeus GmbH ist zu dieser Zeit ein wohlgeordneter, aber konservativ geführter Konzern, der sich auf einträgliche Nischen konzentriert, die allesamt mit der Metallverarbeitung zu tun haben. Im Angebot sind Katalysatornetze, Spinndüsen, Laborgeräte, keramische Farben und Apparate für die chemische Industrie. Daneben produzieren Tochterfirmen Quarzglas, Dentallegierungen aber auch die damals berühmte Höhensonne. Viele Deutsche holen sich während des Wirtschaftswunders ihre erste Sonnenbräune unter den UV-Strahlern aus Hanau.

Am Anfang ist Heraeus Trainee im eigenen Hause. So lernt er den Betrieb von unten kennen, seine Besonderheiten und Stärken. Dazu zählt zweifellos die große Identifikation der Belegschaft mit dem Unternehmen. »Mikis« ist ein Kürzel, das viel über die Firmenkultur sagt. So werden die Kinder von Mitarbeitern genannt, die in zweiter Generation für die Hanauer tätig sind. Im Unternehmen ist es bis heute ein Ehrentitel geblieben.

Aus der engen Bindung der Belegschaft ans Unternehmen erklärt es sich auch, dass Jürgen Heraeus bis heute Spaß daran hat, Gewerkschaftsfunktionäre zur Weißglut zu treiben, ohne dass dies seinem Ansehen in der Firma selbst nennenswert geschadet hätte. Oft genug hat er gesagt, dass Gewerkschaften in Aufsichtsräten eigentlich nichts zu suchen hätten. Immer wieder schreibt er auch in den Geschäftsberichten gegen die Macht der Funktionäre an, so 1992: »Die konsequente Umverteilung der Einkommen von oben nach unten und die ebenso konsequente Umverteilung der Arbeitszeit von unten nach oben hat zu einer neuen Dreiklassengesellschaft geführt: Freizeitbürger, Arbeitslose und Workaholics. Die Gewerkschaften beschränken sich darauf, die vermeintlichen Belange der Freizeitbürger wahrzunehmen. Das heißt, ihnen bei vollem Einkommensausgleich noch mehr Freizeit zu verschaffen.« Er sei kein Gegner der betrieblichen Mitbestimmung, sagt Heraeus. Aber wenn es dadurch zu Schwierigkeiten in der Unternehmensführung komme, werde die Geschäftsführung ihre Konsequenzen daraus ziehen. »Sie müssen ein Unternehmen fest in der Hand halten, das ist keine demokratische Veranstaltung«, sagt er. Erbitterte Arbeitskämpfe sind aus Hanau dennoch nicht bekannt. Dafür gehört der jährliche Betriebsratsausflug bis heute zu den Pflichtterminen des Aufsichtsratsvorsitzenden. So leistet er Vertrauensarbeit.

Als Sohn macht sich Heraeus 1964 auf den Weg zum Unternehmer. Er arbeitet in den Abteilungen, lernt in jeder Stunde. »Da habe ich das Dasein des ganz normalen Mitarbeiters kennen und schätzen gelernt, in der ganzen Leidenschaft, in seinen Chancen und seinem Unvermögen.« Bis heute hält Jürgen Heraeus seine Tür für alle Mitarbeiter offen, auch eine Form des Respekts.

1966 verbringt der Sohn ein Jahr in den USA und übernimmt 1967 zum ersten Mal Verantwortung als kaufmännischer Leiter und Controller bei der Tochter Leybold-Heraeus. Der Vater gibt ihm einen Tipp mit auf den Weg: »Dort, wo der Saustall-Faktor am größten ist, kannst du am meisten ernten.« In der Konzerntochter in Köln lernt Heraeus rheinische Führungskultur kennen, Arbeitsbeginn ist offiziell um halb acht, die Chefs kommen um halb zehn. Der Junior wehrt sich vehement dagegen, bald beginnt er damit, seine Version von Firmenkultur zu leben: Ihr Kern sind Sparsamkeit, Kostendisziplin, Verantwortung. »Ich habe die wichtigen Zahlen besser im Kopf als die Geburtsdaten meiner Kinder.« Mitarbeiter rühmen sein unerhörtes Detailwissen. Auf diese Weise arbeitet er weiter von Station zu Station, wird 1970 in die Geschäftsleitung der Muttergesellschaft W. C. Heraeus berufen, übernimmt die Ressorts Vertrieb, Finanzen und Personal, er forciert die Internationalisierung des Konzerns, seine Diversifizierung.

Heraeus wird zum Zulieferer der Raumfahrt, entwickelt neue Metalle und Legierungen, steigt in die Halbleiterindustrie ein. Von 1970 an engagiert sich der Konzern gegen den Willen des Vaters in Ostasien, zunächst in Japan, später in Singapur, den Philippinen, dann in China. Dort beschäftigt Heraeus heute 1400 Mitarbeiter, macht mehr als 1 Milliarde Euro Umsatz, die chinesischen Töchter tragen 20 Prozent zum Jahresergebnis bei. Hier produziert das Unternehmen unter anderem Feindrähte für die Chipindustrie, künstliche Zähne und Millionen von Kugelschreiberkugeln.

1977 wird Jürgen Heraeus stellvertretender Vorsitzender der Geschäftsleitung, 1983 deren Vorsitzender. Jetzt hat der Sohn endlich die volle Verantwortung. Er nimmt sie entschlossen wahr. Heraeus gilt zu dieser Zeit als »Bauchladen«, selbst Eingeweihte haben Schwierigkeiten, sich in der Fülle der Tochtergesellschaften und Produkte zurecht zu finden.

Der neue Chef wagt den Schnitt, der auch die endgültige Emanzipation bedeutet. 1985 organisiert er die grundlegendste Neuordnung in der Geschichte des Unternehmens. Er gründet die Heraeus Holding GmbH als strategische Führungsgesellschaft, darunter arbeiten sechs Teilgesellschaften in großer unternehmerischer Selbstständigkeit. »Wir waren das erste Familienunternehmen, das diesen Schritt gewagt hat.«

Die Neuordnung ist Ausdruck dessen, was Heraeus unter Führung versteht: »Mikromanagement, das ist meine Sache nicht«, sagt er. Immer habe er für Eigenverantwortung des Managements gekämpft und dafür auch große Freiheit gewährt. Das Management weiß es zu schätzen, es gibt kein Jahr, in dem der Konzern Verlust gemacht hätte. »Am Ende ist doch das Vertrauen in das Management entscheidend«, sagt Jürgen Heraeus mit ausdrücklichem Hinweis auf die oberste Managementebene, die Holding-Geschäftsführung, die das Unternehmen in den letzten Jahren mit Augenmaß auf internationalem Wachstumskurs hält. Dieses Vertrauen in die Leitung unter Helmut Eschwey beschreibt Jürgen Heraeus ganz einfach so: »Wir sind sehr zufrieden mit unserer Führungsmannschaft.« »Divide et impera – teile und herrsche, das ist das Geheimnis seines Erfolgs«, sagt ein enger Mitarbeiter über ihn. Er lasse seinen Kollegen große Gestaltungsspielräume, wisse aber stets genau, was im hintersten Winkel des Konzerns geschehe. Geht das zusammen mit der Behauptung des heutigen Aufsichtsratschefs, er verabscheue nichts so sehr wie Denunziantentum im Unternehmen? »Es kann nur funktionieren, wenn die Belegschaft dem Chef vertraut. Er ist bis heute eine wichtige Identifikationsfigur, er verkörpert das Unternehmen«, heißt es selbst unter Angestellten, die in den Heraeus-Fabriken im Schichtdienst ihren nicht immer angenehmen Dienst verrichten. Von sich selbst sagt er, er sehe sich als Fürsprecher der »moralischen Werte des ehrbaren Kaufmanns«.

Das Konzernleitbild trägt seine Handschrift, es handelt von der hohen technischen und der hohen menschlichen Qualität eines Familienunternehmens. »Wir wollen uns weltweit zu einem in jeglicher Hinsicht exzellenten Unternehmen weiterentwickeln, das von seinen Kunden geachtet wird und eine hohe Attraktivität für qualifizierte und begeisterungsfähige Mitarbeiter besitzt«, heißt es da. Dann weist Heraeus seine Grundwerte aus: »Eigeninitiative und Eigenverantwortung, Aufrichtigkeit, Kreativität, verantwortungsbewusstes Handeln gegenüber Mitarbeitern.«

Das alles klingt natürlich viel zu schön, um wahr zu sein. Und natürlich gibt es auch unschöne Kapitel in der Erfolgsgeschichte: Unglücke, Umweltkatastrophen, Managementpannen, Streit. Es besteht kein Zweifel, dass Jürgen Heraeus ein Unternehmer ist, der im Zweifel auch harte Entscheidungen zu treffen weiß. Aber auch das gehört zu dem, was er unter seiner Pflicht versteht, ohne dass er um diesen Begriff wie so viele andere groß Aufhebens macht. Er prahlt nicht mit seinem Entscheidertum, pflegt im Gespräch viel lieber den Habitus des Nachdenklichen. Gerne fährt er sich mit der Rechten zunächst an die Stirn und dann durch das immer noch volle, dunkle Haar, eine Formulierung, einen Satz überdenkend. Das alles hat, ohne angestrengt zu wirken, etwas Asketisches. Er wird im September 70 Jahre alt, das sieht man ihm beileibe nicht an. Heraeus zeigt in jeder Sekunde eine Präsenz, die angesichts der Aufgaben, die er jeden Tag bewältigt, erstaunlich erscheint. Er ist nicht nur Aufsichtsratschef der Holding, er sitzt auch im Präsidium des BDI, ist Vorsitzender im Arbeitskreis China der Deutschen Wirtschaft im Asien-Pazifik-Ausschuss, leitet die »Bertha Heraeus und Kathinka Platzhoff Stiftung«, sitzt den Aufsichtsräten der GEA Group seines Freundes Otto Happel sowie der Messer Group vor und tummelt sich in Universitätsgremien. Privat sammelt er moderne Kunst, geht gerne ins Theater und ins Konzert.

Das alles klingt, als habe er sein Feld in der Firma längst bestellt. Das aber stimmt nicht. Die Führungsmannschaft arbeitet zwar gut, aber wo ist das künftige Bindeglied zur Familie im Unternehmen? Immerhin hat er die Devise ausgegeben, dass der Konzern auch in 50 Jahren noch ein Familienunternehmen zu sein hat. Deshalb pflegt er eine bemerkenswerte Binnenkultur: Es gibt das organisierte Familienleben mit Treffen der Junggesellschafter, die offiziellen Gesellschafterversammlungen und den Wandertag wie jüngst im Harz – all das organisiert meist seine Frau.

Und so ist das, was Heraeus in der mittlerweile fünften Generation zusammenhält, mit Sicherheit mehr als nur Geld. Im Gegenteil: Die jährlichen Ausschüttungen sind mit 25 Prozent des Gewinns eher als bescheiden zu bezeichnen. Woher kommt also diese Kontinuität in Firma und Familie? Die Antwort liegt in einem Begriff verborgen, den keine Kapitalgesellschaft je anzuhäufen im Stande wäre. Er heißt Vertrauenskapital.

Peter Brors, Christoph Hardt

Kapitel 4

»Zukunftsangst?
Keinen Augenblick«

Der Stahlmanager DIETER SPETHMANN

Noch heute packt Dieter Spethmann »biblischer Zorn«, wenn man am Transrapid zweifelt. Fährt die Magnetschwebebahn nicht erfolgreich in Shanghai? Wird in der Volksrepublik China nicht längst die zweite Strecke geplant? Interessiert sich nicht die halbe Welt für das Pilotprojekt? Keine Sekunde zweifelt der ehemalige Vorstandsvorsitzende der Thyssen AG daran, dass die neue Technologie ihren Siegeszug um die Welt antreten wird. Wenn nicht jetzt, dann vielleicht in zehn oder fünfzehn Jahren. Die Milliarden an Entwicklungskosten waren nicht vertan, mögen auch noch so viele Verkehrsexperten reden, was sie wollen. Spethmann kann sich zu Recht als eigentlicher Erfinder – »nicht im technischen, aber im volkswirtschaftlichen Sinne« – des Transrapids fühlen. Als Thyssen-Chef war er von Anfang an von der Magnettechnik begeistert, die er bei den konzerneigenen Technikern im Werk Kassel mehr zufällig entdeckte. Was in dem bloßen »Nukleus« steckte, das mussten ihm seine Leute nicht lange erzählen. Aber all die Kleingeister in der deutschen Politik haben niemals verstanden, was diese Erfindung wert sein könnte. Auf sie ist er böse bis heute, auf Helmut Kohl und Franz Josef Strauß, auf Gerhard Schröder und seine wechselnden Verkehrsminister, die den Transrapid partout nicht in Deutschland bauen wollten. Falsche Entscheidungen, nichts als fatale politische Fehlentscheidungen – Spethmann kann sie nach vielen Jahren immer noch akribisch aufzählen.

Man muss nur über den Transrapid reden und schon bekommt man den ganzen Spethmann: Den Ausnahmeunternehmer, der einen der größten Konzerne so lange erfolgreich führt wie kaum ein anderer Manager in Deutschland ein vergleichbares Unternehmen. Der Visionär, der nach neuen wirtschaftlichen Wegen in der Kohle- und Stahlkrise sucht und in seiner Amtszeit mehr als 60 000 Arbeitsplätze schafft. Der »Sonnenkönig von der Ruhr«, wie ihn die Zeitungen nennen, der neben sich keinen anderen duldet. Der Streithammel, der sich mit Bankern und Politikern schlägt und viele Feinde macht. Der Überzeugungstäter, der sich auch noch im achten Lebensjahrzehnt unermüdlich mit »Freundesbriefen«, Gastkommentaren im *Handelsblatt* oder Glossen in der *Frankfurter Allgemeinen Zeitung*, mit Briefen an Minister und Entscheidungsträger in die öffentliche Debatte über den Euro und den Nationalstaat, über die richtige Verkehrspolitik und das falsche Zinsniveau in Deutschland einmischt. Für Spethmann selbst gilt, was er über Konrad Adenauer sagte: Er ragt durch seine Persönlichkeit heraus aus seiner Generation. Wer begreifen will, wie Deutschlands Wirtschaft wurde, was sie in den siebziger und achtziger Jahren war, der kommt an Spethmann nicht vorbei. Und wird danach vielleicht ahnen, wie Deutschland wieder das werden könnte, was es sein sollte: eine der produktivsten Volkswirtschaften der Welt.

Ein Leben, das immer schon ein Stück vor der Zeit schien: Schon mit neun Jahren auf das Realgymnasium in Essen-Bredeney, weil ihn sein Volksschullehrer Dohmann eine Klasse überspringen lässt. Auf der höheren Schule wird sein Denkvermögen durch den klassischen Bildungskanon so »formatiert«, wie er später sagt, dass er sich flexibel fühlt für alle intellektuellen Anforderungen der nächsten Jahrzehnte. Nach dem vorgezogenen Notabitur und vor der Einberufung zur Marine absolviert er 1943/44 noch ein schnelles Lehrjahr bei Krupp im Maschinenbau 9/10 in Essen-Frohnhausen. Das Original des Lehrvertrags schenkt ihm seine großer Widersacher, Krupp-Lenker Berthold Beitz, später zum 60. Geburtstag. Dem Studenten Spethmann bescheinigt ein Jurist: »Sie sind eigentlich der geborene Generaldirektor«. Die ersten Schwarzmarktgeschäfte macht er mit Tanganjika-Kaffee, den sein Bruder aus Afrika schickt: »Jeden Monat einen Sack mit den ganz kleinen Bohnen«. Leider beendet die Währungsreform das schöne Geschäft schlagartig. Mit 22 Jahren (im Jahr 1948) trotz Kriegsdienst bereits die Dissertation in der Tasche und das Gefühl »Jetzt habe ich es eigentlich geschafft«. Mit 23 den ersten unbezahlten Job beim Gelsenberg-Konzern – und die kecke Antwort auf die Frage seines Chefs, was er denn im Beruf erreichen wolle: »Ich möchte möglichst schnell auf Ihrer Seite des Schreibtischs sitzen«. Das erste Geld geht für einen dunklen Dreiteiler drauf, den man in der konservativen Eisen- und Stahlindustrie einfach braucht, wenn man als junger Mann Karriere machen will. Spethmann nennt die Zustände in den Ruhrkonzernen bis heute mit Vorliebe das *Régime*. Im Mai 1955 Eintritt in den Thyssen-Konzern. Und mit 32 Jahren das ultimative Statussymbol der deutschen Wirtschaftswunderzeit: ein Firmenwagen mit Chauffeur! Und dazwischen nicht einmal Luft geholt, nicht einmal lang nachgedacht, nicht einmal zurückgeschaut, nicht einmal Angst vor der eigenen Courage.

Was treibt sie damals an, die Spethmanns seiner Generation? Die vormilitärische Ausbildung haben sie mitgemacht, den Arbeitsdienst und die Hitlerjugend, und vor allem den großen Krieg. Sie sind geprägt durch die »unglaubliche körperliche und geistige Zucht dieser Jahre«, wie Spethmann später sagt: »All das hat seine Spuren hinterlassen«. Spethmann dient in der Marine und schreibt in seinen unveröffentlichten Memoiren über »Unterwürfigkeit« und »Kadavergehorsam«. Schwer getan haben sie sich alle, in Gefahr sind sie geraten, am Tod vorbei geschrammt. Aber sie kommen trotzdem nicht deprimiert und verängstigt aus dem Krieg zurück. Sie haben überlebt und jetzt wollen sie leben. Spethmann fühlt sich befreit, als er 1945 im fernen Norwegen die Nachricht von der bedingungslosen Kapitulation der deutschen Reichswehr erfährt. Noch ist es unter seinen Nazi-Kameraden gefährlich, allzu viel Freude zu zeigen. Aber schon blicken die Klügeren nach vorn, schlagen sich nach Hause durch, wollen so schnell wie möglich loslegen, packen sofort an. Keine Sekunde warten, jede Chance nutzen, erst einmal unterkommen.

In Essen ist vieles zerstört, aber Spethmann lässt sich dadurch nicht verstören. Zukunftsangst? Nein. Keinen Augenblick. Vielmehr das Gefühl, im Ruhrgebiet genau am richtigen Fleck zu sein. Wer immer Deutschland regiert, wird Kohle und Stahl brauchen, wird also für die fleißigen Spethmanns Arbeit haben. Keine einzige Zeche schließen die Engländer, die als Besatzungsmacht in Essen residieren. Jetzt nur schnell ein Studium zu Ende bringen, einen Abschluss machen und dann so viel Geld verdienen wie nur möglich. Sich ein Auskommen schaffen, eine Lebensgrundlage. Das treibt sie alle an, das treibt Spethmann an. Aber die einen sind schneller als die anderen, arbeiten härter und verfügen über jenes kleine Quäntchen Glück zur rechten Zeit, das angeblich dem Tüchtigen winkt. Viele Jahrzehnte später wird Spethmann in einem Vortrag vor dem Düsseldorfer Harvard-Club sagen, er möchte die harten Jahre vor 1948 nicht missen. Er habe in keinem anderen Jahrhundert, zu keiner anderen Zeit leben wollen.

Spethmann zieht sein Studium der Rechtswissenschaften und der allgemeinen Volkswirtschaftslehre in Kiel und in Bonn im Eiltempo durch. Lernt, was sich später noch auszahlen wird, nebenbei Handelsenglisch. Langweilt sich im Rechtsreferendariat zu Tode und nimmt deshalb nebenbei eine unbezahlte Stelle bei der Gelsenkirchener Bergwerks AG (Gelsenberg) an, die damals wie die ganze Schwerindustrie im Ruhrgebiet unter der Kontrolle der Briten steht. Die Alliierten haben zwei Vorstände eingesetzt, Funcke und Balster, die ihn nach einem längeren misstrauischen Gespräch als Hilfssyndikus einstellen. Nebenbei schreibt Spethmann seine Doktorarbeit über das Thema »Welche Rechtsfolgen finden auf die im vollen Geschäftsbetrieb befindliche Vor-GmbH Anwendung?« Ein sperriges Spezialthema, das aber überraschend schnell in die Zeit passen sollte: Tausende gründen im Nachkriegsdeutschland gerade kleine Unternehmen, meist mit Scheineinlagen, weil sie das Gründungskapital gar nicht aufbringen können.

Viel wichtiger aber als die letzten akademischen Weihen wird für Spethmann die Praxis bei Gelsenberg. Nun ist er »drin« im System, lernt das Ancien Régime von innen kennen, leidet unter ihm und wundert sich:»Jede Entscheidung im Unternehmen, die halbwegs von Belang war, wurde vom Vorstand selbst getroffen, eine Delegation von Aufgaben hätte seine Omnipotenz verletzt.« Die Mitarbeiter des Vorstands, also Männer wie Spethmann, waren nur»Wasserträger«. Funcke und Balster öffnen sogar die Geschäftspost selbst und lesen sie gemeinsam durch. Spethmann beschließt, später einmal alles anders zu machen. Aber erst einmal freut er sich, als im Weihnachtsumschlag vier blaue Hundertmarkscheine liegen. Sein erster richtiger Verdienst. Es ist 1949. Und ab Januar 1950 bekommt er jeden Monat ein ordentliches Gehalt, 100 D-Mark. So kann es weitergehen, so soll es weitergehen.

In diese Zeit fällt auch Spethmanns erste Begegnung mit einer Sphäre, die ihn Zeit seines Lebens nicht wieder loslassen sollte: Der junge Bonner Student gerät zum ersten Mal in Kontakt mit der Politik. Spethmann radelt am 1. September auf dem Weg zum Landgericht Bonn, wo er seine juristische Hausarbeit abholen will, durch die Koblenzer Straße. Vor dem Museum König sieht man einen Menschenauflauf, die Polizei regelt den Verkehr. Drinnen tagt zum ersten Mal der Parlamentarische Rat. Der amerikanische General Lucius Clay spricht. Die ausgewählten Abgeordneten der drei westlichen Besatzungszonen erhalten den Auftrag, eine Verfassung für die Bundesrepublik Deutschland auszuarbeiten. Spethmann beschließt, von nun an so oft wie möglich in die öffentlichen Sitzungen des Parlamentarischen Rats zu gehen. Sein Professor für Staatsrecht empfiehlt ihm, sich in den Hauptausschuss zu setzen, wo Carlo Schmidt die eigentliche Arbeit am Grundgesetz vorantreibt.

Spethmann leckt Blut. Obwohl er sich in den nächsten Jahrzehnten vor allem um sein berufliches Fortkommen in der Industrie kümmert, sucht er in unterschiedlichen Lebensabschnitten immer wieder den Kontakt zur Politik. Lernt in den fünfziger Jahren Erhard und Adenauer kennen. Soll in den sechziger Jahren Wirtschaftsminister werden, falls Rainer Barzel die Bundestagswahl gewinnt. Anfang der siebziger Jahre kämpft er mit seinem Freund Heinrich

Köppler für einen Sieg der CDU in Nordrhein-Westfalen: Als Mit-
glied von Köpplers Schattenkabinett erledigt er seine Vorstandsar-
beit bei Thyssen von acht Uhr bis zur Mittagszeit und macht am
Nachmittag Wahlkampf. Aus der Regierungsverantwortung für
Köppler wird nichts – doch Spethmann bekommt wenig später vom
SPD-Kanzler Helmut Schmidt das nächste politische Angebot: als
Staatssekretär in das Verteidigungsministerium einzutreten. Am
Schluss aber will der Manager doch nicht Berufspolitiker werden,
weil er sich damals finanziell noch nicht völlig unabhängig fühlt.
Gerade das aber hält Spethmann für die unabdingbare Vorausset-
zung, um in die Politik zu gehen. Von mittelmäßigen Funktionären
oder langweiligen Ortsvereinen will sich der Ungeduldige nicht abhängig machen.

Zwei politische Episoden gilt es näher zu betrachten, weil sie viel
über Spethmann und noch mehr über Deutschland erzählen. Am
18. September 1977 hält der Vorstandsvorsitzende der Thyssen AG
einen Vortrag vor der Deutschen Gesellschaft für Betriebswirtschaft
in Berlin. Damals reden die Sozialdemokraten in der Regierung viel
über das »Recht auf Arbeit«, insgesamt herrscht in Deutschland
noch weitgehend Vollbeschäftigung und die Illusion, man könne die
Kühe in der Wirtschaft ruhig noch mehr melken. Der Redner an
diesem Tag aber spricht über den schnellen Wandel in der Industrie,
über einen verschärften internationalen Wettbewerbsdruck, über
die Notwendigkeit scharfer Rationalisierungen, also auch über un-
vermeidliche Massenentlassungen. Wer in dieser Situation das
»Grundrecht auf Arbeit« propagiert, schadet dem notwendigen
Strukturwandel. Daran lässt der Redner keinen Zweifel: »Eine solche Vermischung von wirtschaftspolitischen Zielvorstellungen mit
verfassungsrechtlichen Begriffen könnte ein Element von gefährli-
cher Statik den in unserer Volkswirtschaft bereits vorhandenen sta-
tischen Elementen hinzufügen. Bedenken diejenigen, die heute vom
Grundrecht des Menschen auf Arbeit sprechen, dass eine wortge-
treue Verwirklichung dieses Anspruchs unausweichlich ein anderes
Wirtschaftssystem zur Folge hätte?«

DIETER SPETHMANN wird am 27. März 1926 in Essen geboren. Sein Vater arbeitet als Wirtschaftshistoriker und Historiograph des Ruhrbergbaus. Nach dem Abitur beginnt Spethmann eine Lehre bei Krupp, später studiert er Jura und Volkswirtschaft in Kiel und Bonn.

Zuerst arbeitet er in einer Essener Rechtsanwaltskanzlei, nebenbei verdingt er sich als Syndikus bei Gelsenberg. Bald erhält er bei dieser Tochter der Vereinigten Stahlwerke AG seine erste Festanstellung in der Industrie. Er wird damit beauftragt, die Auslandsschulden des Konzerns neu zu verhandeln. 1955 wechselt er zur August-Thyssen-Hütte AG (ATH), die im Mai 1953 als eine von 17 Nachfolgegesellschaften der Vereinigten Stahlwerke neu gegründet worden ist. Die ursprünglichen Thyssen-Gesellschaften, die August Thyssen ab 1867 geschaffen hat, sind 1926 nach dem Tod des Gründers in den Vereinigten Stahlwerken aufgegangen, die nach 1945 von den Alliierten aber wieder entflochten werden. Spethmann ist zunächst Assistent des Generaldirektors Hans-Günther Sohl. Die ATH gilt damals als lupenreiner Stahlkonzern.

Im April 1973 wird Spethmann Sohls Nachfolger als Thyssen-Chef. Der Machtwechsel fällt in die Zeit der ersten großen Stahlkrise in Deutschland. Spethmann aber meistert die Herausforderung. Er diversifiziert, modernisiert und internationalisiert das Unternehmen. Unter seiner Leitung steigt der Umsatz von 10 auf 36 Milliarden D-Mark, die Zahl der Mitarbeiter wächst von 92 000 auf 152 000. Trotz dieser Erfolge verlässt er den Konzern 1991 mit 65 Jahren im Streit. Seinen Abgang kündigt er in einem Brief an ausgewählte Journalisten an. Spethmann und der Thyssen-Aufsichtsrat hatten sich über die künftige Strategie des Konzerns nicht einigen können. Seitdem mischt sich Spethmann noch mehr in öffentliche Debatten ein. Die Politik fasziniert ihn – das gilt bis heute.

Schon 1977 prophezeit Spethmann die »enorme Verwundbarkeit unseres sozial hochgezüchteten Industrielands« durch die nächste Welle der Globalisierung. Er warnt vor der absurden Illusion, man könne durch Arbeitszeitverkürzung die knapper werdende Arbeit einfach gleichmäßig auf alle Erwerbstätigen aufteilen. Er fordert von den Politikern eine Antwort auf die »heute schon absehbaren demografischen Veränderungen«. Er kritisiert die zunehmende Abkoppelung der Tarifpolitik von der Produktivitätsentwicklung. Mit einem Wort: Spethmann nimmt 1977 alles vorweg, was der FDP-Wirtschaftsminister Otto Graf Lambsdorff 15 Jahre später in seinem berühmten Wendepapier der sozialdemokratischen Bundesregierung vorwirft. Spethmann legt schon vor fast 30 Jahren den Finger in die Wunde, die wir in Deutschland bis heute nicht geschlossen haben. Mit fast angelsächsischer Nüchternheit und Folgerichtigkeit analysiert er die volkswirtschaftlichen Verhältnisse und leitet aus ihnen düstere Prognosen für die Zukunft ab. Leider treffen sie allesamt ein.

Die zweite Episode spielt kurz nach der Wiedervereinigung: Am 2. Dezember 1991 schreibt Dieter Spethmann auf privatem Briefpapier an Helmut Kohl. Sein Brief beginnt mit den Worten: »Sehr verehrter Herr Bundeskanzler, lieber Herr Kohl! Während Ihrer ganzen Amtszeit habe ich Sie noch nie mit einem unerbetenen politischen Ratschlag behelligt. Am Vorabend von Maastricht aber drängt es mich, Ihnen diese Zeilen zu schreiben.« Der Schreiber ist davon überzeugt, dass Deutschland mit dem Vertrag von Maastricht über die Schaffung einer einheitlichen Europäischen Währungsunion endgültig einen politischen Irrweg einschlägt. Schon mit ihrem falschen ökonomischen Konzept für die Wiedervereinigung belastet die Bundesregierung die Wirtschaft viel zu stark, davon ist Spethmann überzeugt. Mit der Einführung des Euro und eines einheitlichen Zinsniveaus in den Mitgliedsländern wird nun alles noch schlimmer. Kohl antwortet auf den Brief mit ein paar lapidaren Zeilen und fertigt Spethmann danach nur noch durch seine Mitarbeiter ab.

Spethmann aber wird in den nächsten Jahren zu einem der prominentesten Kämpfer gegen den Euro. Er schreibt unzählige Briefe an politische Entscheidungsträger und Zeitungskommentare, wird von allen zitiert und von vielen zum Kronzeugen für die D-Mark gemacht. Einige seiner Freunde sagen heute, Spethmann habe sich damals verrannt. Einige seiner Feinde sprechen von Altersstarrsinn. Viele ökonomische Folgen, die er damals prophezeit, aber treten ein. Am Tische des Kanzlers wird der »Euro-Gegner« nicht mehr empfangen. »Kohl und ich leben in verschiedenen Welten«, sagt Spethmann. Als Patriot erkennt er die politische Lebensleistung des »Kanzlers der deutschen Einheit« an. Aber geschichtliche Größe im Sinne Jacob Burckhardts billigt er Kohl – anders als Konrad Adenauer – nicht zu.

Wenn man Spethmann fragt, wer ihn von allen Menschen, die ihm persönlich begegnet sind, am meisten beeindruckt hat, dann fallen immer diese zwei Namen: Adenauer und Abs. Beide lernte er 1952 ungefähr zur gleichen Zeit persönlich kennen. Über Adenauer sagt Spethmann, er habe Deutschland eben nicht nur in die Westbindung geführt und damit die Bedingungen geschaffen, um die internationalen Ressentiments nach dem Ende der Nazi-Diktatur zu überwinden. Nein, er habe Deutschland viel mehr in einem ganz umfassenden Sinne neu erfunden. Dabei half ihm »seine geradezu unglaubliche Gabe, komplizierte Zusammenhänge schnell zu erfassen und auf einen einfachen Begriff zu bringen.« Wir aber wählen die Freiheit. Das blieb hängen bei den Leuten. Jeder aus Spethmanns Generation erinnert sich an Adenauers Worte. Hermann Josef Abs war ganz anders. Der legendäre Chef der Deutschen Bank, die graue Eminenz der Finanzwelt, introvertiert und umgeben mit einer Aura des Unnahbaren und der Unfehlbarkeit, steht mit seiner Bedeutung für die deutsche Nachkriegswirtschaft aber ähnlich singulär in der Geschichte wie Adenauer für die Nachkriegspolitik. Als Abs in den fünfziger Jahren bei der berühmten Londoner Konferenz nach vielen zähen Verhandlungsrunden eine Regelung für die deutschen Auslandsschulden durchsetzte und damit erst wieder die Bedingun-

gen für eine vollständige Rückkehr Deutschlands in die internationale Wirtschaftsarena schuf, war Spethmann durch einen weiteren
glücklichen Zufall dabei. Und das kam so: Sein Vorgesetzter, der
Gelsenberg-Vorstand Balster, leiht ihn an die Muttergesellschaft, die
Vereinigten Stahlwerke, aus. Dort wird in der Finanzabteilung II
dringend ein Jurist mit Englischkenntnissen gesucht, der sich um die
Dollarschulden des Konzerns aus der Vorkriegszeit kümmern soll.
Dieser muss mit den internationalen Gläubigern über die Rückzahlung der notleidenden Konzernanleihen reden. So kommt Spethmann
nicht nur mit Abs in Berührung, sondern darf als junger Anwalt mit
27 Jahren zum ersten Mal in die USA reisen: Im Hauptquartier der
National City Bank of New York am Exchange Place 20 in Manhattan sitzen Spethmann dann der Amerikaner Fred Jackson und
der jüdische Emigrant Hans Angermueller gegenüber, der 1938 mit
seiner Familie aus Deutschland fliehen musste. Die Begegnung wird
Spethmann niemals vergessen.

Wie bei so vielen anderen seiner Generation, die in den fünfziger
Jahren das seltene Glück haben, in die USA zu reisen, prägt die ganz
persönliche Begegnung mit den Amerikanern die gesamte Weltsicht
der Nachkriegszeit. Die jungen Professionals aus Deutschland spüren nirgends Hass auf die Deutschen, obwohl die Gräuel der Nazis
gerade ein paar Jahre her sind. Spethmann ist »sehr bewegt«, als ihn
der große Bankier Siegmund Warburg empfängt. Für die amerikanischen Soldaten war der Krieg gegen Deutschland *A war without
hatred* (so der Titel eines amerikanischen Buches). Die Amerikaner
laden den jungen Rechtsanwalt aus Essen nach Hause ein. Jedes Wochenende diniert Spethmann in einer anderen Familie. Die Liberali-
tät, die Professionalität, die »No Nonsense«-Haltung der amerikanischen Juristen und Geschäftspartner, die er an der Ostküste
kennen lernt, erscheinen ihm als Vorbild für eine zivilisierte Gesellschaft in Deutschland. Sie sind höflich, sie hören zu, sie wissen, was
sie wollen. Die unglaubliche »Souveränität der Erfolgreichen« lässt
ihn nicht wieder los. Spethmann lernt schnell in den USA, schaut
sich vieles ab, was er später als Manager verwirklichen wird. Poli-

tisch gibt es für ihn keinen Zweifel, dass Deutschland an der Seite der Vereinigten Staaten stehen muss. Als deutsche Studenten 1968 gegen den Vietnamkrieg der Amerikaner rebellieren, reagiert Spethmann mit vollständigem Unverständnis. 1994 spricht er vor dem Cercle Franco-Allemand über sein außenpolitisches »Credo« mit den folgenden Worten: »Würden die Deutschen ihre Westbindung lockern, so würden sie buchstäblich alles aufs Spiel setzen, was sie sich seit dem Kriegsende geschaffen haben. Ich denke, es gibt keinen sachlichen oder emotionalen Grund, dieses zu riskieren.« Für den größten historischen Fehler Gerhard Schröders hält Spethmann deshalb den antiamerikanischen Wahlkampf des Jahres 2002, als der deutsche Bundeskanzler die Differenzen über den Irakkrieg skrupellos für seinen innenpolitischen Feldzug gegen die Opposition nutzte.

Spethmann ist über die Jahre zum halben Amerikaner geworden, pendelt über den Atlantik, pflegt Freundschaften über viele Jahrzehnte, setzt sich für die transatlantischen Beziehungen ein, wohnt schließlich mit seiner Frau das halbe Jahr über auf Long Island. Die Transatlantiker der ersten Stunde, die wie Spethmann durch einen reinen Zufall der Geschichte früh in die USA kamen, haben Deutschland in den fünfziger und jetziger Jahren mit amerikanischen Methoden, nach amerikanischem Vorbild und mit einem amerikanischen Optimismus der Tat nach vorn gebracht. Sie waren Amerika in vieler Hinsicht näher als spätere Managergenerationen, die zwar mit Selbstverständlichkeit zum Business-Tripp nach New York aufbrechen, aber wenig vom »amerikanischen Geist« in sich aufsaugen. Dieser Zusammenhang wird oft übersehen, obwohl er sich doch aus so vielen Nachkriegsbiografien leicht herauslesen lässt. Die Führungsgeneration, die in den späten sechziger und siebziger Jahren an die Spitze der großen deutschen Konzerne gelangt, unterscheidet sich durch diesen Schuss Internationalität, durch die positiven Folgen der »Reeducation« vom Typ des deutschnationalen Wirtschaftsführers, der unmittelbar nach dem Krieg fast bruchlos in vielen Chefbüros weitermacht wie während der Nazi-Zeit. Gerade an der Ruhr.

Nirgendwo wird dieser Unterschied deutlicher als bei der August Thyssen-Hütte AG (ATH) in die Spethmann zum 1. Dezember 1955 eintritt. Dort regiert seit 1953 autokratisch der Vorstandsvorsitzende Hans-Günther Sohl, der während des Kriegs bereits als Wehrwirtschaftsführer die Reichsvereinigung Eisen und Stahl geführt hatte und deshalb nach Kriegsende von den Briten zunächst 18 Monate lang interniert worden war. Spethmann beginnt als Assistent Sohls und wird 1973 sein Nachfolger, als sich Sohl auf sein Amt als Präsident des Bundesverbandes der Deutschen Industrie (BDI) konzentriert. Dazwischen liegen harte Lehrjahre in doppelter Hinsicht: Der Job bei Thyssen gilt als Himmelfahrtskommando und Spethmanns Chef als Erzkonservativer, der sich für gewöhnlich nur mit Korpsstudenten, passionierten Jägern oder Bergassessoren umgibt – Kriterien, die der neue Mitarbeiter ganz offensichtlich nicht erfüllen kann. Sohl formuliert aber schon in einem der ersten Gespräche ein Ziel, das Spethmann elektrisiert:»Ich möchte einen Konzern aufbauen. Können Sie mir dabei helfen?«

Noch wenige Jahre zuvor stand Thyssen vor der Liquidation, weil die Alliierten zunächst mit dem Gedanken an eine vollständige Beseitigung der Eisen- und Stahlindustrie an der Ruhr liebäugelten, um ein für alle Mal das Kriegspotenzial Deutschlands zu zerstören. Nun macht sich Sohl genau umgekehrt daran, aus den zerschlagenen Resten der einst mächtigen Ruhrbranche einen Weltkonzern zu schmieden. Es gilt, die Entflechtungen wieder rückgängig zu machen, eine Rohstoffbasis für die Stahlhütte zu sichern, finanzielle Grundlagen für einen Konzern zu schaffen, Absatzmärkte im Ausland zu erschließen und Devisen zu verdienen – eine Herkulesaufgabe. Zudem bereiten viele immer noch gültige Auflagen der Alliierten Kopfzerbrechen. Auch die Hohe Behörde der europäischen Montanunion in Luxemburg wacht eifersüchtig über die deutschen Betriebe und ihre Produktionsquoten. Sohl sammelt trotzdem ein Unternehmen nach dem anderen ein, um am Schluss bei der Staffelübergabe an Spethmann den größten Stahlhersteller Europas zu hinterlassen. Spethmann dient ihm beim Konzernaufbau in verschiedensten Funktionen und lernt dabei die anderen »Ruhrbarone« kennen – machtbewusste Männer mit dem »Charme einer 15-Zentimeter-Feldhaubitze«, wie er in seinen autobiografischen Aufzeichnungen schreibt –, beispielsweise den berühmten Fritz-Aurel Goergen, der selbst unermüdlich als Konzernschmied im Revier unterwegs ist, sich dann aber doch Sohl geschlagen geben muss.

Nicht Goergen, sondern Sohl zieht im Frühjahr 1960 in das Chefbüro im neuen Dreischeibenhaus am Düsseldorfer Hofgarten ein, wo die Thyssen AG bis heute ihre Hauptverwaltung unterhält (auch nach der Vereinigung mit Krupp).

In der Hauptversammlung des Unternehmens verkündet Sohl 1964 das Ziel, einen »lupenreinen Stahlkonzern« aufzubauen. Die Kapazitäten sollen weiter wachsen. Niemand in Europa soll mehr Stahl produzieren als Thyssen. Die Experten prognostizieren einen gewaltig steigenden Bedarf auf der Welt und beachten dabei nicht, dass überall neue Hochöfen gebaut werden. Als Sohl das Zepter an Spethmann übergibt, weiß bereits jeder: Die Prognosen waren falsch, die Stahlpreise sinken, Überkapazitäten müssen verschwinden, Sohls Weg führt in den Abgrund. 1974 beginnt die erste große Stahlkrise in Deutschland. Nach Meinung Spethmanns mindert die fatale Fehleinschätzung die Leistung seines Vorgängers trotzdem nicht: Sohl machte den Konzern zu einer Großmacht und umgab sich mit den richtigen Leuten, um ihn in die Zukunft zu führen. Seine Verdienste wiegen die Fehler auf. Für Spethmann ist »alles unternehmerische Tun ein Saldo«, sonst gäbe es keine Unternehmer mehr. Risiken einzugehen und dabei auch Fehler zu machen, das gehört zur Definition des Schumpeterschen Unternehmers. Über seine eigene unternehmerische Leistung sagt Spethmann heute: »Sohl hatte einen Stahlkonzern geschaffen. Als ich 1991 abtrat, hatte ich ein stark diversifiziertes Unternehmen geschaffen, das aus den Weiterverarbeitungsbereichen im In- und Ausland schon die Gewinne verdienen konnte.« Dazwischen lagen schwere Kämpfe mit dem Aufsichtsrat und seinem Ehrenvorsitzenden Sohl: Spethmann musste Kapazitäten in der Stahlerzeugung schließen statt sie auszubauen, wie sein Vorgänger forderte. Gerade in der Emanzipation von seinem Übervater im Unternehmen, die ihm manche nach fast 20 Jahren an der Seite Sohls nicht zugetraut hatten, lag seine erste wichtige Weichenstellung im Unternehmen.

Spethmann erinnert sich noch gut an seine erste Sitzung am Montag nach dem Dienstantritt als Vorstandsvorsitzender. Nun konnte er mit einem Federstreich die Marotten des Ancien Régime beenden: Von nun an gibt es feste Termine für Vorstandssitzungen, ein richtiges Vorstandssekretariat und eine hellblaue Vorstandsmappe mit allen Vorlagen für die Teilnehmer. Jeden Dienstagnachmittag um 14 Uhr tritt der Vorstand der Thyssen AG zusammen. Über 8000 Entscheidungen fällt das Gremium in seiner Amtszeit, wie er ausrechnen ließ. Es gibt Diskussionen und Initiativen von unten, bei zwei wichtigen Entscheidungen sogar Gegenstimmen. Unter dem Ancien Régime wäre das einfach undenkbar gewesen: Der Vorstandsvorsitzende rief seine Mitarbeiter zu sich, wann es ihm passte. Tagesordnungen gab es nicht. Entschieden wurde ganz oben – und unten lediglich ausgeführt. Die Vorstandsbereiche waren ohne Bedeutung, weil der Chef ohnehin in alles hineinregierte. Unter Spethmann geht nun durch die Hauptverwaltung ein Modernisierungsschub. Was uns heute als völlig selbstverständlich im Management großer Konzerne erscheint, eine straffe Organisation und eine weitgehende Arbeitsteilung mit klaren Verantwortungsbereichen, war das Ergebnis kleiner betriebswirtschaftlicher Revolutionen in den siebziger Jahren. Moderne Managementmethoden, meist aus den USA, setzten sich damals langsam durch. Die ersten Unternehmensberater zogen in die Konzerne ein. Die Büroorganisation änderte sich und der Mittagsschlaf, dem sich viele Konzernchefs bis dahin noch regelmäßig hingegeben hatten, verschwand aus dem Tageskalender. Die Vorstände ließen sich nicht mehr nach Hause kutschieren, um daheim stilvoll mit ihren Ehefrauen zu speisen. Das Managerleben der Siebziger hatte mit dem Direktorenleben der Fünfziger nur noch sehr wenig gemein. Viele unterschätzen heute, wie stark dieser Modernisierungsschub in den sechziger Jahren die deutsche Volkswirtschaft nachhaltig veränderte – vergleichbar wohl nur dem Siegeszug der modernen Datenverarbeitung in den Konzernzentralen in den achtziger und neunziger Jahren.

Spethmann baut ab 1973 einen Mischkonzern mit den Schwerpunkten Stahl, Investitionsgüter, Handel und Dienstleistungen auf. Nur so konnte Thyssen die Stahlkrise überleben. Ab 1978 steht die Internationalisierung des Konzerns im Vordergrund. 1983 entsteht eine moderne Holdingstruktur, die Stahlerzeugung gliedert Spethmann in die Thyssen Stahl AG aus. Die Entwicklung neuer Geschäftsfelder bringt den Konzern in den achtziger Jahren in Turbulenzen: Das Engagement beim US-Konzern Budd führt zu schweren Verlusten. Die Presse berichtet äußerst kritisch über die Versuche von Thyssen, sich neue Ertragsquellen jenseits des Stahlbereichs zu erschließen. Im Aufsichtsrat fordern einige den Kopf Spethmanns. Auch Sohl geht enttäuscht auf Distanz zu seinem Nachfolger. Am Schluss aber kann sich Spethmann im Machtkampf mit Teilen des Aufsichtsrats durchsetzen. Der Aufsichtsrat verlängert seinen 1985 auslaufenden Vorstandsvertrag und Spethmann setzt sein »Konzept 900« – den Gesundschrumpfungsprozess im Stahlbereich – weiter um.

1985 machen bereits wieder alle Geschäftsbereiche Gewinn. 1988 wird zum besten Geschäftsjahr seit der Neugründung des Konzerns nach dem Zweiten Weltkrieg. Spethmanns Rechnung geht auf: 1989 steigert Thyssen das Ergebnis noch mal um 59 Prozent. Die Umsatzstruktur des Konzerns hat sich vollständig gewandelt: Trug der Stahl 1972 noch 44 Prozent zum Gesamtumsatz bei, so sind es 1990 nur noch 23 Prozent. Spethmann ist bis heute vor allem stolz darauf, dass während seiner Amtszeit unter dem Strich 60 000 neue Arbeitsplätze geschaffen wurden. In seinem letzten Amtsjahr beschäftigt Thyssen 152 000 Mitarbeiter weltweit. Aus 10 Milliarden D-Mark Umsatz bei seinem Amtsantritt wurden 36 Milliarden D-Mark bei seinem Abschied. Der Konzern investierte in diesen Jahren insgesamt 21 Milliarden D-Mark – obwohl zwei Ölkrisen und mehrere Stahlkrisen zu überwinden waren. Spethmann reduzierte die Finanzschulden des Konzerns massiv, um seinem Nachfolger ein »besenreines Haus« zu übergeben.

Alles Unternehmertum ist Saldo: Als Spethmann mit 65 Jahren als Vorstandsvorsitzender zurücktritt, blickt er auf viele Erfolge und nicht wenige Niederlagen zurück. Heiner Radzio schrieb am 30. Januar 1991 im *Handelsblatt* über die Ära Spethmann: »Spethmanns Bilanz seines Managerlebens, dessen barocke Züge manchen Beobachter irritierten und zur Kritik herausforderten, kann sich sehen lassen: Der ehemals stark stahllastige Thyssen-Konzern verfügt heute über eine ausgewogene Struktur mit wachstumsfähigen Bereichen. In der Spethmann-Ära hat sich der Umsatz mehr als verdreifacht, das Eigenkapital von 2,1 auf über 5 Milliarden D-Mark erhöht, während die Nettofinanzschulden nur noch 5 Prozent der Bilanzsumme ausmachen gegenüber 30 Prozent vor 18 Jahren. Und mit 11 D-Mark Dividende stimmt auch die Ausschüttung für die Aktionäre. Nur die persönliche Bilanz gegenüber Thyssen war offensichtlich nicht mehr im Lot.«

Was war nicht mehr im Lot? Verärgert über die Gefechte mit seinem Aufsichtsrat scheidet Spethmann mit einem Paukenschlag aus den Thyssen-Diensten: Nach 18 Jahren an der Spitze des Unternehmens informiert er die Öffentlichkeit im Dezember 1990 durch einen Brief an ausgewählte Journalisten, dass er nun als Vorstandsvorsitzender bei Thyssen gehen und auch nicht mehr für ein Mandat im Aufsichtsrat zur Verfügung stehen werde. Mit seinem Nachfolger Heinz Kriwet hadert er, mit seinem Aufsichtsratsvorsitzenden Günter Vogelsang liegt er über Kreuz, dem Ehrenvorsitzenden Sohl hatte er sich schon in den achtziger Jahren entfremdet. Im Kern aber geht es um eine strategische Weichenstellung: Vogelsang betreibt hinter den Kulissen den Zusammenschluss mit Krupp. Deshalb wollte er den Stahlmann Kriwet an der Spitze von Thyssen haben, deshalb wollte er den Einfluss von Spethmann im Unternehmen minimieren. Spethmann hatte schon in den achtziger Jahren immer wieder gegen das Projekt eines einheitlichen Stahlkonzerns gekämpft, weil er eine Verbindung mit dem hochverschuldeten Wettbewerber Krupp mitten in der Stahlkrise als falsche Weichenstellung empfand und stattdessen auf weitere Diversifizierung setzte. Am 4. März 1981 erklärt er vor Journalisten unmissverständlich: »Es ist nicht wahr, dass Thyssen für irgendeine Art von Ruhrstahl AG zur Verfügung steht. Und es ist dummes Zeug zu behaupten, dass solche Pläne von Thyssen betrieben werden.« 1984 sperrt er sich in einem *Handelsblatt*-Gespräch erneut gegen eine Fusion mit Krupp: »Natürlich hat es einigen Leuten nicht gefallen, dass wir die Fusion mit Krupp Stahl zu den schlechten Bedingungen, die der Bund uns gewähren wollte, nicht gemacht haben. Doch dafür gibt es gute und, wie meine Kollegen im Vorstand und ich meinen, überzeugende Gründe.« Für ihn steht die Wettbewerbsfähigkeit seines Unternehmens im Vordergrund – und nicht der gemeinsam von großen Teilen der Politik und der deutschen Wirtschaft betriebene Versuch, durch den Zusammenschluss mit Krupp Industriepolitik zu betreiben und Strukturen in Nordrhein-Westfalen zu erhalten.

Nach Spethmanns Ausscheiden legt sich Thyssen nicht mehr quer: 1997 vereinigen die beiden Konzerne ihre Flachstahlbereiche zur neuen Thyssen Krupp Stahl AG. Am 17. März 1999 wird die Thyssen Krupp AG in das Handelsregister eingetragen. Am Dreischeibenhaus prangt das neue Logo des Gemeinschaftskonzerns, das aus dem alten Thyssen-Bogen und den drei Krupp-Ringen besteht.

Dieter Spethmann kehrt in seinen Beruf als niedergelassener Anwalt zurück, sitzt in verschiedenen Aufsichtsräten sowie Beratergremien der deutschen Wirtschaft und arbeitet mit einer amerikanischen Finanzbeteiligungsgesellschaft. »Ich bin auch eine Heuschrecke«, sagt er in Anspielung auf den berüchtigten Vergleich des SPD-Vorsitzenden Franz Müntefering. Vor allem aber mischt sich der Bürger Spethmann nun als »Ein-Mann-Betrieb mit Teilzeitsekretärin«, befreit von allen Rücksichten des Vorstandsamts, noch stärker in die öffentlichen Debatten seiner Zeit ein. Am meisten beschäftigen ihn die Weichenstellungen nach der deutschen Wiedervereinigung. Der Niedergang der deutschen Wettbewerbsfähigkeit stimmt den Patrioten Spethmann nachdenklich. »Uns ist im Laufe der zweiten Hälfte des Jahrhunderts die Kontrolle über den Staatsanteil am Sozialprodukt entglitten«, erklärt er 1999 in einem Vortrag. Einige Jahre zuvor warnte er bereits vor den Wucherungen des Sozialstaats: »Wir müssen endlich erkennen, dass unsere Industriegesellschaft weder die Familie noch die Freundschaft noch die Nachbarschaft überflüssig macht. Wir müssen zu mehr Eigeninitiative, Eigenverantwortung und Wettbewerb zurückkehren. Was in der Wirtschaft Lean Production, ist in der Politik Lean Regulation.«

An viele simple Diagnosen, etwa, dass die Achtundsechziger allein Deutschland in den Niedergang getrieben hätten, glaubt er trotzdem nicht. Dass die Deutschen verlernt hätten, hart zu arbeiten, hält er für schlichten Unsinn. Spethmann glaubt unerschütterlich an politische Ratio: »Was war Vernunft und was war Schicksal?«, fragt er sich im Gespräch. »Ich würde sagen: Die Zeit bis etwa 1969 war in Deutschland im Ganzen gesehen die Zeit der Vernunft. Die Zeit zwischen 1983 und 1989 war Vernunft römisch Zwei. Die Zeit danach aber war Schicksal. Und zur Zeit treiben wir immer noch vor dem Schicksal her und haben nicht die Kraft, zur Vernunft zurückzukehren. Dabei müsste nur jemand die Optionen auf den Tisch legen und Vernunft einfordern. Dann wäre das möglich.« Deutschland fehlt vor allem Leadership, darin sieht er das Hauptversagen der Achtundsechziger: Schröder und Fischer hätten niemals ein politisches Konzept gehabt. Dabei hätte sich Deutschland nach der Wiedervereinigung wirtschaftspolitisch neu erfinden müssen, um die Einheit zu bewältigen. Stattdessen sind die Lasten Deutschlands seiner Meinung nach durch die Europäische Union gewaltig gestiegen. Wir leben auf Kosten kommender Generationen: »Die heutige Bundesrepublik Deutschland ist überschuldet. Der jährliche Schuldenzuwachs ist heute höher als unsere Zinszahlungen – das heißt also: Wir zahlen de facto keinen Euro zurück.«

So sehr Spethmann politische Lehren aus seinen langen Erfahrungen in der Wirtschaft ableitet, so wenig protzt er mit unternehmerischen Ratschlägen. Über seine Nachfolger bei Thyssen fällt kein öffentliches Wort. Managementliteratur interessiert ihn nicht

– und ein How-to-do-Book aus der Feder des ehemaligen Vorstandsvorsitzenden bleibt undenkbar. An »Wunderrezepte des Managements« glaubt dieser Unternehmer nicht. Unternehmerischer Erfolg basiere immer auf einem glücklichen Zusammenspiel vieler Menschen und den Optionen eines konkreten Markts. Übertragbar sei von einem Unternehmen auf das andere, aus einer Zeit auf die andere erdenklich wenig. Was der Manager Spethmann weitergeben will aus seinem betriebswirtschaftlichen Erfahrungsschatz, beschränkt sich deshalb auf einige dürre Worte. Man müsse schnell entscheiden. Systematische Prozesse organisieren. Als Vorstandsvorsitzender unbedingt Generalist sein, aber stets ein offenes Ohr für die Techniker behalten: »Wirtschaftlich können wir nur überleben, wenn wir unseren technischen Genius pflegen.«

Unter den Unternehmern seiner eigenen Generation haben Spethmann deshalb auch nicht diejenigen am meisten beeindruckt, die ihre jeweiligen Unternehmen zu den größten Gewinnrekorden getrieben haben. Nicht die Konzernarchitekten und nicht die Unternehmensgründer, nicht die Shareholder-Value-Strategen und schon gar nicht die Selbstbereicherer. Nein, ihm fällt gerade der verstorbene Marcus Bierich ein. Nicht seine gewaltigen unternehmerischen Leistungen bei der Allianz AG und als langjähriger Vorstandsvorsitzender von Bosch aber imponieren ihm. Nein, ihm imponiert der *Homme de Lettres* mit seiner umfassenden Bildung, der wortmächtige Intellektuelle im Vorstandssessel. Den *Tractatus logico-philosophicus* von Ludwig Wittgenstein zu übersetzen, das sei eine Leistung Bierichs gewesen, vor der er noch heute den Hut ziehe. Wie heißt es doch unter Ziffer 5.6 in dem wohl berühmtesten Werk des Philosophen? »Die Grenzen meiner Sprache bedeuten die Grenzen meiner Welt.« Diesen Satz könnte man, ins Positive gedreht, vielleicht auch über das Leben Spethmanns schreiben: Wer seine Grenzen überschreiten will, muss immer wieder eine neue Sprache finden, die sein eigenes Leben beschreibt. Muss nicht ein Leben leben, sondern viele.

Bernd Ziesemer

Kapitel 5

»Die Firma muss dem Menschen dienen«

Der christliche Unternehmer
HEINZ-HORST DEICHMANN

Er nennt es »das System«. Seit 50 Jahren hält es sein Reich zusammen: ein Code aus Zahlen. Dafür hat er die Wünsche seiner Kunden penibel erfasst und auf Karteikarten geschrieben. Er hat daraus Artikelnummern generiert und seine Ware in »Bedarfsgruppen« zusammengefasst. Minutiös hat er sich an dieses System gehalten, bis heute. Und wer ihn kennt, der zweifelt nicht daran, dass er es bis zum jüngsten Tag tun wird.

Sportschuhe, Herren-Straßenschuhe, Damen-Sandalen, Gummistiefel, Kinderschuhe, Pantoffeln ... – dem System hat er seinen Namen gegeben genauso wie seiner Firma. Mit der ebenso einfachen wie systematischen Verbindung von Kundenwunsch und Einkaufspolitik ist er der größte Schuhhändler Europas geworden. Voriges Jahr hat er 90 Millionen Paar verkauft, er gibt mehr als 22 000 Menschen in gut 2 000 Läden Arbeit: Heinz-Horst Deichmann, der reiche, fromme Mann mit dem weißen Haar aus Essen-Borbeck wird bald 80 Jahre alt. Und er hat noch viel vor.

Immer wieder diese blauen Augen, strahlend, neugierig, jung. Augen, die lachen. Als wäre ein Leben voller Arbeit und Pflichterfüllung fast spurlos an Heinz-Horst Deichmann vorbeigegangen. »Der Antrieb kommt von innen heraus«, sagt er, die Quelle dieser Energie ist schnell gefunden. Deichmann ist bekennender Christ, die Bibel ist der innerste Kern dessen, was seine Welt, das Unternehmen, die Familie, sein Werk ausmacht. Und so ist er, Mitglied einer evangelischen Freikirche, Missionar in eigener Sache und im Dienste seines »Herrn und Erlösers Jesus Christ«, wie er es gernsagt. Er liebt die Menschen, er liebt die Schuhe, dass er auch das Geld liebt, verneint er. »Geld ist ein guter Diener, aber ein schlechter Herr«, weist er dem Mammon seinen Platz zu. Deichmann ist Milliardär und Wohltäter zugleich. Wer glaubt, das könne nicht zusammenpassen, dem sei Max Weber ans Herz gelegt. In seinen berühmten Studien über die protestantische Ethik und den Geist des Kapitalismus hat Weber, der große Soziologe, zu Anfang des 20. Jahrhunderts behauptet, protestantische Lebensführung einerseits und rationale Unternehmensführung andererseits hätten gemeinsam den einzigartigen Siegeszug des modernen Kapitalismus erst möglich gemacht.

Deichmann ist der lebende Beweis dieser Theorie. Sein Unternehmen hat er systematisch nach seinen Regeln aufgebaut, er hat sein Geschäft bis heute streng unter Kontrolle. Ebenso strikt lebt er sein Leben nach den Regeln der Bibel, sparsam und beharrlich, fromm und bescheiden. So wird er zum wohlhabenden Mann – mit gutem Gewissen.

Genau diesen Typ Unternehmer hat Max Weber beschrieben und dabei John Wesley zitiert, den Gründervater der englischen Puritaner: »Wir müssen alle Christen ermahnen, zu gewinnen, was sie können, und zu sparen, was sie können, das heißt im Ergebnis: reich zu werden.« So schämt sich auch Deichmann seines Reichtums nicht, im Gegenteil. Der Erfolg gibt ihm die Mittel in die Hand, mit denen er seine Hilfsprojekte realisieren kann. Und deshalb ist der Unternehmer aus Essen zum Wohltäter und zu einer imposanten Erscheinung in der ökonomischen Gründungsgeschichte der Bundesrepublik geworden.

Angefangen hat das alles einen Steinwurf von dort entfernt, wo heute die Hauptverwaltung von Deichmanns Konzern steht, in einem schlichten Einfamilienhaus in Essen-Borbeck, einem Stadtteil, der bis heute mancherorts seinen dörflichen Charakter bewahrt hat. Deichmann kommt als fünftes Kind und einziger Sohn des Schuhmachers und Schuhhändlers Heinrich Deichmann zur Welt. Zur Geburt verteilt der sparsame Vater aus purer Freude Zigarren an die Belegschaft – ein Ereignis in jeder Beziehung.

Deichmann senior ist selbst eine Gründerfigur, im Erdgeschoss seines Hauses lässt er nach dem Ersten Weltkrieg unter dem Firmennamen »Elektra« die Mangelware Schuhe von einem Dutzend gelernter Schuhmacher fabrikmäßig herstellen. 1930 eröffnet er seine erste Filiale. Für Heinz-Horst Deichmann ist der Vater auch menschlich das Vorbild: Der Senior versorgt Juden im Untergrund, arme Leute, Kranke. Manchmal nimmt er die eigenen Kinder mit auf Krankenbesuch. Und in der Firma predigt er seinen Mitarbeitern das Evangelium. »Er hat uns geprägt, sein christliches und missionarisches Engagement.«

Fehlt noch die Liebe zum Schuhwerk. Bei Deichmanns im ersten Stock lag nicht nur die Küche als Mittelpunkt des Hauses. Nebenan war auch das Lager. Und dort stand die Wiege des kleinen Heinz-Horst. »Ich habe den Duft von Leder parallel zur Muttermilch genossen«, erzählt der Chef heute.

Hitler hat gerade Frankreich überrannt, da stirbt der Vater im Jahr 1940 völlig überraschend. Für den einzigen Sohn ist das ein Einschnitt: »Von da an ging die ganze Verantwortung auf mich über.« Viel Zeit lässt Hilter Deichmann nicht, um sich daran zu gewöhnen. 1943 wird er als Flakhelfer eingezogen, 1944 muss er an die Ostfront. Er erlebt den Vormarsch der Roten Armee und wird von den Russen nahe der Oder in den Ostertagen 1945 schwer verwundet – Halsdurchschuss.

Er begreift es bis heute als Gottes Fügung, dass er überlebt. Während die Front im Osten zusammenbricht, gelingt es dem notversorgten Deichmann, sich Richtung Hamburg durchzuschlagen. Britische Soldaten lesen ihn auf einer Landstraße auf und bringen ihn ins Diakonissenkrankenhaus nach Hamburg-Stellingen. Die Genesung ist dann nur noch eine Frage von Tagen.

Für Deichmann und das Land ist es die Stunde Null, mit großer Spannung erzählt er bis heute, wie er sich von Hamburg Richtung Heimat vorgekämpft hat, erzählt vom Frühling in der Lüneburger Heide, dem blauen Himmel, dem Weg bis Castrop-Rauxel zu Fuß, das letzte Stück dann nach Essen mit dem Zug. Deichmann erlebt ein Deutschland, das innerlich und äußerlich zutiefst beschädigt ist. Es ist aber auch eine offene Zeit, eine Ära der Möglichkeiten. Trotz oder vielleicht gerade wegen der schrecklichen Vergangenheit liegt Zukunft in der Luft.

Deichmann hat Glück, das Ruhrgebiet gehört zur britischen Besatzungszone, seine Familie hat überdies das Know-how für ein Produkt, das so gefragt ist wie kaum ein anderes. Wieder sind Schuhe Mangelware, ökonomisch beginnt die Nachkriegszeit im Hause Deichmann ausgesprochen vielversprechend. Deichmann hilft mit beim Wiederaufbau. Irgendwann kommt er auf die Idee, aus alten Fallschirmleinen Bänder für Sandalen zu produzieren. Die billigen Holzschuhe werden zum Renner, die Firma lässt 40 000 Stück davon produzieren.

Als Kaufmann ist der junge Herr Deichmann immer auf der Suche nach neuen Ideen. So richtet er eine Tauschbörse für gebrauchte Schuhe ein, zwölf Schuster reparieren für ihn Schuhe en gros. Bald schon hat er 7 000 Namen in seiner Kundendatei.

Doch die Firma ist ihm nicht alles. Parallel zur Arbeit studiert Deichmann in Bonn bei seinem von ihm verehrten Lehrer Karl Barth Theologie, nicht nur zur Freude seiner Mutter Julie Deichmann. Die hätte es lieber gesehen, wenn der Sohn ein ökonomisches Studium begonnen hätte. Doch das Geschäft floriert auch so, vier Jahre nach Kriegsende eröffnet die Familie, geführt von der Mutter, in Düsseldorf ihre erste Filiale außerhalb Essens.

Es ist eine Zeit, in der die Karriere des Unternehmers Heinz-Horst Deichmann auf der Kippe steht. Denn der Sohn hat sich entschieden, nicht direkt in die Fußstapfen des Vaters zu treten. Zwischen Verblüffung und Entsetzen schwankt die Stimmung der Mutter, als der potenzielle Nachfolger ihr eröffnet, in Düsseldorf Medizin studieren zu wollen.

Deichmann folgt einem inneren Antrieb, es ist der Wunsch, vor allem zu helfen. Ihm wird er treu bleiben, bis heute. Frau Deichmann weiß die Entscheidung indes zu akzeptieren. Deichmann seinerseits wagt den Spagat, er studiert und bleibt doch Unternehmer, im Nebenberuf. So nimmt er auf seinen Fahrten zur Universität immer auch Schuhe mit. Aus dem Anhänger seines alten Opel versorgt Deichmann die Düsseldorfer Filialen mit Ware. Er ist also im Geschäft, auch wenn er hauptberuflich ganz andere Dinge tut. Seine Frau Ruth, die Lehrerin ist, übernimmt gemeinsam mit ihrer Schwiegermutter die Führung der Geschäfte.

Heinz-Horst Deichmann ist also schon damals Deutschlands außergewöhnlichster Schuhverkäufer. Denn offiziell ist er ja Doktor der Medizin, er hat Chirurgie und Orthopädie gelernt. 1950 hat er sein Staatsexamen in Düsseldorf abgelegt und bald darauf promoviert, er praktiziert in dieser Zeit in Düsseldorfer Kliniken, später in einer Praxis. Parallel dazu kümmert er sich auch um das Geschäft und gründet seine Familie, zu der heute drei Mädchen und ein Sohn gehören.

Dass ein solches Leben nicht ohne strenge Disziplin gelingen kann, versteht sich von selbst. Umso erstaunlicher, dass sich »Doktor Deichmann«, wie er von seinen Mitarbeitern bis heute voller Respekt genannt wird, eine fast jungenhafte Unbeschwertheit erhalten hat. Sie versteht nur, wer das wahre Motto Deichmanns kennt, das schlicht »Dienst« heißt. Dienst in der Nachfolge Christi. Dazu passt durchaus der hohe Stellenwert, dem der Unternehmer Deichmann bis heute dem »Kundendienst« gibt.

Eine seiner liebsten Bibelstellen ist Matthäus, 25, Vers 31 bis 46. Jesus fragt da seine Jünger: »Habt ihr die Hungrigen gesehen und habt ihr die Dürstenden gesehen und die im Gefängnis? Da habt ihr mich dann getroffen.« So hat Dr. med. Heinz-Horst Deichmann, der steinreiche Unternehmer, schon in den siebziger Jahren begonnen, mit seinem Reichtum möglichst viel Gutes zu tun. Inzwischen fördert er Hilfsprojekte in Deutschland, Indien und Tansania.

Mit Max Weber führt der Weg dieser Geschichte zurück auf den Boden der ökonomischen Realität. Schließlich ist es für den Soziologen explizit Kennzeichen der protestantischen Unternehmer, dass sie »Arbeit und Gewerbefleiß für ihre Pflicht gegen Gott« ansehen. Für Deichmann gilt das bis heute. Den Gedanken, dass Mehrwert und Menschenwürde in Gegensatz zueinander stehen, würde er für sich und seine Firma niemals gelten lassen. So baut er an seinem Unternehmen, für sich, die Mitarbeiter und für seine Kunden. Die beiden Jahre 1955 und 1956 sind so etwas wie eine Achsenzeit fürs Unternehmen. 1955 verlässt Deichmann den Einkaufsverbund Ring-Schuh und macht sich komplett selbstständig, fortan tragen die Filialen den Familiennamen. Das dafür nötige Kapital besorgt sich Deichmann bei Reisen zu den damals reichen Schuhfabrikanten in der Pfalz, deren Kunde er natürlich ist und denen er neue Absatzmethoden in Aussicht stellt.

Ebenfalls 1955 eröffnet er die erste Deichmann-Filiale in Oberhausen. Hier experimentiert der Unternehmer mit seinem künftigen Erfolgsrezept: Er baut Wühltische für die Kundschaft auf, präsentiert die Schuhe auf »Vorwahlständern« und setzt konsequent auf preiswerte Ware. Das Geschäft läuft so gut, dass bald schon nach Geschäftsschluss eine Feier steigt. Hier bringt eine Verkäuferin Doktor Deichmann das Tanzen bei – eine Geschichte, die der Chef bis heute gern erzählt, wenn es um Mitarbeiterführung geht.

1956 ist ein weiteres wichtiges Jahr. Deichmann beendet seine Arbeit als Mediziner und widmet sich nun komplett der Firma. Die Geschwister werden ausgezahlt, er führt das Unternehmen fortan allein, bis er vor Jahren seinen Sohn Heinrich, 42, in die Chefetage bittet. Dieser ist seit 1999 Vorsitzender der Geschäftsführung und steht für die Kontinuität der Unternehmenswerte.

Daran hat sich im Kern bis heute nichts geändert, die Firma ist die seine, Heinz-Horst Deichmann wacht über ein Familienunternehmen mit dem Geist des guten Familienvaters. »Ich will Herr im Hause sein, und ich will das Beste für meine Leute.« Das wirkt, der Betriebsrat gibt sich hoch loyal, selbst bei der mitunter zu Krawall aufgelegten Gewerkschaft Verdi heißt es, Deichmann leiste hervorragende Arbeit, man möge ihn bitte »in Ruhe arbeiten lassen«. Im Klima gegenseitiger Partnerschaft setzen die Deichmanns bis zum heutigen Tag konsequent auf Wachstum, mit günstigen Schuhen heben sie sich bewusst von der Konkurrenz ab. »Schuhe waren lange Jahre bei uns in Deutschland viel zu teuer«.

HEINZ-HORST DEICHMANN wird am 30. September 1926 in Essen-Borbeck als einziger Sohn des Schuhhändlers Heinrich Deichmann geboren. Nach dem frühen Tod des Vaters führt die Mutter das 1913 gegründete Geschäft. Heinz-Horst Deichmann besucht in Essen die Oberschule und wird später als Flakhelfer eingezogen. Schwer verwundet kehrt er im Mai 1945 zurück.

Früh hilft er im elterlichen Betrieb aus. Doch ehe er sich ganz dem Geschäft widmet, studiert er Theologie bei Karl Barth in Bonn und Medizin in Düsseldorf. 1951 schließt er sein Studium mit der Promotion zum Dr. med. und dem Staatsexamen ab. Er arbeitet zunächst als Orthopäde, erst 1956 übernimmt er die Leitung des familieneigenen Unternehmens. Schnell setzt er vor allem auf preiswerte Schuhe. Er führt ein neues Warenwirtschaftssystem ein und kauft auch Wettbewerber wie etwa die Schweizer Kette Dosenbach hinzu. Außerhalb der Firma setzt sich der strenggläubige Christ mit seinem missionarischen Sozialwerk »Wort & Tat« für Hilfsprojekte in der Dritten Welt ein.

Heute ist die Deichmann-Schuhe GmbH & Co. KG mit einem Umsatz von mehr als 2 Milliarden Euro der größte Schuhhändler Europas. 90 Millionen Paar Schuhe hat die Firma 2004 verkauft. Die Essener beherrschen die gesamte Wertschöpfungskette – vom Design bis hin zu den 2000 eigenen Filialen in zwölf Ländern. 22000 Mitarbeiter beschäftigt der Konzern. Ertragszahlen werden nicht veröffentlicht. Die Firma wird seit 1999 von Deichmanns Sohn Heinrich geleitet.

Als die Führungsspitze und die Angestellten 1963 gemeinsam das 50-jährige Bestehen des Familienunternehmens feiern, tragen bereits 16 Geschäfte den Namen Deichmann. Elf Jahre später werden es bereits 100 sein, heute sind es fast 2 000 in zwölf Ländern. Und immer kennt kaum jemand die Familie hinter dem Erfolgsgeheimnis. Die Deichmanns scheuen allzu viel Öffentlichkeit. Bis heute umgehen die Essener Leisetreter die Publizitätspflicht mit einem veritablen Geflecht aus unzähligen Tochter- und Vertriebsgesellschaften. Kern des Ganzen ist die Heinz Deichmann Familienstiftung mit Sitz in Luzern. Das Konstrukt erfüllt seinen Zweck: Ertragszahlen dringen nicht nach außen. Erst 2003, zum 90. Geburtstag des Unternehmens, gibt es die erste Pressekonferenz im Hause Deichmann. »Wir haben uns selbst nie als besonders wichtig empfunden«, sagen Vater und Sohn Deichmann heute wie aus einem Mund.

Familie Deichmann führt dazu passend auch privat ein zurückgezogenes, eher bescheidenes Leben. Den einzigen Luxus, den sich Deichmann senior leistet, ist das Ferienhaus im Schweizer Bergparadies Klosters, wo er seinen Leidenschaften, dem Skifahren und Bergwandern, nachgeht.

Sparsam wird Deichmann groß. Sein Expansionsprinzip ist simpel, aber für erfolgreiche deutsche Familienunternehmer nicht atypisch. »Wir haben immer nur das gebaut, was wir mit eigenem Geld bezahlt haben. Manchmal sind wir dabei fast aus den Nähten geplatzt«, erzählt der Chef beim Rundgang durch die Firmenzentrale, an deren verschiedenen Bauabschnitten sich samt der typischen Architektur aus den siebziger (viel Beton), den achtziger (viele Ecken) und neunziger Jahren (viel Glas) das Wachstum des Konzerns prächtig ablesen lässt.

Deichmanns neues Büro ist hell, aber schlicht, an der Wand ein bisschen klassische Moderne, auf einer Säule die trauernde Mutter von Käthe Kollwitz, die Helmut Kohl für die neue Wache in Berlin ins Gewaltige hat vergrößern lassen. Viele Bücher stehen hier, auch die Bibel, natürlich, sein Buch aller Bücher. Mit den Bibelstellen geht es ihm wie mit seinen Lieblingen in der Musik, die Vorlieben wechseln, am Ende aber sind es immer wieder dieselben Partien, die man wirklich mag. Eine davon ist Lukas 16, 1–9, das Gleichnis eines wenig erfolgreichen Verwalters. Als der Herr diesem mit Kündigung droht, ruft der Verwalter die Schuldner seines Chefs zu sich und stiftet diese dazu an, ihre Schuldscheine zu ihren Gunsten zu manipulieren. Denn der Verwalter hofft darauf, nach seinem absehbaren Rausschmiss bei den Schuldnern unterzukommen. Als dem Herrn dieses betrügerische Verhalten zu Gehör kommt, verdammt er seinen Geschäftsführer jedoch nicht, sondern lobt, weil der mit Verstand seine Angelegenheiten geregelt hat. »Macht euch Freunde mit dem ungerechten Mammon, damit, wenn es mit dem Geld zu Ende geht, ihr in den ewigen Hütten Aufnahme findet«, zieht Jesus danach das Fazit.

In der Bonner Kreuzkirche hat Deichmann zu dieser Passage des Lukas-Evangeliums kürzlich erst gepredigt und erklärt, dass man sich mit Geld – dem ungerechten Mammon – sehr wohl auch Freunde machen kann: »Wenn man mit Geld helfen kann, dass der Freund seine Fähigkeiten zum Wohle vieler auch wirklich einsetzen kann, dann ist Geld nicht nur länger nur Mammon und Götzendienst, sondern eben auch ein Segen, ein Mittel und Werkzeug, um Gutes zu tun.«

Zu besichtigen ist diese Lebenseinstellung heute vor allem in Indien. Mit seiner vor mehr als 25 Jahren gegründeten Allgemeinen Missions-Gesellschaft »Wort & Tat« leistet Heinz-Horst Deichmann tatkräftige Hilfe für die Kranken und Armen Indiens. Jedes Jahr im Herbst reist er meist in Begleitung seiner Frau Ruth für Wochen nach Asien. Er besucht Tuberkulosestationen und Dörfer mit Leprakranken. Als Arzt hilft er aus in den Krankenstationen, er verteilt höchstpersönlich Milch, kocht Reis und begutachtet den Bau neuer Schulgebäude, die mit finanziellen Mitteln aus den Kassen des Essener Konzerns errichtet werden.

Mitte der siebziger Jahre war Deichmann zum ersten Mal bei den Leprakranken im indischen Mandapeta. Man muss gehört haben, wie er von diesen Patienten erzählt, um zu verstehen, was dem frommen Mann aus Essen wirklich wichtig ist. »Gott wird mich am Ende nicht fragen, wie viele Schuhe ich verkauft habe. Er wird wissen wollen, ob ich wie ein wahrer Christ gelebt habe.«

Als er Jahre später nach Mandapeta zurückkehrte, um zu sehen, wie sich das Leben dort verändert, ja verbessert hat, da sagte er: »Vor 22 Jahren, als ich zum ersten Mal bei euch war, wurde ich reich gesegnet durch euch. Zuerst hatte ich Angst vor euch mit all euren Gesichtern, die die Zeichen der Lepra tragen. Doch dann sah ich, wie einer eurer Freunde euch umarmte. Und plötzlich kam es in mein Herz. Auch unser Herr Jesus Christus, dem wir dienen und dessen Evangelium wir predigen wollen, berührte euch. Er umarmte euch, weil er euch liebte. Er heiligte die Leprakranken, weil er sie liebte. Er hatte Mitleid mit ihnen. Heilung und Speisung sind Dinge, die unser Herr tat und die wir nun auch tun.«

Deichmanns pastorale Ausstrahlung reicht hinein bis in die Spitzen von Politik und Wirtschaft. Der ehemalige Bundespräsident Johannes Rau, bis zu seinem Tod ein enger Freund der Familie, hat einmal in einer Laudatio von einer Geburtstagsfeier für Heinz-Horst Deichmann erzählt. »Das war schon sehr eindrucksvoll, wie wir gesungen haben (...) und die Chefs von Aldi und Rewe christliches Liedgut zu realisieren versucht haben.« In diesem Kreis diskutiert Deichmann gerne auch über Werte und die Notwendigkeit, sich auch außerhalb des eigenen Unternehmens zu engagieren.

Den Essenern fällt dies besonders leicht, fließen inzwischen doch auch Gelder aus der Firma in Hilfsprojekte nach Afrika und in den Nahen Osten. Der oberste Leitsatz des Unternehmers Deichmann erhält so fast täglich neues Leben eingehaucht: »Das Unternehmen muss dem Menschen dienen.«

Familie und Firma können es sich leisten, weil auch der Betrieb sich stetig fortentwickelt. Das System Deichmann, mit dem einst alles begonnen hatte, jene akribische Arbeit, die Kundenwünsche nach bestimmten Modellen und Größen genau zu katalogisieren und mit Hilfe eines Zentrallagers und eines vernetzten Warenwirtschaftssystems punktgenau auch zu erfüllen, diese Methode hat die Familie inzwischen vielfach verfeinert und ausgebaut.

Wie andere erfolgreiche Textilhandelskonzerne auch, etwa das schwedische Vorzeigeunternehmen Hennes & Mauritz, beherrscht Deichmann heute nahezu die gesamte Wertschöpfungskette – vom Design bis zum eigenen Shop. Gefertigt werden Eigenmarken wie »Borelli« und »Medicus« von Partnern vorwiegend in Asien, der Transport geschieht in Eigenregie. Aber auch Markenschuhe gibt es bei Deichmann. Etwa Modelle von Nike und Adidas, die mit Deichmann-Großaufträgen entweder günstige Einsteigermodelle anbieten oder ihre bestehenden Kapazitäten auslasten.

Dieses in der Branche »vertikal« genannte Modell hat für die Essener viele Vorzüge: Sie haben zwar feste Partner, brauchen aber keine eigenen Fabriken, die Aufträge werden dorthin vergeben, wo die Produktionskosten gerade am günstigsten sind, derzeit vor allem nach Vietnam und China. Es gibt keine Zwischenhändler, welche die Marge schmälern, von allen erzielten Synergien profitiert nur Deichmann. Und die Firma ist auf diese Weise nicht abhängig von einzelnen Großlieferanten und kann rasch auf neue Trends reagieren.

Globalisierungsgegner nennen Unternehmen, die dieses System anwenden, gerne Pacman-Firmen. Das ist durchaus unfreundlich gemeint, denn beim gleichnamigen Computerspiel frisst ein kleines Monster alles, was es kriegen kann. Übertragen soll das heißen: Konzerne wie Deichmann beuten aus, halten lokale Konkurrenten klein oder schlucken sie gleich ganz. So wird aus einem Unternehmen mit einem freundlichen Image rasch ein fieser Turbokapitalist, der sich nur um das eigene Wohl und Wehe schert. Deichmann bekam vor einigen Jahren die volle Wucht dieser Missachtung zu spüren, als Reporter 2001 von angeblich schlechten Arbeitsbedingungen bei einem indischen Zulieferer eines Deichmann-Lieferanten berichteten – besonders misslich für ein Unternehmen, das christliche Werte stets betont.

Da half es auch nichts, dass die GTZ, die eng mit der Bundesregierung zusammenarbeitende Deutsche Gesellschaft für Technische Zusammenarbeit, die bereits 1999 mit Deichmann erste gemeinsame Hilfsprojekte realisiert hatte, versicherte, die Vorwürfe seien haltlos. Die Essener führten in dieser Zeit einen Code-of-Conduct für alle Vertragspartner ein, einen Verhaltenskodex, der sich an Uno-Vorgaben orientiert. Seitdem kontrollieren auch eigene Inspektoren die Fabriken vor Ort, in denen an einzelnen Tagen bis zu 20 000 Paar Schuhe gefertigt werden und die sich bisweilen auf 40 verschiedene Länder verteilen. Oft und gerne schaut die Chefetage persönlich vor Ort nach dem Rechten, wie auch Familienmitglieder in den Filialen nicht selten anzutreffen sind. »Der Kontakt zu den Lieferanten und Mitarbeitern darf nicht abreißen«, sagt Heinz-Horst Deichmann, »wir müssen sehen, ob die Motivation stimmt«.

Die Motivation kitzeln die Essener mit einer Fürsorge, die es so nicht oft gibt in diesem Land. Die Angestellten in den Geschäften werden ordentlich bezahlt, weil sie am Umsatz beteiligt sind. Es gibt eine Unterstützungskasse für in Not geratene Mitarbeiter und eine Betriebsrente für Angestellte, die mindestens seit zehn Jahren bei Deichmann sind. Und: Die Firma zahlt Mitarbeitern einen einwöchigen Kuraufenthalt in der Schweiz.

All das freut die Dienstleistungsgewerkschaft Verdi, die über die Essener von einem »wahrhaften Vorzeigebetrieb« spricht, und es mündet in Heinz-Horst Deichmanns Aussage: »Gemeinsame Arbeit verbindet, wenn sie gut geschieht, wenn klar ist, dass sie dem Menschen dient.« Im Mitarbeitermagazin »intern« hat er es einmal so formuliert: »Unsere Gemeinsamkeit hat ihren tiefsten Grund darin, dass wir alle zu einem Gott und Vater beten und von ihm alles erwarten für Zeit und Ewigkeit. Arbeit, die nur gemeinsam getan werden kann, steht unter der Verheißung Gottes – nicht das egoistische, auf Selbstverwirklichung ausgerichtete Tun des Menschen, der nur sich selbst zum Ziele hat.«

Peter Brors, Christoph Hardt

Kapitel 6

»Ich sehe mich fast als Künstler«

Der Davos-Gründer KLAUS SCHWAB

Unten in der Stadt glitzert und leuchtet es in den Läden. Genf ist seit Jahrhunderten die Stadt edler Uhren. Isaac Rousseau gehörte etwa zu jener Zunft, die an den Ufern des Sees teure Zeitmesser per Hand fertigte. 1712 wurde sein Sohn Jean-Jacques hier geboren und entwarf in seinem elenden Leben im Schatten der Alpengipfel die Vision einer neuen Gesellschaftsordnung.

Wer links des Genfer Sees auf die Route de la Capite hinauffährt, riecht den frisch gemähten Rasen eines Golfplatzes. Dahinter führt eine schmale Auffahrt zu einem schweren Stahltor. Öffnet es sich, gibt es den Weg frei in eine neue Welt. Hier pocht das Herz der Globalisierung, und es trägt einen deutschen Namen: Prof. Dr. Dr. Klaus Schwab. Ihm gelingt es jedes Jahr, mehr als 2 000 hochrangige Persönlichkeiten aus Welt-Wirtschaft, Welt-Politik und Welt-Gesellschaft für eine Woche in die Graubündener Berge zu locken, nach Davos zum »World Economic Forum«.

Davos! Weltgeschichte wurde hier gemacht, Welttrends wurden hier entdeckt, hier prallte Europas Elite erstmals auf die Gurus des Internetzeitalters. Klaus Schwab, der Gründer des Forums, sagt: »Wir wollen eine globale Gemeinschaft bilden, eine weltweite Vernetzung zwischen den Entscheidungsträgern aus Wirtschaft, Politik, Wissenschaft und Medien.«

Das hat Schwab geschafft. Die Erfindung der »Weltmarke« Davos macht ihn zu einem der erfolgreichsten, zugleich aber auch zu einem der ungewöhnlichsten Unternehmer, die Deutschland hervorgebracht hat. Nicht in Umsatz und Gewinn berechnet sich sein Erfolg, sondern in Ideen und Einfluss, in Meinungsführerschaft und Kontakten. Schwabs Markt sind die Gehirne der Weltelite. Und da ist er so etwas wie der Weltmarktführer. Das hat ihm auf der einen Seite der Gesellschaft den Ruf des Vordenkers eingebracht. Von Globalisierungsgegnern hingegen wird er angefeindet. Für sie ist das »World Economic Forum« nur das »WEF«, die Speerspitze des Kapitalismus. Schwab gefällt das dennoch ganz gut. »Davos ist Konfrontation«, sagt er. »Und das soll auch so sein.«

In seinem Hauptquartier in Genf scheint die Globalisierung schon so perfekt wie sonst nur in Lehrbüchern: als erstrebenswerter Endzustand. Asiatische und europäische Baustile fließen harmonisch ineinander. Der Boden aus Schiefer, das Holz rötlich-braun, durch die riesigen Glasflächen schimmert das Licht des Genfer Sees. Alles ist transparent bis in den letzten Winkel.

Die »Eine Welt« ist hier lebendig: Junge Inderinnen plaudern mit einem Dozenten aus England, ein Franzose raucht im japanisch anmutenden Garten eine Zigarette, Mitarbeiter sind auf dem Sprung nach Kapstadt oder Peking, an den Wänden hängen zeitgenössische Gemälde aus allen Kontinenten. »Committed to improving the state of the world«, das Motto des Weltwirtschaftsforums mit der stilisierten Weltkugel, ist hier erfüllt von Leben.

Klaus Schwab kommt gerade aus Jordanien. Er ist ein quecksilbriger Mann, aber nicht quirlig, mit wachen Augen, die aber an diesem Tag durch eine Allergie gerötet sind. Gegen klimatische Umstellungen ist auch der globale Mensch eben nicht immer gefeit.

Im Nahen Osten hat Schwab Jordaniens König Abdullah getroffen, die amerikanische Präsidentengattin Laura Bush und jeweils die halbe Ministerriege aus Israel, Ägypten, Jordanien, dem Irak.

Schwabs Veranstaltung sollte helfen, den Konflikt im Nahen Osten wieder auf einen friedlichen Weg zu leiten. »Ohne Dialog geht das nicht. Unser Forum ist eine ideale Plattform dafür, weil wir als Stiftung keine eigenen wirtschaftlichen oder ideologischen Interessen haben. So entsteht Vertrauen«, sagt Schwab.

Es gibt nur wenige Menschen auf der Erde, die jederzeit derart viele bedeutende Persönlichkeiten anrufen könnten – und durchgestellt würden. Ob Bill Gates oder Helmut Kohl, Bill Clinton oder Nelson Mandela, Wladimir Putin, Jacques Chirac, Tony Blair, Wissenschaftler, Philosophen, Manager.

Schwab hat sich das hart erarbeitet. Seine heutigen Kontakte reichen oft 30 Jahre zurück, in jene Zeit, als er 1971 als junger Wirtschaftsprofessor das »European Management Symposium« ins Leben gerufen hatte. Unentschlossen, ob er sich der Wirtschaft oder der Universität zuwenden sollte, las er das Buch des Franzosen Jean-Jacques Servan-Schreiber über die »Amerikanische Herausforderung«. Der Bestseller trat unter Europas Intellektuellen erbitterte Diskussionen los – ähnlich der heutigen Debatte über das alte Europa und seine festgefahrenen Strukturen. Servan-Schreiber wollte die Europäer wachrütteln. Bei Schwab gelang es ihm perfekt: »Als ich das Buch las, kam mir die Idee, eine Plattform zu schaffen, wo die besten amerikanischen Professoren mit europäischen Managern zusammentreffen«, sagt Schwab.

Wer seine Herkunft kennt, für den ist es eine logische Fortschreibung. Klaus Schwab wird am 30. März 1938 im oberschwäbischen Ravensburg geboren. Mit zwei Brüdern wächst er auf. Der Vater leitet eine Turbinenfabrik, den Ableger eines Schweizer Konzerns. Deshalb erlebt Schwab den Zweiten Weltkrieg anders als viele seiner Zeitgenossen: »Mein Vater musste viel in die Schweiz reisen, durfte jederzeit die Grenze passieren. Ich durfte oft mit. Auf der einen Seite war Krieg und auf der anderen herrschte Frieden und etwas von der Gelassenheit des alten Europa. Das hat mich ungeheuer bewegt und wahrscheinlich sehr beeinflusst.«

Die Eltern schicken die Kinder auch schon früh ins Ausland. »Als Jugendlicher verbrachte ich die Ferien oft in Skandinavien, Italien, Frankreich und natürlich in der Schweiz«, erzählt Schwab. »Das war Anfang der fünfziger Jahre noch nicht üblich. Ich arbeitete damals auch im Deutsch-Französischen Jugendwerk. Mein Vater war begeisterter Rotarier und wollte nicht, dass wir in einem engen, nationalen Korsett aufwachsen.«

Vom Vater beeinflusst studiert Klaus Schwab Maschinenbau an der Eidgenössischen Technischen Hochschule in Zürich. Nebenbei macht er das Examen in Volkswirtschaft an der Universität Fribourg und während einer Assistenzzeit beim Maschinenbau-Verband VDMA in Frankfurt in beiden Fächern seinen Doktor. Er ist jetzt reif für eine Managerkarriere:»Ich bekam sehr gute Angebote.« Aber es zieht ihn nach Amerika an die Harvard Business School. Nur wenige Deutsche studieren in jener Zeit dort. Er hört bei Professoren wie Henry Kissinger oder John Kenneth Galbraith – die er später nach Davos holt.»Harvard prägte mich stark, erweiterte meinen Horizont über das Technische hinaus. Die Universität hat mir den Blick für die Welt geöffnet«.

Als Klaus Schwab 1967 zurück nach Deutschland kommt, ist er 29 Jahre alt und erfüllt alle Voraussetzungen, um Karriere in der Industrie zu machen. Er steigt bei der Escher Wyss AG ein und leitet den Integrationsprozess in den Sulzer-Konzern –»eine faszinierende Arbeit«. Sulzer will ihn halten, doch fast zur gleichen Zeit trägt ihm die Hochschule in Genf einen Lehrauftrag für Strategie an. Schwab bleibt auf der Mittellinie, arbeitet halbtags im Unternehmen und die restliche Zeit an der Hochschule.

Der Klaus Schwab jener Zeit ist jung, umtriebig – und offensichtlich größenwahnsinnig. Mindestens 400 Teilnehmer braucht er, um die Kosten für das erste Treffen in Davos zu decken. Wochenlang verschicken er und seine erste Angestellte – später wird sie seine Frau – Einladungen an Freunde, Bekannte und Fremde.

Gleichzeitig sucht er Sponsoren. Die Europäische Gemeinschaft hilft – unter zwei Bedingungen: Die Veranstaltung darf keinen gewerblichen Zwecken folgen. Und sie soll auf dem Gebiet der EG stattfinden. Schwab überzeugt den zuständigen EG-Kommissar Raymond Barre – der spätere französische Premierminister wird Dauergast in Davos –, dass der EG-Beitritt der Schweiz nur eine Frage der Zeit sei. Nun ja.

Für seine Vision opfert Schwab sein Erspartes. Auch die Eltern steuern etwas bei, aber noch immer fehlen mindestens 40000 D-Mark.

Das Loch stopft ein Schwarzwälder Unternehmer namens Eugen Claussner, den er beim Golfspielen kennen lernt. Der Inhaber der Möbelfabrik Hukla mit 5 000 Angestellten ist von der Davos-Idee überzeugt. Er verlangte eine einzige Sicherheit: Für den Fall, dass das Projekt scheitern sollte und Schwab das Geld nicht zurückzahlen könnte, hätte er in die Geschäftsleitung von Hukla eintreten müssen.

Doch dazu kommt es nicht. Zum ersten Davoser Treffen unter dem Motto »Let's meet the american challenge« sagen 444 Manager aus ganz Europa zu. Schwab hat gewonnen. Zwanglos, in Rollkragenpullovern und Bergschuhen, diskutiert die Managementelite jener Zeit transatlantisch in Clubatmosphäre über neue wirtschaftliche Herausforderungen. Neue technische Entwicklungen wie Großbildleinwände ziehen die Teilnehmer an; die Sitzordnung beim Mittagessen wird durch Hollerith-Lochkarten festgelegt, die Manager mit gleichen Hobbys vereint. Und am Wochenende locken die Skipisten. Was als einmaliges Ereignis geplant war (»Ich hatte absolut nicht die Idee, das zu meinem Lebenszweck zu machen«), ist schon zu Beginn so erfolgreich, dass Schwab die 50 000 Franken Überschuss des ersten Treffens zum Stammkapital seiner Stiftung macht.

Doch nach den beiden nächsten Veranstaltungen ist das Kapital aufgezehrt. Angesichts der großen Konkurrenz anderer Managementsymposien haben zu viele Manager Davos gleich wieder den Rücken gekehrt. »Die Marktidee hat nicht mehr gezogen«, räumt Schwab heute ein.

So ist die erste Krise des »World Economic Forums« auch gleichzeitig seine schwerste. In jenen Jahren, ohne weitere finanzielle Rücklagen und mit äußerst zweifelhaften Geschäftsaussichten für sein Forum, bietet ihm der Düsseldorfer Mannesmann-Konzern, damals noch ein Stahlunternehmen, auf Vermittlung eines seiner Mentoren, des damaligen Mannesmann-Finanzchefs und späteren langjährigen Bosch-Vorstehers Marcus Bierich, den Posten eines stellvertretenden Vorstandsmitglieds an.

KLAUS SCHWAB wird am 30. März 1938 in Ravensburg geboren. Sein Vater ist Geschäftsführer in einer Turbinenfabrik. Nach dem Abitur 1957 studiert er an der Eidgenössischen Technischen Hochschule in Zürich Maschinenbau. 1962 wird er Diplom-Ingenieur, die Promotion folgt 1965. Parallel studiert er an der Universität Fribourg Wirtschaftswissenschaften, in denen er 1967 promoviert wird. Zwischenzeitlich studiert er auch an der Harvard Business School, unter anderem bei Henry Kissinger und John Kenneth Galbraith. Von 1963 bis 1966 arbeitet er zudem als Assistent des Präsidenten des Verbandes Deutscher Maschinen- und Anlagenbauer (VDMA) in Frankfurt.

Schwab tritt 1967 ins Management der Sulzer Escher Wyss AG ein. Zugleich übernimmt er eine Professur für Unternehmensstrategie in Genf. 1971 organisiert er zum ersten Mal ein »European Management Symposium« im Schweizer Skiort Davos. Weil die Veranstaltung nach anfänglichen Erfolgen in Schwierigkeiten gerät, erweitert er das Konzept von reinen Management- auf weltpolitische Themen. 1976 wandelt er seine Stiftung um in eine Mitgliederorganisation. Seit 1987 nennt sich das Treffen »World Economic Forum«. Immer wieder kam es dort zu wichtigen weltpolitischen Debatten. 1987 fordert Bundesaußenminister Hans-Dietrich Genscher den Westen auf, die Reformen des sowjetischen Staatschefs Michail Gorbatschow ernst zu nehmen. Im Jahr darauf brachte Schwab die verfeindeten Staatschefs der Türkei und Griechenlands an einen Tisch. 1990 trafen sich Bundeskanzler Helmut Kohl und der neue DDR-Staatschef Hans Modrow in Davos, zwei Jahre später die Südafrikaner Nelson Mandela und Frederik de Klerk.

Im Jahr 2002 verlegt Schwab den Tagungsort erstmals weg von Davos – nach New York. Das soll vier Monate nach den Terroranschlägen des 11. Septembers 2001 Selbstbehauptungswillen und Zusammengehörigkeitsgefühl der Weltführungskräfte fördern.

Schwab löst die Frage auf eine für ihn typische, unemotionale Weise: Zusammen mit seiner Frau stellte er eine Liste mit allen Faktoren auf, »zu denen auch so einfache Dinge wie Skilaufen oder Bergwandern gehörte. Dann gaben wir getrennt Plus- und Minuspunkte. Das Ergebnis: 86 zu 85 für Genf.« Er entscheidet sich für das Gestalten und gegen das Managen. Schwab sagt heute: »Ich habe mich immer als kreativer Mensch gesehen, in diesem Sinn fast als Künstler. Ich wollte etwas schaffen.«

Kurz darauf gelingt ihm der Durchbruch. Die Stimmung in der Weltwirtschaft hat sich rapide verschlechtert: Die Aufhebung der Dollarbindung an Gold, die den Welthandel seit Jahrzehnten stabil gehalten hatte, und die erste Ölkrise wirbeln die Märkte durcheinander. Wohlstand und Wachstum drohen zu kippen. Gesucht werden neue Ideen und Strategien – und ein Ort, um darüber zu diskutieren: Davos.

Die Graubündener Kantonalbank hilft ihm mit einem Kredit aus den gröbsten finanziellen Schwierigkeiten. Außerdem ändert Schwab das Konzept. »Davos diente nicht mehr dazu, sich die Managementmethoden anzusehen, sondern die Umwälzfaktoren, die die Strategie bestimmten.« Für diese »Environmental Surveillance« aber reichte es nicht aus, Unternehmer, Manager und Professoren einzuladen. Dazu brauchte er zunächst Politiker, später auch Vertreter von Nicht-Regierungsorganisationen, Künstler, Gewerkschafter und Kirchenvertreter.

In diesen Gründerjahren entsteht der legendäre und viel beschworene Geist von Davos. Teilnehmer der ersten Jahre, die noch die zwanglosen und intimen Diskussionen erlebt haben, blicken noch heute leicht abschätzig auf die krawattentragenden Davos-Neulinge herab. »Schwab hat etwas erfunden, was die Welt offensichtlich brauchte«, urteilt heute etwa Commerzbank-Chef Klaus-Peter Müller.

Über die Jahre wird das Forum in Davos zu einer festen, weltweiten Institution. Nelson Mandela und Frederik de Klerk führen in Davos entscheidende Gespräche über die Zukunft Südafrikas,

Shimon Peres und Jassir Arafat vereinbaren eine Teilautonomie Palästinas. Aber auch der Club of Rome mit seinem Report über die »Grenzen des Wachstums« erhält in Davos eine Plattform, genauso wie die Grüne Petra Kelly, die sich in Davos unflätiger Angriffe deutscher Topmanager erwehren muss. »Ich habe viele rote Tücher eingeladen. US-Vizepräsident Dick Cheney hat sich auch einiges anhören müssen«, sagt Klaus Schwab. »Das ist das Salz von Davos.« Es gibt viele Gründe, regelmäßig Ende Januar nach Davos zu fahren. Zwischen Kontaktbörse und »Volkshochschule auf höchstem Niveau« (Davos-Stammgast Hubert Burda) reichen die Urteile der Teilnehmer. Für 14 000 Franken und einen Jahresbeitrag von 30 000 Franken kann sich zwischen 9 und 23.30 Uhr jeder über den Zustand der Europäischen Union oder das Wesen von Blasen an den weltweiten Finanzmärkten informieren. Genauso gut kann er mit nordostasiatischen Karikaturisten diskutieren oder mit Vertretern der Weltreligionen die Frage erörtern, ob »Gott die Demokratie liebt«.

Mit diesem Konzept hat Schwab einen guten Teil der weltwirtschaftlichen, politischen und gesellschaftlichen Prominenz zu Stammgästen in Davos gemacht: Bill Gates und Heinrich von Pierer, Elie Wiesel und Bill Clinton. Und viele kommen schlicht, um Kontakte zu pflegen auf einem der vielen informellen Branchentreffen abseits des Kongresszentrums oder um bei den hochmögenden Konzernlenkern um Investitionen in Kambodscha oder Quebec zu werben. »Klaus Schwab hat aus einem kleinen Bergtreffen ein weltumspannendes Netzwerk aus Politik, Wirtschaft und Gesellschaft geschaffen«, beschreibt von Pierer dessen unternehmerische Leistung. Schwabs hervorstechendste Eigenschaften auf diesem Weg seien »Unbestechlichkeit und Bescheidenheit«, urteilt der Siemens-Aufsichtsratschef, Davos-Stammgast seit den frühen neunziger Jahren und Mitglied im Stiftungsbeirat des »World Economic Forums«.

Schwab selbst nimmt die Rahmenveranstaltungen, die sich um das »World Economic Forum« in Davos angesiedelt haben, eher zur

Kenntnis, als dass er sie gezielt fördert. Ihm geht es um Verständigung und übergreifende Initiativen, um die große Geste und die kleine Hilfe. Ob es den Teilnehmern passt oder nicht: Auf seine sperrige und moralische Art will der Mann wirklich die Welt verbessern. »Wir sind die einzige wirklich globale Plattform, die verschiedene Entscheidungsträger einbezieht«, beschreibt er selbst das Forum. Und so sieht man ihn in Davos vor allem auf dem Podium neben Politikern, die von Schuldenerlass für Afrika oder einer neuen Klimainitiative künden. Kerzengerade sitzt er da, seinen dunkelblauen Badge mit Prismenaufhängung um den Hals und fordert in seinem erstaunlich harten englischen Akzent die anwesenden Unternehmensführer zu Global Citizenship auf.

Auf den Abendveranstaltungen der mondänen Veranstaltung sieht man Schwab hingegen nur höchst selten. Der Small Talk ist seine Sache nicht, der glamouröse Auftritt ist ihm fremd. »Zurückhaltend«, charakterisiert von Pierer ihn. Schwab selbst urteilt drastischer: »Ich bin einer der asozialsten Menschen, die ich kenne«, sagt er über sich selbst. Das gilt für die Tage des Davoser Forums wie auch an seinem Wohnort in Genf. »Ich gehe nur sehr selten auf Abendessen oder Cocktailempfänge, zu denen ich eingeladen werde.«

Das würde den disziplinierten Arbeiter auch davon abhalten, abends seine Telefonate mit Geschäftspartnern in den USA zu führen. Von der Zeit in Davos abgesehen hält er keinerlei öffentliche Reden. Über die Vermischung von Beruflichem und Privatem – eigentlich das Geschäftsprinzip einer Branche, die von persönlichen Kontakten lebt – setzt sich Schwab souverän hinweg. »Es funktioniert nicht nach dem Prinzip: Kommst du auf meine Party, dann komme ich auch zu deiner«, sagt der Mann mit dem vermutlich berühmtesten Adressbuch der Welt. Dass die Zahl seiner echten Freunde »begrenzt« sei, ist seinem beruflichen Erfolg nicht abträglich. »Man muss eine Mission und die richtige Idee zur richtigen Zeit haben, dann kommen alle, auch ohne dass es Abhängigkeiten gibt.«

So kann Schwab es sich erlauben, sich weder mit Wirtschaftsführern noch mit Globalisierungskritikern zu verbünden. In Zeiten, in denen die Wirtschaftschefs dem Shareholder-Value folgen, lobt er seit Jahrzehnten unverdrossen den Stakeholder-Value-Ansatz, der nicht nur die Interessen der Aktionäre an einem Unternehmen betont, sondern auch die Rolle von Mitarbeitern und Kunden würdigt. In Zeiten, in denen Private-Equity-Firmen und Hedge-Fonds eine immer größere Rolle in der Wirtschaft spielen, kritisiert er »als Theoretiker deren überzogene Renditeerwartungen«.

Schon früh, noch bevor Globalisierungsgegner das Schweizer Bergdorf mit wüsten Demonstrationen bedrohen, lädt er »dialogbereite Globalisierungskritiker« zu Diskussionen mit den Wirtschaftseliten ein. Nicht immer findet das den Geschmack seines Publikums. Einige Wirtschaftsführer und Kommentatoren finden, dass Schwab den Globalisierungskritikern zu weit entgegenkommt und stufen die Davoser Foren mit ihren Aufrufen für mehr Gerechtigkeit in der Welt als belanglos ein. Auf der anderen Seite ist auch die Zahl seiner Fans unter den Anti-Globalisierern begrenzt: Nicht umsonst wurde das Weltsozialforum im brasilianischen Porto Allegre ausdrücklich zur Konkurrenzveranstaltung von Davos erklärt.

Schwab hat es sich zwischen den Stühlen bequem gemacht. »Unsere Funktion ist, globale Wirtschaftspolitik zu betreiben«, sagt er unbeirrt und bezeichnet sich als »ersten Globalisierungsgegner«, der früh davor gewarnt hat, dass der Rechtsrahmen für internationale Unternehmen zu vage ist. Er weiß selbst, dass nicht alle Mitgliedsunternehmen des »World Economic Forums« diese Art Engagement goutieren. »Von unseren 1 000 Mitgliedern würden etwa 400 das Konzept der Global Citizenship voll unterschreiben. 300 denken sich: ›Na, wenn der Schwab dabei ist‹. Und 300 sehen das sehr kritisch.«

Der Entwicklung des »World Economic Forums« tat dies keinen Abbruch. Der Jahresetat liegt mittlerweile bei 100 Millionen Franken. In der Zentrale in Genf arbeiten die meisten der jetzt 230 Mitarbeiter. Die Stiftung ist längst über die Schweiz hinaus gewachsen, organisiert Konferenzen und Seminare, eröffnete Büros in New

York und Peking. Die Hälfte seiner Arbeitszeit ist Klaus Schwab unterwegs. In den Wochen vor dem Gespräch sah seine Reiseroute so aus: Flug nach Singapur und Tokio, ein paar Tage in Genf, dann Abflug nach London zu einem Treffen mit Schatzkanzler Gordon Brown, Weiterflug nach Boston. Wieder zu Hause wechselte er nur den Inhalt seines Koffers und flog nach Jordanien.

»Ich bin gesund«, sagt er. »Ich kann mich relativ schnell erholen«. Zu Hause steht er pünktlich um sechs Uhr auf, schwimmt eine halbe Stunde in seinem kleinen Pool mit Gegenstromanlage und frühstückt mit seiner Frau. Früher waren seine beiden Kinder dabei, sie sind jetzt aus dem Haus. »Ich bin ein Familienmensch, so wie ich es in meinem Elternhaus erlebt habe.« Mit seiner Frau zieht er mindestens einmal im Jahr in die Berge, meist in die Gegend von Zermatt.

Mittagessen im prächtigen Golfclub, wo der Rasen so schön duftet. Wer Mitglied werden will, muss mindestens sieben Jahre auf der Warteliste verharren. Mit Geld geht es auch nicht schneller. Die Frage nach dem Reichtum hat in der Schweiz eine andere Bedeutung als anderswo. »Ich habe ein wunderschönes Haus mit Seeblick, eine Wohnung in den Bergen und verdiene als Präsident des Forums ordentlich. Ich bin glücklich mit meiner Familie und meiner Arbeit, das zählt.«

Klaus Schwab ist jetzt 68 Jahre alt. Was will er noch erreichen? »Unser Forum will die wirtschaftliche Globalisierung fördern. Aber Unternehmen müssen erkennen, dass sie nicht isoliert und nur dem Markt und ihren Anteilseignern verpflichtet sind. Mit der jetzigen Ausgrenzung von Milliarden Menschen ist die Globalisierung nicht zu schaffen. Politik, Wirtschaft und Wissenschaft müssen sich als Partner verstehen.«

Er schaut auf die Uhr. Schwab muss hinunter nach Genf, um den indischen Präsidenten Abdul Kalam zu treffen. Der ist ein alter Bekannter – natürlich.

Joachim Dorfs, Claus Larass

Kapitel 7

»Unternehmer sind Abenteurer«

Das Marketinggenie ERICH SIXT

Erich Sixt ist 18 Jahre alt, als der elterliche Betrieb in heftige Turbulenzen gerät. Vater Hans hat 1962 gerade seine erste außergewöhnliche Idee entwickelt, übrigens unter ausdrücklicher Zustimmung seines Sohns: »Das war eigentlich eine tolle Idee: Für den Einheitspreis von 20 D-Mark am Tag europaweit ein Auto mieten«. Die Aktion läuft blendend. Binnen kürzester Zeit stapeln sich Tausende von Vorbestellungen vor allem amerikanischer Touristen. Das Problem: Die Münchener Firma hat damals gerade drei Filialen, im Ausland ist sie gar nicht präsent. Mit Subunternehmern will Sixt die neue Kundschaft bedienen, allein in Frankreich findet sich partout kein Partner. »Die drohenden Vertragsstrafen hätten die Firma mit Sicherheit in den Ruin getrieben«, erinnert sich Erich Sixt heute.

Also heuern Vater und Sohn 70 Studenten an, die binnen 24 Stunden 70 Leihautos von München nach Paris lenken. Dort mietet Erich Sixt am Flughafen Le Bourget einen kleinen Laden und einen Parkplatz, nimmt die Touristen persönlich in Empfang, prüft Führerscheine, stellt Mietverträge aus. Nachts wäscht er die zurückgegebenen Autos, repariert sogar kleinere Schäden selbst. »Über sechs Monate habe ich das alleine gemacht. Heute kalkulieren wir für diese Arbeiten mit fünf bis sechs Angestellten.«

Als die Vorbestellungen abgearbeitet sind, kehrt Sixt zurück nach München. Er fühlt sich bereit für höhere Aufgaben, doch der Vater schickt ihn erst einmal an die Universität: Betriebswirtschaftslehre soll es sein. Vier Semester lang hört sich der junge Erich die Vorlesungen in München an, dann bricht er das Studium ab:»Die ganze Betriebswirtschaft basiert doch auf einem einzigen Axiom: Dass der Mensch rational handelt. Aber er tut es nicht. Und deshalb können Sie das alles vergessen.«

Das sind zwei Episoden aus seinen Lehrjahren, die Erich Sixt, 62, erzählt, wenn man ihn danach fragt, wie es ihm gelungen ist, zu Europas erfolgreichstem Mietwagenverleiher aufzusteigen: mit ständigem Mut zum Risiko, auch neue, manchmal provokante Wege zu suchen und dabei niemals nachzulassen.»Für mich sind Unternehmer die letzten Abenteurer«, sagt er. Und findet sich wieder in den Worten des Philosophen Seneca, den er gerne und oft zitiert:»Du glaubst, du hast einen Gipfel erstiegen, und in Wahrheit ist es nur eine Stufe.«

In diesem Sinne ermahnt Sixt sich selbst und seine Mitarbeiter ständig, daran zu denken, dass man sich nicht auf vergangenen Erfolgen ausruhen darf. Sonst sei Zufriedenheit der größte Feind künftiger Erfolge.

Jedes Jahr kauft die Firma für mehr als 2 Milliarden Euro über 100 000 neue Fahrzeuge, davon allein 20 000 der Marke Mercedes. Die Autos können in 75 Ländern an fast 1 400 Stationen gemietet werden. 2005 nähert sich der Umsatz der Marke von 2,5 Milliarden Euro. 85 Prozent der Deutschen kennen den Firmennamen. Die Münchener sind in der Heimat klarer Marktführer und liegen hier weit vor Weltkonzernen wie Avis und Hertz.

Der Mann, der das alles erschaffen hat, eilt an diesem Freitagmorgen durch noch relativ neue Firmenzentrale in einem Gewerbegebiet in Pullach bei München. Der Architekt wird mit dem Bauwerk wohl keinen Preis gewinnen: quadratisch, praktisch, gut. Und vor allem gläsern. Es gibt kaum herkömmliche Wände, in fast alle Büros kann man durch große Scheiben ungeniert hineinblicken und die auffallend junge Belegschaft bei der Arbeit bewundern.

Erich Sixt begrüßt jeden, der ihm begegnet. Eine Strähne des noch vollen dunkelgrauen Haars fällt ihm dabei ständig in die Stirn. Er trägt einen blauen Nadelstreifenanzug, ein hellblaues Hemd mit funkelnden Manschettenknöpfen, dazu eine dunkelrote Krawatte. Und einen Moment fragt man sich, warum dieser für sein Alter so frisch ausschauende Mann einmal den Titel des »schlecht angezogensten deutschen Managers« verliehen bekommen hat. Erst als der Fotograf ihn bittet, sich vor eines seiner Werbeplakate zu setzen, da rutscht die Hose doch allzu weit nach oben und legt ein Stück blankes Bein frei. Aber sonst?

Sonst ist alles orange. Das Pult der Empfangsdame, das Sofa im Foyer, die moderne Kunst an den Wänden, die Untersetzer für die Saftgläser – Corporate Identity in Reinform. Das Bekenntnis zur Firma zeigt sich ebenso in der Farbe wie im Einsatz aller, auch des Chefs und seiner Frau. An diesem warmen Sommertag findet in der Firmenzentrale ein Vertriebstreffen statt. Aus Bussen springen junge Frauen mit orange Halstüchern und Männer mit orange Krawatten, unter dem Arm tragen sie orange Mappen. Sie stellen sich vor einer orange Wand zum Erinnerungsfoto auf, ehe es an die Arbeit geht.

Sixt selbst sagt über sich, er sei mitunter ein »Workaholic«. Und gibt damit eine Art Gemütszustandsbeschreibung, die er auf seine ganze Firma übertragen hat: Leistung, Leistung, Leistung. Wenn die stimmt, dann sollen alle davon profitieren, wenn nicht, wenn also die betriebswirtschaftlichen Zahlen eher vor sich hindümpeln, dann hat er eben auch nichts zu verteilen. Betriebsrenten für die reine Zugehörigkeit zur Sixt-Familie? Gibt es nicht. »Das verleitet zu Dienst nach Vorschrift. Jeder sollte selbst für sein Alter vorsorgen.« Leistungsprämien für Projekte? »Gerne. Das motiviert ungemein, treibt an und weckt den Unternehmer im Angestellten.«

Mit dieser Einstellung, diesem Biss hat es Sixt geschafft, nach ganz oben, er ist damit bekannt und wohlhabend geworden. Ein alter Geschäftspartner sagt: »Man darf ihn einfach nie unterschätzen«, wegen seines warmen bayerischen Tonfalls in der Stimme oder des leicht gebückten Gangs. »Erich Sixt ist immer hellwach. Und immer im Dienst, auch wenn er mal, was selten genug vorkommt, daheim vor dem Fernseher sitzt. Auch dann denkt er noch darüber nach, welche Werbeidee jetzt vielleicht gerade passen könnte.«

Das Ehepaar Sixt lebt im manikürten Münchener Süden, vielleicht zehn Autominuten von der Zentrale entfernt, und besitzt einen Bauernhof in Oberbayern, kaum zehn Kilometer nördlich des Tegernsees. Als der Vater 1997 stirbt und Erich Sixt das elterliche Gut erbt, entdeckt er dort, sorgfältig unter einer Plane verborgen, in einem Heuschober einen Mercedes Pullman Landaulet, Baujahr 1935. Es ist das einzige Auto, das Vater Sixt einst vor den Nazis retten konnte. Und das einzige Gefährt, mit dem er die Firma nach dem Krieg zunächst wieder aufbaut. Schnell kommt er damals, zurück aus amerikanischer Kriegsgefangenschaft, mit den in Bayern regierenden GIs ins Geschäft. Der Vater spricht gut Englisch. Der US-Army bietet er Taxifahrten an. Und erhält bald eine exklusive »Service-Lizenz« – die hohen Offiziere lassen sich eben gerne in einem Pullman vor einem kleinen Tisch vis à vis sitzend, durchs Land kutschieren.

Sixt ist wieder da. Und wie! Schon vor der Währungsreform verdient er blendend. Zwar beträgt die Einkommensteuer damals annähernd 90 Prozent, aber »so hat meine Familie den Wiederaufbau kräftig mitfinanziert«, sagt Erich Sixt.

Die guten Kontakte zu den Amerikanern bleiben. Sixt Senior bekommt immer neue Aufträge. Nach Einführung der D-Mark steigt er rasch zu einem der vermögendsten Deutschen auf. Er investiert, kauft neue Autos und eröffnet bald die ersten beiden Filialen.

Den Mittelpunkt der Familie aber bildet in jenen Aufbaujahren das Bauernhaus am Tegernsee. Hier bläut Vater Sixt dem jungen Erich immer wieder ein: »Erwarte nichts vom Staat. Sorge für dich selbst.« Heute erinnert sich Erich Sixt: »Das hat mich geprägt. Mein Vater hatte keine einzige Versicherung. Er hat immer gesagt: ›Solange ich auf zwei Beinen stehen kann, ernähre ich mich selbst. Wenn nicht, bin ich tot.‹« Nach diesen Vorgaben richtet sich Erich Sixt noch heute: »Auch ich besitze privat keine Versicherung. Und dem Staat billige ich nur eine einzige Aufgabe zu – meine Freiheit zu schützen.« Diesen mangelnden Respekt vor der Arbeit der Obrigkeit hört man bei ihm ständig heraus. Von der alten Bundesregierung unter Kanzler Gerhard Schröder hat er nichts gehalten, von der neuen unter Angela Merkel erwartet er nichts: »Ich habe nicht die geringste Hoffnung, dass sich Grundsätzliches ändern könnte. Dieses Land ist zu tief verkrustet. Ein Politiker, der tatsächlich etwas ändern wollte, würde wohl seine Gesundheit gefährden.«

Einmal in Fahrt, legt Sixt eine Art politisches Sofortprogramm vor: Der Staat müsste sich dramatisch zurücknehmen. »Wir ersaufen in Vorschriften und Gesetzen«, sagt er. Und erzählt von einer Verordnung aus dem Jahr 1954. Die schreibt den Autovermietern noch heute das Eichen von Tachometern vor, und das obwohl alle Hersteller bestätigen, dass die Tachos einwandfrei funktionieren. »So ein Gesetz gibt es nur in Deutschland.« Pro Auto kostet ihn das 50 Euro. Im Jahr summiert sich das für Sixt auf mehrere Millionen Euro. »Und mit diesem Unsinn werden auch noch Heerscharen von Beamten beschäftigt, denn jedes Bundesland hat seine eigene Eichbehörde.«

Das war Punkt eins zum Bürokratieabbau. Punkt zwei folgt sogleich und gilt dem Arbeitsmarkt. »Wir könnten hier ohne Probleme mit den höheren Lohn- und Lohnnebenkosten leben, wenn beispielsweise die Entscheidung, einen Arbeitnehmer einzustellen, nicht so weitreichend wäre.« Denn eine spätere Trennung koste doch heutzutage schon mehr als eine Ehescheidung, sagt er und verlangt, den Flächentarifvertrag gleich ganz abzuschaffen.

Eine Meinung vertreten ist das eine, sie auch durchsetzen, das andere. Würde er auch selbst in die Politik wechseln? Sixt schüttelt heftig den Kopf und sagt: »Ich würde scheitern. Meine klare Sprache würde in der deutschen Konsensgesellschaft vermutlich niemand verstehen.« Seinen Beitrag für die Gesellschaft sieht er darin, gute Geschäfte zu machen, Geld zu verdienen und so immer neue Jobs zu schaffen. »Für einen findigen und besessenen Unternehmer ist immer Platz. Aber nur die Stärksten und Kreativsten überleben.« Eine Maxime, die für ihn vor allem seit 1968 gilt. In Deutschland führen die Studenten das Wort, sie lehnen sich auf gegen den allzu verkrusteten Staat. Auch Erich Sixt gehört rein physisch jener aufständischen

Generation an, auch er ist gegen die Verblendung der Bonner Republik. Geistig aber widmet er sich voll dem Unternehmen, das ihm der Vater mit einer Million D-Mark Umsatz soeben übertragen hat.

Es ist die Zeit, da Deutschland den VW Käfer liebt, da der Opel Kadett zu den Top-Sellern und ein Mercedes im gemeinen Volk noch zu jenen unerschwinglichen Luxusgegenständen zählt, die der Oberschicht vorbehalten sind. Die Mietwagenbranche gilt in jenen Jahren als gesättigt. Ein Oligopol beherrscht den Markt. Kleinen, regionalen Anbietern wie Sixt mit gerade 200 Fahrzeugen räumen Experten damals kaum Wachstumschancen ein.

Doch Sixt ahnt die Faszination, die hinter der Idee des Mietwagens steckt. Viele Jahre später wird das der amerikanische Erfolgsautor Richard Ford in seinem außerordentlichen Roman *Der Sportreporter* klassisch formulieren: »Es geht nichts über die ersten Augenblicke in einem großen, blitzblanken LTD oder Montego, Meilenstand überprüft, Tank voll, Sitz richtig eingestellt, die schwere Tür fest geschlossen, der erregende neue Geruch, der dir in die Nase steigt, die feste Überzeugung, dass du in einem Wagen sitzt, der besser ist als dein eigener (mehr noch: Wenn der hier schlappmacht, lässt du dir einfach einen anderen geben). Nichts anderes gibt mir dieses Gefühl einer Freiheit innerhalb vernünftiger Grenzen« – die perfekte Illusion für jeden Autoverleiher, auch für Erich Sixt.

Erinnern Sie sich eigentlich noch an Ihren ersten Arbeitstag als Firmenchef? Haben Sie gleich all das umgesetzt, was Sie in all den Jahren zuvor als Boss im Wartestand schon im Kopf mit sich herumgetragen haben? »Na, ja«, antwortet Sixt, »der Mensch neigt gerne zur Verklärung der Vergangenheit und mitunter zur Legendenbildung – so als hätte man in seiner Karriere stets genau gewusst, was man zu tun hat und wie man es zu tun hat«, sagt er dann etwas ausweichend. »Ich habe eine Bestandsaufnahme gemacht, festgestellt, dass die Substanz der Firma stimmt und mich einfach ans Tageswerk gemacht. In dem festen Glauben, dass es keine gesättigten Märkte gibt.« Sixt kann trefflich poltern, wenn es ernst wird. Bei wichtigen Dingen aber neigt er nicht zu lauter Übertreibung.

In aller Stille bereitet Sixt weitreichende Entscheidungen vor, die das Unternehmen raus aus Bayern und beinahe in alle Welt führen sollten. Er vereinbart eine Zusammenarbeit mit der amerikanischen Firma Budget Rent A Car, einer Ford-Tochter. So findet er Zugang zu einem internationalen Reservierungssystem und übernimmt für Budget die Deutschland-Buchungen. Sixt steigt ins Leasinggeschäft ein, das er in Amerika kennen gelernt hat. So erschließt er sich die großen Firmen als neue Kunden. Und er setzt nicht länger auf einen Fahrzeugtyp, so kann er verschiedene Kundengruppen besser direkt ansprechen. Eine Idee, die er mit seinen provokanten Werbekampagnen gezielt und aufsehenerregend umsetzt. Ein Beispiel mit dem Sixt schon früh Geschäftsleute, aber auch den Privatkunden ködert: »Mieten Sie einen Mercedes zum Preis eines Golfs. Buchen Sie First Class, zahlen Sie Economy.« Der Slogan schlägt ein. Die Mittelschicht bekommt plötzlich suggeriert, dass auch sie sich Luxus leisten kann – zumindest einen Mercedes 190 für ein Wochenende.

Die Kampagne ist quasi der Auftakt zu einem wahrhaften Marketingfeuerwerk in orange, bis heute: »Sixt hat Autos für Ärzte« steht etwa auf einem Plakat über einem Mercedes-Sportwagen geschrieben. Ein Plakat weiter heißt es: »Auch nach der Gesundheitsreform«, und das Werbeposter zeigt den Kleinwagen Smart. Oder: »Ohren anlegen lassen ohne OP«, darunter ein Bild von Prinz Charles mit der Aufforderung: »Mieten Sie ein Mercedes CLK Cabrio für 95 Euro den Tag.« Oder: »Lust auf eine neue Frisur?«, fragt Sixt zu einem Foto von Angela Merkel. Auf der Folgeseite stehen der CDU-Vorsitzenden dann die Haare zu Berge. »Mieten Sie sich ein Cabrio«. Oder auch die Kampagne mit einem Herrenmagazin. Als die Kundschaft in den gemieteten Wagen steigt, findet sie auf dem Beifahrersitz einen weißen Din-A4-Briefumschlag. Darauf steht nur: »Rufen Sie Ihren Geschäftspartner schon mal an und teilen Sie mit, dass Sie sich verspäten.« Aus dem Couvert fällt schließlich die neueste Ausgabe des *Playboy*.

ERICH SIXT wird am 29. Juni 1944 im österreichischen Mistelbach als Sohn einer Münchener Fuhrunternehmerfamilie geboren. Er wächst auf einem Bauernhof nahe dem Tegernsee auf. Nach der Schule studiert er Betriebswirtschaft an der Universität München, hört aber nach vier Semestern auf, weil es ihn langweilt.

1968 übernimmt er die Leitung der elterlichen Autovermietung. Damals besitzt die Firma 200 Autos und erzielt einen Umsatz von einer Million D-Mark. Die Branche gilt als gesättigt, ein Oligopol beherrscht den Markt. Kleineren Anbietern wie Sixt werden kaum Chancen eingeräumt. Erich Sixt aber glaubt nicht an gesättigte Märkte und legt die Grundlagen für die Expansion. Er vereinbart eine Kooperation mit dem amerikanischen Konkurrenten Budget und erhält so Zugang zu einem internationalen Reservierungssystem. Er steigt ins Leasinggeschäft ein und setzt nicht länger auf ein einziges Fabrikat. Der Durchbruch gelingt ihm mit aggressiver Werbung und günstigen Preisen. Beträgt der Umsatz seiner Firma 1981 noch 19 Millionen D-Mark, sind es 1988 bereits 149 Millionen und 1998 schon mehr als eine Milliarde D-Mark.

1986 bringt Sixt seine Firma an die Börse. Die Mehrheit der Aktien behält er aber für sich, er setzt sich zunächst als alleinigen Vorstand ein. Dafür erntet er von Aktionärsschützern Kritik wie auch für seine Entscheidung, die Spitze des Aufsichtsrats mit einem guten Bekannten zu besetzen, dem Lufthansa-Manager Hemjö Klein. Sixt lernt aus den Patzern, setzt eine Investor-Relations-Abteilung ein und gewinnt den als Sanierer bekannten Kajo Neukirchen, lange Jahre Chef der Metallgesellschaft, als neuen Aufsichtsratsvorsitzenden. Heute nähert sich der Firmenumsatz der Marke von 2,5 Milliarden Euro. Sixt hält noch immer die Aktienmehrheit und denkt noch nicht daran, den Vorstandsvorsitz abzugeben. Seine beiden studierenden Söhne müssen sich noch gedulden.

Dass es immer wieder neue Provokationen aus dem Hause Sixt gibt, dafür sorgt Starwerber Jean-Remy von Matt. Sixt und von Matt treffen sich regelmäßig, um neue Slogans zu dichten. »Egal, wo wir uns sehen, hier oder am Flughafen oder in einem Mietauto – uns fällt immer schnell was ein, wir haben den gleichen Humor.« Von Matt sagt es so: »Es ist nicht immer einfach mit Herrn Sixt. Er hat selbst so viele Ideen und wirft unsere Vorgaben oft und gerne um. Aber er hat eben auch Mut und Instinkt. Er ist so eine Art Moving Target.« Das ist durchaus wörtlich zu nehmen. Wenn er etwa am Steuer seines Sportflugzeugs persönlich mit einem von-Matt-Kreativen 15 Flughäfen in zwei Tagen abfliegt, um höchst selbst zu begutachten, was die gemeinsam ausgeheckte Werbung so bewirkt.

Inzwischen besteht die Beziehung zwischen dem Münchener Verleiher, der nach wie vor keinen Marketingvorstand bezahlt, und dem Hamburger Werber länger als eine durchschnittliche Ehe. Mit den flotten Sprüchen hält das Duo auch die Konjunktur deutscher Rechtsanwälte in Fahrt. Regelmäßig bekommt Sixt Unterlassungserklärungen zugestellt. In 15 Jahren zählt das Unternehmen mehr als 800 Gerichtsverfahren, darunter ist auch der Prozess gegen Oskar Lafontaine. Nach dessen Rücktritt als Finanzminister hatte Sixt 1999 das Gesicht des Saarländers auf einer die Köpfe des gesamten Kabinetts abbildenden Anzeige durchkreuzt und mit der Zeile versehen: »Sixt verleast auch Autos für Mitarbeiter in der Probezeit.« Jahre später sei Lafontaine dann eingefallen, so Sixt, »dass seine Rechte verletzt sind«. Lafontaine, der sich dazu nicht äußern will, fordert zunächst 250 000 Euro Schmerzensgeld und verklagt Sixt wegen unerlaubter Nutzung seines Fotos und Ehrverletzung. Mehrere Instanzen sind mit dem Verfahren beschäftigt.

Feinde macht sich Sixt auch bei der direkten Konkurrenz. Budget, der einstige Partner, etwa schäumte, als Sixt behauptete: »Im Übrigen sind wir sehr erfreut, dass wir einen Geschäftsführer bei Budget haben, der schon einige Firmen in die Pleite getrieben hat.« Und bei Avis liefen die Juristen Sturm, als Sixt mitteilte: »Die Auslastung von 90 Prozent bei Avis ist erstunken und erlogen.«

Manches Mal hat sich sogar schon der deutsche Werberat einge-schaltet und Rügen ausgesprochen. Etwa als Sixt einen Werbespot zeigte, in dem eine Kundin einer Sixt-Mitarbeiterin eine Pistole in den Mund hielt, um zu erfahren, ob es noch günstigere Angebote gäbe. Die Werbekontrolleure sprachen empört von einer »gewalt-verharmlosenden Darstellung«.

Reue? Sind Sie in Ihrer Werbung schon mal zu weit gegangen? Sixt meint: »Eigentlich nur in einem Fall, als wir in einem TV-Spot eine Beerdigung filmten, bei der ein Sarg ins Grab fiel. Da haben wir Gefühle von Menschen verletzt. Das war wahrscheinlich unsere schlechteste Werbung.« Aber er sagt auch: »Ich bin allgemein ein provokativer Mensch. Und in der Werbung ist Provokation eben immens wichtig, um wahrgenommen zu werden.« Gerne erinnert er in diesem Zusammenhang an General Carl von Clausewitz und dessen Buch *Vom Kriege.* »Da steht die Anleitung für erfolgreiches Marketing doch schon drin: ›Gegner beobachten, Stärken und Schwächen analysieren – und dann – zack – handeln.‹«

Sixt steigt schnell auf bis an die Spitze von Europas Autoverlei-hern. Das Unternehmen wächst und wächst, als gäbe es keine Wirt-schaftskrise. Seine Strategie, die er sich schon von seinem Großon-kel Martin Sixt, der das Unternehmen einst 1912 gegründet hatte, abgeschaut hat, lautet von Anfang an: »Richtiges Produkt, guter Service, niedrige Kosten.«

1996 bringt er über 30 Prozent seines Unternehmens an die Börse, der Rest verbleibt in der Familie. Sixt setzt sich selbst vorüberge-hend als einzigen Vorstand ein. »Das erinnert an Methoden aus den Frühzeiten des Kapitalismus«, kritisieren Vertreter der Kleinaktio-näre sogleich. Als sich in den Jahren darauf die Geschäfte nicht mehr so rasant entwickeln wie bis dahin, mehren sich die kritischen Stim-men. Sie werfen Sixt eine schlechte Öffentlichkeitsarbeit vor, der seine Aktionäre nur nach Gutdünken informiert und schlechte Nachrichten zurückhält und schönt.

Aus dem einstigen Wunderunternehmer »mit dem Gespür für Trends« (*Manager-Magazin*) wird in diesen Zeiten schnell ein machtversessener »Patriarch«, der das Unternehmen im Alleingang führt und »keinen Widerspruch« duldet (*Capital*). Sixt sagt heute dazu: »Ich fände es schlimm, wenn ich wirklich ein Patriarch wäre. Von dieser Führungsmethode halte ich nichts. Mir macht es Spaß, wenn Menschen sich entfalten können. Dafür muss man Ihnen eine gewisse Freiheit lassen.«

Mehrere Mitarbeiter bestätigen, dass es diese Freiheiten tatsächlich gibt im Unternehmen. »Erich Sixt fordert viel, aber immer auch ganz neue Ideen und Ansätze«, erzählt ein leitender Angestellter. »Das Schlimmste ist, wenn Sie ihm mit Floskeln begegnen wie: ›Damit fahren wir doch seit Jahren gut‹ oder ›In dieser Entscheidung liegt kein Risiko. Das haben wir zigmal so schon ausprobiert und durchgezogen.‹ Dann kann er richtig unangenehm werden.«

Auch ist aus der Firma zu hören, dass Erich Sixt nach wie vor am liebsten über jedes Detail genau Bescheid wissen möchte. »Der will bis hinters Komma auch die letzte Zahl vom Geschäft in Spanien pünktlich auf seinem Tisch haben.« Sixt wischt die leise Kritik beiseite, das habe nichts mit Patriarchentum und Nicht-loslassen-Können und Entfalten zu tun, das gelte nur für die Auslastungszahlen. Denn: »Es ist kriegsentscheidend, dass wir genau die Anzahl an Autos einkaufen, die später nachgefragt werden«, sagt er und rechnet vor: »Pro Prozent Auslastung macht das im Ergebnis einen Unterschied von rund 2 Millionen Euro im Jahr.«

In den Anfangsjahren der Börsennotierung besetzt er den Aufsichtsrat teils mit guten Bekannten. Chef des Kontrollgremiums ist damals Hemjö Klein, der ehemalige Lufthansa- und Bundesbahn-Manager. Auch eine Investor-Relations-Abteilung ist zunächst kaum vorhanden. Wenn Journalisten oder Analysten eine Frage haben, geht der Chef selbst ans Telefon. Doch Sixt hat aus diesen Patzern gelernt. Heute leitet den Aufsichtsrat Kajo Neukirchen, ein Manager, der sich als Sanierer und Kostenkiller im Land einen Namen gemacht hat und der nicht eben als Ja-Sager gilt, als ein Mann, der Entscheidungen des Vorstands nur abnickt.

Von Mitbestimmung hält Sixt indessen weiter wenig. Die Firma hat keinen Betriebsrat, und der dreiköpfige Aufsichtsrat amtiert ohne Arbeitnehmervertreter. »Die Sixt AG ist eine Holding ohne Mitarbeiter, da reichen nach dem Gesetz die drei Köpfe«, begründet Sixt. »Allerdings halte ich auch grundsätzlich nichts davon, wenn Arbeitnehmervertreter im Kontrollgremium strategische Dinge mitentscheiden.« Da bewirke Mitbestimmung nichts, außer Entscheidungen zu blockieren. »Aber das ist eines dieser Tabuthemen in der Konsensrepublik Deutschland. Wenn Sie an die Mitbestimmung wollen, werden Sie sofort als Neoliberaler angefeindet. Dabei enthält allein schon das Wort einen Denkfehler. Es suggeriert, dass es hier schon mal so etwas wie Liberalismus gegeben hat, was aber faktisch nie der Fall war.«

Trotz all dieser Widrigkeiten am Standort Deutschland hat Sixt mit seiner Firma noch weitreichende Pläne: »Wir wollen in den nächsten drei Jahren unser Leasingvolumen auf 100 000 Verträge verdoppeln. Der Leasingumsatz soll sich von heute 550 Millionen Euro auf eine Milliarde Euro verdoppeln.« Gerade im Leasinggeschäft habe Sixt als »herstellerunabhängiges Unternehmen« große Vorteile, weil den Kunden etwa ein günstigerer Werkstattservice angeboten werden könne.

Auch im reinen Verleihgeschäft will er weiter wachsen, auf neuen Märkten wie in China, da wird er sicher wieder mit aggressiver Werbung aufschlagen, etwa einem Plakat mit einem Sackgassenzeichen und der Frage: »Was bedeutet dieses Schild?« Ein Plakat weiter gibt es die Antwort: »Nichts«, darunter ist ein »Hummer« zu sehen, eine Art Monster unter den Geländewagen, für 299 Euro je Tag.

Den »Hummer« selbst würde Sixt sich auch gerne mal ausleihen, »aber der ist bei uns ständig überall ausgebucht«. Privat wechselt Sixt alle paar Wochen die Autos, mal fährt er einen Mercedes CLK, mal aber auch einen neuen Golf. »So behalten Sie ein Gefühl dafür, was der Kunde gerne hätte.« In der Freizeit fährt er am liebsten mit einer Harley Davidson aus, und zwar »schön langsam«.

Zeit nehmen will er sich auch bei der Übergabe des Unternehmens in jüngere Hände. »Sixt ist mein Lebenswerk, das ich vor 37

Jahren begonnen habe. Ich habe keine Hobbys, ich züchte weder Rosen noch spiele ich Golf, und so werde ich dem Unternehmen noch lange verbunden bleiben – als Vorstandschef und als Großaktionär.« Ob seine beiden noch studierenden Söhne das gerne hören werden, ist nicht bekannt. »Vorstand wird man nicht durch Abstammung, sondern durch Qualifikation«, sagt Sixt gerne auf die Frage, ob die Kinder mal seinen Job übernehmen werden. »Wir haben bei Sixt schon heute ohne Frage Menschen, die meinen Job machen könnten.«

Eines will er dem Nachfolger beizeiten aber in jedem Fall nahe legen: die Konzentration auf das Kerngeschäft. »Bleib' bei deinen Leisten. Es ist ein Irrsinn zu glauben, wir könnten ebenso gut Urlaubsreisen veranstalten wie wir Autos vermieten und verleasen. Was andere nachweislich besser können, machen wir nicht.« Als abschreckendes Beispiel fügt er dann noch süffisant hinzu: »Zu Zeiten des Börsenbooms waren integrierte Vermarktung und geschlossene Wertschöpfung die Schlagworte, die damals Hochkonjunktur hatten. Und einige haben tatsächlich geglaubt: Wenn Sie erfolgreich eine Filmrolle vermarkten können, dann können sie auch Filme produzieren und Kinos eröffnen. Denkste.«

Peter Brors, Christoph Hardt

Kapitel 8

»Denen habe ich den Marsch geblasen«

Der Bankenrevolutionär Ludwig Poullain

Karlsruhe, 1969: Ein Mann tritt beim Deutschen Sparkassentag auf die Bühne. Er hält eine Rede, eine visionäre Rede. Eine unerhörte Rede. Seit kurzem erst steht er als Präsident dem Sparkassen- und Giroverband vor. Der Mann ist ungeduldig. Er scheut sich nicht, unbequem zu sein. Er hält den Mitgliedern seiner Organisation den Spiegel vor, den Spiegel der Marktwirtschaft. Die Sparkassen und Landesbanken sollten sich doch endlich aus dem Schutz ihrer Besitzer, der Bundesländer, Städte und Gemeinden, wagen, sollten Schluss machen mit der Staatshaftung und der Verbeamtung ihrer Vorstände, wie er selber einer ist. Sie mögen doch endlich enger zusammenarbeiten. Und sie sollten ihre Geschäfte auf alles ausweiten, was mit Geld zu machen sei. Es sei endlich an der Zeit, findet Ludwig Poullain anno 1969, dass Landesbanken und Sparkassen richtige Banken würden.

Mailand, 2005: Alessandro Profumo gibt bekannt, dass seine Großsparkasse Unicredit, 1998 entstanden als Zusammenschluss einer Handvoll öffentlich-rechtlicher italienischer Banken, Deutschlands zweitgrößtes Geldhaus übernimmt, die Hypo-Vereinsbank. Die europäische Konkurrenz hat sich zusammengeschlossen, und sie kauft zu. Hierzulande verstricken sich derweil Sparkassen und Landesbanken in Scharmützeln über ihre zukünftige Ordnung. Die Gewährträgerhaftung, die Garantie der öffentlichen Hand gegenüber den Kunden, ist zwar seit dem 19. Juli 2005 passé, doch sie fällt auf Druck der EU, nicht aus Einsicht. Deshalb muss das Geschäftsmodell der Landesbanken und Sparkassen nun hastig erneuert werden. Einzelne Länderfinanzminister und Stadtkämmerer denken laut über den Verkauf ihrer öffentlich-rechtlichen Institute nach, zaghaft werden Sparkassengesetze retouchiert, die ersten Fusionen sind gestemmt, scheu werden weitere angedacht. Täten sich alle deutschen Sparkassen zusammen, hat der neue WestLB-Chef Thomas Fischer vorgerechnet, brächten sie es auf eine Bilanzsumme von 3 300 Milliarden Euro – sie wären die größte Bank der Welt und hätte fast 50 Millionen Kunden und fast 400 000 Mitarbeiter. Deutschlands öffentlich-rechtliche Banken sind zurückgefallen. Nun machen sie sich schwerfällig an eine Aufholjagd – ganz wie das Land, in dem sie groß geworden sind. Der Markt hat Deutschlands Sparkassen und Landesbanken erst eingeholt und dann überholt – ganz wie Ludwig Poullain es ihnen vor 36 Jahren vorhergesagt hat.

Ludwig Poullain war einer der einflussreichsten, wichtigsten und klarsichtigsten Bankiers in den Teenagerjahren der Bundesrepublik. Erinnern können sich an ihn heute freilich nur noch wenige. Weil seine Rede fast 40 Jahre zurückliegt. Weil sie fast folgenlos blieb. Weil die WestLB, die er gründete und zeitweise größer als die Deutsche Bank machte, nach ihm zurückrutschte in die Fänge der Politik, der er sie entzogen hatte. Weil Poullains Karriere hinein in die Höhen der bundesdeutschen Finanz- und Industriewelt unauffällig begann, Mitte der sechziger Jahre rasant beschleunigte, ein gutes Jahrzehnt lang heller brannte als die meisten anderen deutschen Wirtschaftskarrieren, aber schon Ende 1977 wie eine Sternschnuppe wieder verglühte – wegen eines Koffers mit einer Million D-Mark in bar, unter anderem.

Als Ludwig Poullain seinen Sparkassenbeamten in Karlsruhe marktwirtschaftlich ins Gewissen redet, weiß jeder im Saal: Der neue Verbandspräsident kennt den öffentlich-rechtlichen Dinosaurier, dem er Beine machen will, damit er nicht ausstirbt, in und auswendig. Am Schalter einer Sparkasse hat er das Bankfach gelernt, dank der Sparkassenorganisation bildet sich der Bäckersohn fort und legt so die Grundlage für seinen Aufstieg.

Von 1950 bis 1955 ist Poullain Prüfer beim Rheinischen Sparkassen- und Giroverband in Düsseldorf. Lange Jahre liegt sein Prüfgebiet an der Mosel. »Montags morgens um 9.12 Uhr trafen wir Prüfer uns am Hauptbahnhof in Köln am Zug Richtung Süden«, erinnert sich Poullain. Man bleibt meist die ganze Woche vor Ort. Poullain prüft etwa die Reichsmark-Schlussbilanzen, die die Sparkassen nach der Einführung der D-Mark im Juni 1948 aufstellen müssen.

Als sich die Sparkassen zaghaft an neue Geschäftsfelder wagen, kommt auch die Prüfung des Kreditgeschäfts hinzu. An der Mosel sind viele Kunden Weinbauern. Sie besichern ihre Kredite mit ihrem Eigenkapital: ihrem guten Moselwein. »Einmal, während einer besonders langen Prüfung, rief mich mein Chef an und fragte: ›Was machen Sie eigentlich so lange in Bernkastel?‹«, erzählt Poullain ein halbes Jahrhundert später und lächelt schelmisch. »Logisch, dass wir den Wein auch getrunken haben. Wie wollen Sie denn sonst die Qualität der Sicherheiten für die Kredite beurteilen?« Der Chef lässt es gut sein.

Er habe Glück gehabt, einen solch verständnisvollen Mentor gehabt zu haben, sagt Poullain heute. Denn der Chef legt die strengen Regeln der Sparkassenorganisation – das Kreditgeschäft war gedeckelt, auf der Passivseite waren nur Spar- und Giroanlagen erlaubt – großzügig aus. Als Prüfer Poullain einmal leise Bedenken an der Bilanz einer Sparkasse wegen hoher Kreditbestände anmeldet, sagt sein Chef nur: »Stimmen die Sicherheiten? Dann lassen Sie ruhig mal die Satzung in der Tasche. Lassen Sie die Sparkassen sich entwickeln!« In diesem Geist schwingt sich Poullain ein Jahrzehnt später zum großen Reformer des Sparkassenwesens auf.

Prüfen heißt auch, unbequem zu sein und das Gegenüber zu reizen – um der Sache willen. Der Prüfer Poullain findet Spaß an der Auseinandersetzung mit den Herren Vorständen. Eine Prise Berauschung am gelegentlichen Querulantentum sprüht noch heute aus seinen Augen, wenn er erzählt, wie ihm 1955 der Sprung vom Sparkassen-Prüfer zum Sparkassen-Vorstand gelingt. »Ich prüfte die

Stadtsparkasse Solingen. Die hatte gerade einen neuen Vorstandsvorsitzenden bekommen, aber die waren so etwas von lahm!«, ärgert sich Poullain noch heute. »Also habe ich denen gehörig den Marsch geblasen.« Das spricht sich schnell herum. Anstatt den kritischen Prüfer abzukanzeln oder auszusitzen, sagt ein Verwaltungsrat zu Poullain: »Meckern Sie nicht, sondern kommen Sie her. Wir haben eine Stelle frei im Vorstand.« Gesagt, getan: Ludwig Poullain wechselt die Seiten.

Drei Jahre später schon rückt er zur Nummer eins auf – bei der Kreissparkasse Recklinghausen. Was heute nach tiefster Provinz klingt, ist für Ludwig Poullain der Einstieg ins Großbankengeschäft. Recklinghausen ist der größte Landkreis der Republik, geprägt von Schwerindustrie und (noch) viel Bergbau, dazu reichlich kreditdurstiger Mittelstand. Poullain beginnt, Geschäfte auszuprobieren, mit denen er später mit der WestLB die altehrwürdigen Geschäftsbanken herausfordert. Zudem wandelt sich Anfang der sechziger Jahre das Bankgeschäft grundlegend, weil die Unternehmen die Lohnzahlung von den wöchentlichen Lohntüten auf monatliche Überweisungen umstellen – die Ära der Girokonten beginnt. 1964, als Poullain Recklinghausen nach sechs Jahren verlässt, boomt die Wirtschaft. Deutschlands Bruttoinlandsprodukt wächst um 6,8 Prozent, nur 169 070 Menschen sind arbeitslos, und Wirtschaftswundervater Ludwig Erhard hat kurz zuvor Republikvater Konrad Adenauer als Bundeskanzler abgelöst. »Als Sparkassenchef war ich Beamter auf Lebenszeit mit einem gedrosselten Gehalt, deshalb fand ich die Organisation auch damals schon verdorben«, sagt Poullain. Aber es war auch eine Zeit zum Anschieben und Anpacken: »Man konnte so viel verändern! Das war schon toll!«

In den sechziger Jahren, als sich der gereifte Aufsteiger Poullain etabliert, brodelt es um ihn herum in der vom Nazischock noch teilweise gelähmten bundesdeutschen Gesellschaft. Die Jungen rebellieren gegen den Muff unter den Talaren ihrer Professoren und der Geisteshaltung ihrer Eltern – erst zu den Rhythmen der Beatles, dann zu den Losungen der außerparlamentarisch Opponierenden.

Auch Poullain, längst zur Schicht derjenigen gehörend, die angeklagt werden, fühlt sich in Frage gestellt. »Das hat mich sehr beschäftigt«, sagt er heute. »Ich und meine ganze Generation wurden in Frage gestellt. Ich habe mich gefragt: Haben die nicht Recht? Haben wir uns nach dem Krieg davongeschlichen, als wir so unabhängige Geister wie Robert Pferdmenges, den Kölner Bankier, CDU-Mitbegründer und Adenauer-Intimus, im Bundestag hätten ersetzen müssen? Wir haben es ja nicht getan.«

Aber Poullain bekämpft den Muff unter denjenigen Talaren, mit denen er täglich zu tun hat. Der Chefposten in Recklinghausen hat ihn in die politische Klasse Nordrhein-Westfalens eingeführt. Nach einer Premiere der Ruhrfestspiele 1963 dient Ministerpräsident Franz Meyers (CDU) dem 45-Jährigen einen Vorstandsposten der Landesbank für Westfalen/Girozentrale in Münster an, der zweitgrößten Landesbank der Republik. Poullain steigt auf in den überregionalen Finanzadel.

Mit dessen wohligen Gewohnheiten kollidiert der neue Vorstand gleich am ersten Arbeitstag. Als Poullain nach dem Mittagstisch in sein Büro zurückkehrt, hat seine Sekretärin die Couch in seinem Büro für den Mittagsschlaf bezogen. »Das war so üblich. Die ganze Vorstandsetage wurde abgeschlossen und die Herren machten bis 15 Uhr ein Nickerchen«, erinnert sich Poullain kopfschüttelnd. Eine solche Verschwendung von Arbeitszeit kommt dem Neuvorstand nicht in den Sinn: Er gibt den Querkopf, er drängt auf Fortschritt, er provoziert die Altherrenriege. Nach einem guten Geschäftsessen, das die hauseigenen Köche zubereitet hatten, ätzt er vernehmlich: »Die fähigsten Köpfe dieser Bank sitzen in der Küche!«

Frech kommt weiter: Am 1. Juli 1966 wird Ludwig Poullain Generaldirektor der Landesbank für Westfalen, einem der großen Geldhäuser der Bundesrepublik. Schon damit hat Poullain, so scheint es, das Schicksal überdehnt. Als er am 23. Dezember 1919 als Sohn eines Bäckermeisters in Lüttringhausen bei Remscheid im Bergischen Land zur Welt kommt, sind seine Chancen auf Aufstieg bescheiden. Es ist die Zeit, in der Dinge noch als festgefügt gelten durch Zufälligkeiten wie die Reihenfolge der Geburt. Der älteste Bruder, das steht fest, würde einmal die väterliche Bäckerei übernehmen. Der zweite Bruder sollte studieren. Für einen Universitätsbesuch von Ludwig, dem dritten Sohn, reicht das väterliche Vermögen nicht. Also beschließt der Vater, den Jungen etwas Solides lernen zu lassen, und besorgt ihm eine Lehrstelle als Bankkaufmann. »Da spielte auch die Erinnerung an die Inflation von 1923 eine wichtige Rolle«, sagt Ludwig Poullain. Sicherheit sollte her durch einen Fachmann in der Familie. »Die sehnsuchtsvollen Rufe nach dem Kaiser, unter dem alles besser gewesen sein soll, die kenne ich aus meiner Jugend noch gut«, erinnert sich Poullain. »Das war die Denkweise der Generation meines Vaters, der Jahrgang 1875 war.«

Aber es geht dem Bäckermeister Poullain, Nachfahre einer im 18. Jahrhundert aus der Picardie eingewanderten Hugenottenfamilie, auch darum, dem freigeistigen Sohn die Flausen auszutreiben. Als sich Ludwig als recht begabter Pianist entpuppt, träumt er von einer Musikerkarriere. »Aber Vater malte mir aus, dass ich als Kaffeehausmusiker enden würde«, erinnert sich Poullain. Also geht er nach Mittlerer Reife und Handelsschule zur Sparkasse im nahen Remscheid, in eine Filiale in einem Gewerbegebiet. Anno 1937 hat das Bankgeschäft noch mit echtem Geld zu tun, auf Reichsmark und Pfennig. Und die Portokasse ist ein Kästchen voller Briefmarken.

»Es gab einen Filialleiter, einen Kassierer, einen Schaltermann und mich als Lehrling«, erzählt Ludwig Poullain. »Die Sparer kamen, um ihr mühsam Erspartes abzuholen, dazu ein paar Gewerbetreibende. Bargeldlos ging ziemlich wenig. Und abends wurde dann alles noch einmal nachgerechnet, jede einzelne Buchung.« Fast immer fehlen irgendwo ein paar Groschen – gerechnet wird so lange, bis alles stimmt. »Die meiste Zeit haben wir mit Fehlersuchen verbracht«, seufzt Ludwig Poullain noch über 60 Jahre später über das Klein-Klein.

Kleinbürgerlich und kleinkariert, aber auch heil und harmonisch erscheint die Welt des Ludwig Poullain, als Adolf Hitler 1939 den Zweiten Weltkrieg anzettelt. Die Nazis reißen den jungen Mann aus seinem Idyll. Nicht, dass Poullain unvorbereitet gewesen wäre: »Ich bin im Erbfolgedenken groß geworden. Dass es nach Versailles wieder einen Krieg geben würde, war klar, auch schon vor den Nazis. Mein Französischlehrer in der Quinta oder Quarta sagte uns, wir sollten gut Französisch lernen, damit wir uns beim nächsten Krieg mit Frankreich mit der Bevölkerung anständig unterhalten könnten. Welch ein Wahnsinn!«

Doch der Krieg zwingt Poullain auch, seinen Horizont zu erweitern – nicht nur, weil er in eisigen Frontnächten in Russland Zeit findet, Thomas Mann zu lesen. Er lernt leiden, aber auch führen. Er lernt zu organisieren und er lernt Verantwortung zu tragen. Und er lernt, was für ein Geschenk es ist, frei zu sein.

Als kleines Rädchen in der Kriegsmaschine Hitlers erlebt der Soldat Poullain Weltgeschichte. »Ich war dabei, als der ›Führer‹ am 22. Juni 1941 seine Truppen losschickte und wir über die Eisenbahnbrücke des Bug nach Brest-Litowsk hineindonnerten, als Vorhut der Panzerarmee von General Heinz Guderian in Richtung Moskau«, erzählt Poullain. Der Überfall auf die Sowjetunion hat begonnen. Immer wieder wird Poullains Truppe zerrieben und er flüchtet zu Fuß durch den russischen Winter, bis die Truppe wieder neu aufgestellt wird. Zum »einschneidensten Erlebnis«, das den mit 25 immer noch jungen Mann prägen und seine Weichen stellen sollte, kommt es 1944 in einer Schlacht bei Witebsk im heutigen Weißrussland. »Der Chef der Batterie fiel nach nur einer Woche und auf einmal war ich verantwortlich für 180 Mann«, sagt Poullain. »Ich fühlte mich verantwortlich für jeden Einzelnen, der mir anvertraut war.«

Als Sowjetführer Josef Stalin am 13. Januar 1945 den finalen Gegenangriff gegen die schon geschlagenen Angreifer befiehlt, wird Poullain verwundet – lange geht er am Stock. »Wir wussten ja, dass im Westen die Alliierten vorrollten, wir mussten nur den Osten möglichst lange halten.« Mit »den letzten 20 000 Mann«, die östlich der Elbe von Hitlers Ostarmeen übrig sind, steht Poullain im Mai 1945 in Tangermünde. »Die Brücke war gesprengt, nur über ein paar Bretter und über schwankende Gleise konnte man sich hinüberhangeln. Drüben standen schon die Amerikaner.«

Ludwig Poullain wird am 23. Dezember 1919 in Lüttringhausen bei Remscheid geboren. Sein Vater ist Bäckermeister und Nachfahre einer im 18. Jahrhundert aus der Picardie eingewanderten Hugenottenfamilie. Nach dem Schulabschluss am Realgymnasium beginnt er 1937 eine Lehre als Bankkaufmann bei der Sparkasse Remscheid. 1939 bis 1945 ist er Soldat.

Nach einer Fortbildung wird er 1950 Prüfer des Rheinischen Sparkassen- und Giroverbandes. 1955 geht er als Vorstand zur Stadtsparkasse Solingen, ehe er drei Jahre später in den Vorstand der Sparkasse Recklinghausen berufen wird. 1964 wechselt er zu Landesbank für Westfalen/Girozentrale in Münster, deren Generaldirektion er 1966 übernimmt. Im Jahr darauf wird er auch Präsident des Sparkassen- und Giroverbands – ein Amt, das er 1972 auf eigenen Wunsch abgibt. 1968 fusioniert er die Landesbank für Westfalen mit der Rheinischen Girozentrale in Düsseldorf zur Westdeutschen Landesbank. Nach der Bilanzsumme überflügelt die WestLB zunächst sogar die Deutsche Bank. Poullain macht die WestLB zu einem aggressiven Herausforderer der etablierten Geschäftsbanken: Er führt die Bank ins Auslandsgeschäft und geht zahlreiche Unternehmensbeteiligungen ein bei Firmen wie Preussag, Gildemeister, Philip Holzmann, Beton + Monierbau und Saint Gobain.

Ende 1977 tritt er als WestLB-Chef zurück, weil er für Beraterdienste 1 Million D-Mark in bar angenommen hat. Vor Gericht wird er 1981 jedoch freigesprochen. Seinen Freund Max Grundig berät er 1984 bei der Fusion von dessen Firma mit der niederländischen Philips-Gruppe.

Noch am 8. Mai 1945 schützt die Truppe mit Oberleutnant Poullain, die 12. Armee unter General Walther Wenck, die Flucht vieler Deutscher vor der Roten Armee, so gut es eben geht. Insgesamt 40 000 Deutsche entkommen über die Brücke. Einer der deutschen Soldaten, die es im letzten Moment hinüberschaffen, ist der spätere Bundesaußenminister Hans-Dietrich Genscher. »Zum Schluß haben wir die Panzer in die Elbe gefahren und mit Handgranaten gesprengt und sind rüber. Erst drüben erfuhren wir, dass schon seit zwölf Stunden Waffenstillstand herrschte.«

Eine Gefangenschaft bleibt Ludwig Poullain erspart. Noch im Sommer 1945 kehrt er heim nach Lüttringhausen. Dass der 8. Mai keine Niederlage, sondern eine Befreiung ist, wird ihm »klar, als ich zuhause etwas durfte, was ich vorher nicht durfte: Arbeiten«, sagt Poullain. Unter den Nazis hatte jeder Beschäftigte ein »Arbeitsbuch«, in das die jeweiligen Stellen eingetragen wurde. Um den Job zu wechseln, bedurfte es einer Genehmigung. »Ich habe die Freiheit der Demokratie erlebt an der Freiheit, arbeiten zu dürfen. Das habe ich tief eingesogen«, sagt Poullain. »So habe ich Demokratie und Marktwirtschaft lieben gelernt.«

Kaum wieder daheim und gestärkt mit einigen Backwaren aus dem Ofen des Vaters, meldet sich der 26-Jährige bei seiner Sparkasse. Die Filiale ist zerstört. Poullain klopft Steine und buddelt die verschütteten Tresore aus, um rasch aus der Baracke herauszukommen. Zu tun ist reichlich – besonders als auch seine Filiale 1948 die Währungsumstellung vorbereitet. Poullains Stimme wird andächtig, wenn er vom »grandiosen Überrumpelungsmanöver Ludwig Erhards« schwärmt, die D-Mark einzuführen und die Preise auf einen Schlag freizugeben: »Was für ein Schneid! Aber es funktionierte: Plötzlich gab es wieder Kirschen zu kaufen!« Schließlich habe in den ersten Nachkriegsjahren eine »schon fast sozialistische Stimmung« in den drei Westzonen geherrscht. Selbst die CDU Konrad Adenauers propagierte 1947 in ihrem Ahlener Programm noch einen christlichen Sozialismus als wirtschafts- und gesellschaftspolitisches Leitbild für die zu gründende Bundesrepublik.

Persönlich bringt der berufliche Stress mit der D-Mark-Einführung Poullain den süßen Geschmack davon, was es heißen kann, wenn sich Leistung lohnt. Von den Überstundenzulagen macht er Ende 1948 zum ersten Mal Skiurlaub.

Die Sorge, die Poullain in den ersten Wochen und Monaten nach dem Krieg umtreibt, vom Krieg »verdorben« zu sein und den Anschluss nicht mehr zu finden an die bürgerliche Gesellschaft, sie verschwindet rasch. Ersetzt wird sie jedoch schon bald von einem Gefühl der Unzufriedenheit. Der junge Ehemann Poullain, der »im Leichtsinn« während des Krieges seine Ingeborg geheiratet hatte, die noch heute in Münster am Aasee mit ihm lebt, will mehr vom Leben als die Aussicht, es vielleicht irgendwann einmal zum Sparkassenfilialleiter zu bringen.

Sein Chef hilft und empfiehlt den unterforderten Bankkaufmann beim Rheinischen Sparkassen- und Giroverband zur Fortbildung. Für Poullain heißt das: Um fünf Uhr in der Frühe aufzustehen und zu Fuß und per Bahn von Lüttringhausen nach Düsseldorf, um rechtzeitig um acht Uhr zur Schulung da zu sein. Ludwig Poullain lernt und lernt, und 1950 bringt er es zum Sparkassenprüfer.

Den Plan für seinen größten Coup schmiedet Ludwig Poullain knapp 20 Jahre später auf der Skipiste. Sein Aufstieg in den Wirtschaftswunderjahren hat den sportlichen, hochgewachsenen Bankier auch zu einem Genießer gemacht: Nicht nur ein passionierter Skifahrer wird er, auch das Segeln begeistert ihn. Heute verbringt Poullain manches Mal vier Wochen am Stück auf seinem Boot – wobei der 86-Jährige stets erreichbar bleibt: über E-Mail.

1968, Poullain ist bereits Generaldirektor der Landesbank für Westfalen und seit einem Jahr Sparkassenpräsident, schreibt ihm Fritz Butschkau, geschäftsführender Direktor der Rheinischen Girozentrale in Düsseldorf, der größten Landesbank der Republik, einen Brief: Butschkau bietet Poullain an, seine Nachfolge zu übernehmen. Man trifft sich daheim bei Butschkau in Düsseldorf, aber der Gebetene zögert: In Münster hat er sein Werk doch gerade erst begonnen. Er will sich nicht davonmachen. Butschkau lässt nicht

locker: Dann solle Poullain beide Posten in Personalunion übernehmen. Der Bäckerssohn erkennt die große Chance, die sich ihm bietet: Warum dann nicht gleich die beiden Geldhäuser zu einem verschmelzen? Poullain weiß Butschkau auf seiner Seite. Der ist
ebenfalls ein Kritiker des starren, segmentierten, »bis auf die Kno-
chen dezentralisierten« öffentlich-rechtlichen Bankensektors.
Aber wie soll das Projekt umgesetzt werden? Poullain bittet um
Bedenkzeit. »Lassen Sie mich zwei Wochen Skiurlaub machen, dann
weiß ich, wie wir es machen müssen«, sagt er Butschkau und den
Verwaltungsräten von der Rheinischen Girozentrale in Düsseldorf.
Anfang Februar 1968 reist Poullain nach Davos. Es gilt vor allem,
die landsmännischen Empfindlichkeiten der Westfalen zu strei-
cheln. »Die Rheinische Girozentrale muss die Zeche zahlen, gerade,
weil sie größer und fortschrittlicher war und die größeren stillen Reserven hatte«, sagt Poullain und schlägt eine Fusion nach dem No-
minalkapital vor: 60 Prozent für die Rheinländer, 40 Prozent für die
Westfalen, obwohl erstere weit größer sind. Inhaber sind zu je einem Drittel das Land NRW, die Landschafts- und die Sparkassen-
verbände. Die Rheinländer schlucken die Kröte, weil es um ein
höheres Ziel geht: Die Geburt einer nordrhein-westfälischen Großbank namens Westdeutsche Landesbank Girozentrale – mit Ludwig
Poullain an der Spitze.

Es klingt fast ein wenig Erstaunen in seiner Stimme mit, wenn
Poullain heute darüber spricht, wie er zum Gründer und ersten Boss
der WestLB wurde. Nein, gerissen habe er sich eigentlich nicht um
den Posten. So funktionierte die Deutschland AG damals: Man
wurde Mitglied der Führungsschicht von Politik und Wirtschaft,
und wenn ein Posten zu besetzen war, wurde man »ausgeguckt«,
wie Poullain es nennt. Sein Amt als Präsident des Sparkassen- und
Giroverbandes, wo er ebenfalls Butschkau nachgefolgt war, hatte
er im Jahr zuvor auf ähnliche Weise bekommen.

Aber auch der richtige Stil spielt eine wichtige Rolle in der Her-
renclub-Noblesse, ein Stil, den Ludwig Poullain heute oft vermisst.
»Man schrieb einander ausgefeilte Briefe, das war die Kultur, man

pflegte die Zigarre und nicht das hastige Rauchen wie heute, und man trank auch Whisky und nicht immer nur Wein.«

Zu Genussgenossen Poullains werden unter anderem die Minister Franz Josef Strauß und Karl Schiller, aber auch Bundeskanzler Willy Brandt. Sie suchen Rat beim Sparkassenmann Poullain, der wie kein anderer deutscher Banker seiner Zeit eine öffentliche Rolle spielte durch zahlreiche Interviews, sogar in der *Bild*-Zeitung. Was heute Medienpräsenz heißt, verschafft Ludwig Poullain spöttische Spitznamen wie »LP« für »Langspielplatte«, »Tante Paula« oder »Sparstrumpf-Playboy«, aber es macht ihn auch international bekannt. Der WestLB-Chef ist einer der wenigen deutschen Wirtschaftsgrößen, denen US-Magazine wie »Fortune« oder »Business Week« in den siebziger Jahren große Porträts widmen.

Besonders Karl Schiller hat es Poullain angetan. Oft sitzen sie zusammen und diskutieren die großen wirtschaftspolitischen Themen ihrer Zeit: Schillers keynesianisches Konzept der Globalsteuerung, das 1967 ins Stabilitäts- und Wachstumsgesetz gegossen wird; die »Konzertierte Aktion«, die heute »Runder Tisch« heißt; und die Währungspolitik, Ende der sechziger und Anfang der siebziger Jahre das umstrittenste Wirtschaftsthema der Republik.

Dass Schiller, den Poullain einen »großen Wortschöpfer vor dem Herrn« nennt, im Juli 1972 als Wirtschafts- und Finanzminister zurücktritt, weil er Kanzler Brandt nicht von seinem Sparprogramm überzeugen kann, nötigt Poullain noch heute höchsten Respekt ab. »Wer ist denn heute noch in der Lage das zu tun? Das hat Vorbildfunktion«, findet Poullain und erregt sich über Banker wie Josef Ackermann, die trotz eines Ermittlungsverfahrens gegen sie auf ihren Posten blieben, oder Minister wie Hans Eichel, die sich öffentlich demontieren ließen, ohne Konsequenzen zu ziehen. »Das Am-Sessel-Kleben ist wohl auch ein Symptom unserer Zeit«, sagt Poullain. Anders in den frühen siebziger Jahren: »Schiller sagte mir: ›Mein Turnlehrer in der Oberprima hat mir beigebracht: Ein guter Abgang krönt die Übung‹«, erzählt Poullain – und fügt nach einer kleinen Pause hinzu: »Das habe ich mir gemerkt.«

Ende 1977, viel früher als erwartet, sollte Ludwig Poullain Gelegenheit bekommen, es seinem Vorbild Karl Schiller nachzutun – bei seinem zweiten Rücktritt, dem vom Chefsessel bei der WestLB. Ludwig Poullains erster Rücktritt ist jedoch eher überraschend als konsequent. Als ihm Butschkau 1967 das Amt des Sparkassenpräsidenten anträgt, gibt ihm sein Mentor mit auf den Weg: »Ihre Aufgabe wird sein, die zentrifugalen Kräfte dieser Organisation zu bündeln und zusammenzuhalten.« Und Poullain will bündeln, um voranzumarschieren und die öffentlich-rechtlichen Geldhäuser von ihren Fesseln zu befreien und so das »Zinskartell« der Bankenlandschaft aufzubrechen.

Das hat ihm auch Karl Schiller geraten: Nämlich den öffentlichen Auftrag der Sparkassen und Landesbanken dahingehend umzudeuten, dass sie das Geldgewerbe zu mehr Wettbewerb zwingen. »Und wenn das vollendet sein wird?«, fragt Poullain, den das Strategische, der Blick hinaus über die nächsten zwei, drei Wegbiegungen, stets fasziniert hat. »Schiller antwortete: ›Dann werden Sie oder Ihre Nachfolger es schwer haben, noch die Berechtigung nachzuweisen, dass die öffentliche Hand Kreditinstitute unterhält.‹« Eine der traditionellsten Wirtschaftsinstitutionen Deutschlands – die erste Sparkasse wurde 1778 in Hamburg gegründet, die erste Girozentrale 1908 in Sachsen – bekäme eine völlig neue Identität.

Auf dem Sparkassentag in Karlsruhe 1969 wagt Poullain den großen Wurf, um die Sparkassenorganisation, wie er heute sagt, »aus den Klauen der Bevormundung« zu befreien. Er will zusammenführen: »Sparkasseneinheit ist kein Phantom, kein Pathos, kein Traum hoffnungsloser Idealisten«, sagt er, alle Kassen müssten gemeinsam spielen, einem Orchester gleich. Eine Revolution schlägt Poullain den Sparkassenfunktionären und Vorständen vor: Orientieren am Markt und seiner Nachfrage; Freiheit auf der Aktiv- und Passivseite, um alle Arten von Bankgeschäften tätigen zu können; Zusammenschlüsse kleinerer Sparkassen und intensive Kooperation zwischen Sparkassen und Landesbanken; Einstieg in die Computertechnik; und Fünfjahresverträge für die Vorstände samt konkurrenzfähiger Gehälter im Vergleich zu den Privatbanken plus eine Gewinnbeteiligung. Sparkassenvorstände sollen nicht mehr »in einer Reihe mit den Friedhofsdezernenten und dem Beigeordneten für Müllbeseitigung« stehen, fordert der Sparkassenpräsident Ludwig Poullain.

Der Oberbürgermeister von München, der spätere SPD-Vorsitzende Hans-Jochen Vogel, habe ihn in Karlsruhe entrüstet gefragt, ob das bedeute, dass »sein« Sparkassenchef dann mehr verdiene als er, erinnert sich Ludwig Poullain schmunzelnd. »Ich habe geantwortet: ›Ja, Herr Vogel, und zwar zurecht, und zwar nicht, weil er besser ist, sondern weil er etwas anderes tut.‹ Darauf sagte Vogel zu mir: ›Daran scheitern Sie!‹«

Hans-Jochen Vogel erinnert sich etwas anders an den damaligen Austausch – die Bezahlung des Sparkassenchefs sei für ihn nicht ausschlaggebend gewesen. »Aber Poullains damalige Vorstellungen von den Sparkassen kollidierten mit den meinen: Ich war und bin der Meinung, dass die Sparkassen ihren speziellen Charakter und ihre enge Bindung zu Städten und Kommunen nicht aufgeben sollten.« Als Mitglied im Städtetag habe er Poullains Rede damals »mit Erstaunen« gehört.

Die Überraschung in Karlsruhe ist so groß, dass es kaum zu einer Debatte kommt. Zeitungen wie der *Industriekurier*, der sich kurz darauf mit dem *Handelsblatt* zusammenschließt, sehen zwar »eine neue Ära der Sparkassen«[1] heraufziehen. Die Folgen bleiben jedoch mager. Der Missionar Poullain hat seine Thesen an die Kirchentür genagelt, aber er findet kaum Jünger, die es wagen ihm zu folgen.

Stattdessen wird seine Lehre verkürzt auf die Parole: »Opas Sparkasse ist tot.« »Aber ich selbst habe das nie so gesagt«, korrigiert Poullain. Dennoch steht der Satz als Zitat Poullains noch im Jahr 2006 auf den Internetseiten des Sparkassen- und Giroverbandes. Dafür findet seine Rede von 1969 in der Chronik der Organisation keine Erwähnung, obwohl sie entscheidend dazu beiträgt, dass Sparkassenvorstände vom Beamtenstatus befreit werden und sich ihr Gehalt nicht selten verdoppelt.

Bis heute ist der Sparkassenverband gegen vertikale Fusionen, also solche zwischen den 463 Sparkassen und den acht Landesbanken. Das hat Poullains Nach-Nach-Nachfolger als Sparkassenpräsident, Dietrich Hoppenstedt, immer wieder gesagt. In seiner »Berliner Erklärung« vom 7. November 2005 hat der Verband das erneut unterstrichen: »Vertikale Fusionen und Holdingmodelle, in denen Sparkassen ihre Selbstständigkeit verlieren, sind mit dem Leitbild dezentraler Sparkassen nicht vereinbar.«

Für Ludwig Poullain klingt das nach Starrsinn und fehlendem Mut, und so etwas bringt ihn bis heute in Harnisch: »Hirnrissig« sei eine solche Haltung, schnaubt er – gerade, weil sie von den Tatsachen längst ausgehöhlt worden ist: Von den Landesbanken haben nur noch die WestLB, die BayernLB und die HSH Nordbank keine wie auch immer geartete engere Zusammenarbeit mit Sparkassen, bisher.

Das Langsame liegt Ludwig Poullain nicht. Auch in der Mitte fühlt er sich nicht wohl. Es sei ein ungeduldiger Charakter, was auch »als Arroganz erscheinen« könne, wie er einräumt. In Poullains Ungeduld liegt ein kämpferisches »Mir nach!« Merkt er, dass er mit seinen 1,88 Metern Körperlänge ganz allein voranstürmt, mag er nicht zurückkehren, um die anderen abzuholen.

Als Sparkassenpräsident, der zwischen den damals über 850 Sparkassen und Landesbanken unablässig vermitteln muss, um die Kräfte – vielleicht, von Zeit zu Zeit – für einen kleinen Fortschritt zu bündeln, ist Poullain ungeeignet. »Auf Pepitamuster Schach spielen«[2], wie er 1979 schreibt, liegt ihm nicht. Bis Herbst 1971 hält er durch, dann kündigt er an, im Frühjahr 1972 zurückzutreten. Heute bereut er das: »Ich habe einen Denkfehler begangen. Ich dachte, ich hätte das Ding auf die Bahn gesetzt und es entwickele sich weiter, aber es kam zum Stillstand. Es stimmt: Ich habe die Klamotten des Sparkassenpräsidenten zu schnell hingeworfen. Hätte ich meine Präsidentschaft fortgesetzt, hätte die Sparkassenorganisation heute ein total anderes Gesicht.«

Ludwig Poullain hat noch einen zweiten guten Grund für seinen ersten Rücktritt: Er will sich nicht auf mehreren Posten verzetteln, er will mit ganzer Kraft den Aufbau der WestLB vorantreiben. Den Vorstandsvorsitz der neuen Großbank übernimmt er am 1. Januar 1969, nachdem er zuvor sechs Monate die beiden noch getrennten Landesbanken aus Münster und Düsseldorf in Personalunion geführt hatte. Weil die neue Bank auch in Geschäftsfeldern wie Bausparen, Kommunalkrediten und Hypotheken aktiv ist, erwächst sie sofort zu einem Riesen, der die Deutsche Bank hinter sich lässt. Die WestLB bringt es 1969 auf eine Bilanzsumme von 34 Milliarden D-Mark, die Deutsche Bank nur auf knapp 28 Milliarden D-Mark. Poullain ist dabei »sehr, sehr unbehaglich« zumute – eine Angst vor der eigenen Courage ergreift ihn.

Nur ist die WestLB ein Goliath auf nur einem Bein: Ihr reinrassiges Bankgeschäft ist erheblich unterentwickelt. Kreditgeschäft ist nur wenig vorhanden, Industriebeteiligungen gibt es fast keine, und international ist die WestLB ebenfalls nicht vertreten. Das wichtigste Kapital des neuen Bankchefs sind seine Vision, die Westdeutsche Landesbank zu einer echten Bank zu machen – und das Desinteresse der Öffentlichkeit an seinen Plänen.

»Das Schöne war, dass die Politik von der Gründung der WestLB kaum Notiz nahm«, sagt Poullain. »Wir konnten machen, wir konnten Konzepte entwickeln, wir konnten ganz neue Kunden werben, ohne dass uns jemand hineingeredet hätte. Und wir wollten dabei aggressiv sein.« Und aggressiv ist die WestLB. Poullain lässt, wie er sagt, »ausschwärmen«. Die WestLB eröffnet eine Auslandsfiliale nach der anderen: Luxemburg, London, New York, Tokio. Sie erwirbt Beteiligungen an Banken in Brasilien und Hongkong. »In Poullains Reich geht die Sonne nicht unter«, schreibt die *Frankfurter Allgemeine Zeitung* 1976.

Die neuen Kunden reagieren begeistert auf den neuen Mitspieler am starren Bankenmarkt. »Bei Mannesmann«, erzählt Poullain, »sagte man mir: Wir hängen in den Klauen der Deutschen Bank! Uns fehlt die Konkurrenz, wir brauchen dringend mehr Wettbewerb!« Wettbewerb ist Poullains großes Ziel: Mit der WestLB will er dazu beitragen, das freundschaftliche Oligopol der Großbanken, das Poullain gerne »Zinskartell« schimpft, aufzubrechen.

Dazu musste die WestLB im großen Stil ins Industriegeschäft einsteigen – nicht nur auf der Kreditseite, sondern auch mit Beteiligungen. »Das war eine wichtige Marke für die Bereitschaft der Bank, auch ins industrielle Risiko zu gehen«, sagt Poullain. Solcher Marken setzt der WestLB-Chef viele: Seine Bank kauft sich bei den ersten Adressen ein: Gildemeister, Philip Holzmann, Beton+Monierbau, Saint Gobain, auch beim Brauer Berliner Kindl – und vor allem bei der Preussag, an der die WestLB 1970 26 Prozent übernimmt. Bis 1972 steckt Poullain 268 Millionen D-Mark in Beteiligungen. Das bringt ihm Sitze in den prestigeträchtigsten Aufsichtsräten der deutschen Wirtschaft ein: AEG-Telefunken, Gerling, Krupp, Mannesmann, Veba, Volkswagen, Schulte-Dieckhoff und Preussag – der Bäckerssohn gehört zu den wenigen ganz Großen im Land.

Auch die Medienbranche fasziniert Poullain. Beinahe hätte er sich 1969 indirekt bei Springer eingekauft über einen 300-Millionen-Mark-Kredit an Bertelsmann – »bis mir klar wurde, was das für mich bedeutet hätte: Jeden Tag würde das Telefon klingeln, und ein Politiker würde mir sagen: Sorgen Sie mal für andere Schlagzeilen, Poullain!« Der Springer-Deal wird schließlich rückgängig gemacht, auch weil er wettbewerbs- und presserechtlich auf enorme Kritik stößt. Sein Interesse für Medien bringt Ludwig Poullain auch in Kontakt mit einem Unternehmer, dessen Visionen ihn überzeugten, dem er mit der WestLB deshalb auch geschäftlich »auf die Strümpfe half«, wie er heute etwas kokett sagt, und dem er lange Jahre verbunden bleibt: Leo Kirch.

Mit den Beteiligungen werden Poullain und die WestLB aber auch zu direkten Akteuren, wenn Unternehmen in die Krise rutschen – so wie die Preussag, die ehemalige Preußische Bergwerks- und Hütten-AG, Mitte 1972. »Die war zu einem Krämerladen geworden, der an der Haustür verkaufen musste«, erinnert sich Poullain. Krisenmanagement ist für ihn neu. »Ziemlich verunsichert« macht sich der Chef der WestLB auf die Suche nach einem Ersatz für Preussag-Generaldirektor Friedrich Krämer. Seine Wahl fällt auf den hemdsärmeligen Vorstand Günther Saßmannshausen. Empört interveniert ein Mitglied des Preussag-Aufsichtsrats bei Poullain: »Der könne nicht mal mit Messer und Gabel umgehen, hieß es. Ich antwortete: ›Der soll auch nicht fressen, der soll arbeiten!‹«, erzählt Poullain, der – das macht ihn auch mit 85 Jahren noch zu einem außergewöhnlichen Bankier – einer deftigen Wortwahl selten abgeneigt ist.

Zugleich war Poullain mit mehr Charisma gesegnet als die meisten seiner Zeitgenossen. »Er verfügte über ein großes Gespür für Menschen und Situationen«, sagt Günther Saßmannshausen. »Er hatte die Fähigkeit, Menschen mitzureißen, und seine Leute gingen für ihn durchs Feuer. Er forderte unbedingtes Vertrauen, aber er gab es auch zu 100 Prozent zurück.« Sein Verhältnis als Vorstandsvorsitzender zum Chef des Aufsichtsrats sei »vorbildlich« gewesen. Als Chef der Preussag habe er sich immer auf den Aktionär WestLB verlassen können, sagt Saßmannshausen heute. »Selbstverständlich war das nicht, denn so mancher bei der WestLB sah die Beteiligung durchaus kritisch. (...) In 50 Berufsjahren habe ich nur sehr wenige Persönlichkeiten getroffen, die so außergewöhnlich waren wie Ludwig Poullain«.

Poullain hält Kurs, und er behält Recht, auch mit seiner umstrittenen Personalentscheidung: Saßmannshausen führt die Preussag 16 Jahre lang, er meistert die Krise, leitet behutsam die Abkehr vom Industriegeschäft ein – 2001/2002 geht der Konzern schließlich in der Reisegruppe TUI auf – und wird zu einem der großen deutschen Manager der siebziger und achtziger Jahre.

Die rasante Expansion des Geschäfts bedeutet erhebliche Risiken für die junge WestLB – schon weil zahlreiche Geschäftsbereiche neu entstanden sind und recht wenig Erfahrung haben. »Ich war jeden Morgen darauf gefasst, eine schreckliche Nachricht zu bekommen«, sagt Ludwig Poullain heute.

Im Oktober 1973, soeben hat die Ölkrise begonnen, ist es soweit: Bei Devisentermingeschäften um den US-Dollar hat sich der Chefhändler der Bank verzockt. Nach und nach wird das Ausmaß des Schadens deutlich: 240 Millionen D-Mark. Später steigt er durch den weiteren Wertverlust des Dollar sogar auf fast 300 Millionen D-Mark – fast der gesamte Jahresgewinn der WestLB für 1973 ist dahin. Die junge Großbank fürchtet um ihren Ruf. Weil Poullain stille Reserven auflöst, kann er die Pleite in der Bilanz kaschieren. Anfang 1974 kommt aber doch alles heraus. Poullain geht in die Offensive und stellt die Lage in einer Pressekonferenz dar. Seine Ehrlichkeit wird honoriert: Die öffentliche Kritik ebbt ab, und die Gesellschafter der Bank stützen ihn und seinen Kurs.

Die wahre Entlastung für den WestLB-Chef, der erstmals in seiner Karriere in die Defensive geraten ist, bedeutet jedoch die Schieflage einer anderen Bank: der Kölner Herstatt-Bank. Deren Schalter werden am 26. Juni 1974 von Amts wegen geschlossen. Die Privatbank hat sich ebenfalls im Devisengeschäft verspekuliert – nur ist ihr Verlust, der zunächst auf 500 Millionen D-Mark veranschlagt wird, bezogen auf ihre Größe 40 Mal höher als jener bei der WestLB. Poullain erfährt während eines Kuraufenthalts am Chiemsee – es galt, ein Magengeschwür, »auch eine der Folgen des Devisenunfalls«, auszumerzen – von der Herstatt-Krise. Zunächst kann er sich eine gewisse Genugtuung nicht verkneifen: »Also sind wir nicht mehr allein«, habe er zunächst gedacht, schreibt Poullain in seinen Erinnerungen: »Ich ergötzte mich in dem kleinen Ententeich der Freude, dass wir nicht mehr allein die Deppen waren.«[3]

Schnell erkennt Poullain, dass sich Herstatts Unglück in Glück für die WestLB wenden lässt. Hauptanteilseigner von Herstatt ist Hans Gerling, Inhaber der gleichnamigen Kölner Versicherungsgruppe. Weil Gerling wegen Herstatt ebenfalls in Schieflage gerät, will das Bankenaufsichtsamt auch die Gerling-Global-Bank schließen. Das hätte, vermutet Poullain später, wegen des Imageschadens nicht nur den Finanzplatz Deutschland schwer beschädigt, sondern hätte auch für Gerling das Aus bedeuten können.

Es ist Donnerstag, der 27. Juni 1974. Am Abend zuvor hat die deutsche Fußballnationalelf zum Auftakt der WM-Zwischenrunde Jugoslawien in Düsseldorf nach Treffern von Paul Breitner und Gerd Müller mit 2:0 besiegt. Elf Tage später wird das Team Weltmeister. Vom Chiemsee aus bittet Poullain Hans Gerling zum Gespräch. Der braucht bis Montag früh 150 Millionen D-Mark, sonst wird die Gerling-Global geschlossen. Man trifft sich Samstags in Salzburg im Haus des Dirigenten Herbert von Karajan, mit dem Poullain gut bekannt ist. Indem er Gerling aus der Patsche hilft, will Poullain beweisen, dass die WestLB trotz ihrer eigenen Krise nach wie vor stark ist und risikobereit.

Poullain verlangt von Gerling, persönlich für den Kredit zu bürgen. Zeit, um die Sicherheiten des Versicherungsmanns zu prüfen, ist keine. Gerling, den Poullain in Salzburg zum ersten Mal trifft, willigt ein, und per Handschlag wird das Geschäft besiegelt. »So etwas«, sagt Poullain 30 Jahre später, »glaubt einem heute keiner mehr. Wir haben einen Schritt getan, den man heute nicht mehr erklären kann«.

In der Branche sorgt die Rettungsaktion für Furore. Die private Konkurrenz hatte sämtlich abgewunken, eigentlich hat Gerling kaum noch eine Chance – bis Poullain kommt. »Ein Vorstand der Commerzbank«, erzählt Poullain, »ging mich daraufhin an: ›Wie kommen Sie dazu, sich einzumischen? Frau Gerling soll erst mal ihren Schmuck verkaufen!‹«

Der Dünkel der Privatbankiers gegenüber dem Sparkassenaufsteiger Poullain begleitet Ludwig Poullain seine ganze Karriere hindurch. Er zollt Bewunderung, oft aber auch erfasst ihn Neid ob der vornehmeren Provenienz und des Status der privaten Herren. Schon damals, in den dreißiger Jahren in Lüttringhausen, werden die Wurzeln dafür gelegt, als der strebsame Bäckerssohn seine Lehre statt bei der Filiale der Deutschen Bank bei der Sparkasse begann. Karrieretechnisch ist das die richtige Entscheidung, denn »bei der Deutschen Bank hätte ich nie eine solche Karriere machen können«, ist sich Poullain sicher. Er hatte einfach die falsche Herkunft.

Zugleich bleibt ihm wohl stets eine Spur Minderwertigkeitsgefühl erhalten gegenüber den Deutsch-Bankiers vom Kaliber eines Hermann Josef Abs, seines Nachfolgers Friedrich Wilhelm Christians, mit dem Poullain etwa bei der Herstatt-Pleite dennoch eng zusammenarbeitet, gegenüber Alfred Herrhausen, den Poullain früh als Mitarbeiter Christians' kennen lernt, oder gegenüber Dresdner-Bank-Vorstandssprecher Jürgen Ponto, der am 29. Juli 1977 von der Roten Armee Fraktion ermordet wird.

Nichtsdestotrotz gehört Ludwig Poullain 1977 zu den großen Bankiers der Republik. Das macht ihn zum Inbegriff des Kapitalisten, ihn, der stets eher der SPD nahe stand als CDU oder FDP, wenn er auch nie einer Partei beitrat. Am 5. September 1977 ermordet die Rote Armee Fraktion Arbeitgeberpräsident Hanns-Martin Schleyer. Am nächsten Tag erhält Poullain daheim in Münster Besuch vom Polizeipräsidenten: Er sei nun eine der zehn gefährdetsten Personen der Republik, bekommt er zu hören. Von nun an ziehen Abend für Abend drei Polizisten in sein Haus in Münster ein, um ihn vor der RAF zu schützen.

»Das ist sehr quälend gewesen für mich, ich fühlte mich meiner Freiheit beraubt«, sagt Poullain heute. Der »Deutsche Herbst« hat ihn fest im Griff: Spazieren gehen ist nun unmöglich. Auf Geschäftsreisen mietet sich die Polizei in den Zimmern rechts und links von dem des WestLB-Chefs ein. Als Poullain einmal darauf besteht, unbewacht zum Skilaufen nach Zermatt zu fahren, muss er unterschreiben, dass er auf eigene Gefahr unterwegs ist. Seinen Humor verliert er dennoch nicht: »Als wir mal in Frankfurt halsbrecherisch über rote Ampeln rasten, weil es angeblich einen Hinweis gab auf ein Attentat, habe ich den Polizisten gesagt: ›Nicht die RAF bringt mich um, sondern ihr!‹«

Bekommt man es da nicht mit der Angst zu tun? »Angst habe ich im Krieg gehabt«, sagt Ludwig Poullain, »als Frontsoldat ist die Angst um das kümmerliche Leben allgegenwärtig«. 1977 kann Ludwig Poullain nichts mehr schrecken.

Als viel schlimmer als die Bedrohung durch den Terrorismus empfindet Poullain die Bedrohung durch die Politik. Die Unabhängigkeit der WestLB sieht er in Gefahr – vor allem durch Friedrich Halstenberg (SPD), den neuen Finanzminister des Landes Nordrhein-Westfalen, größter Anteilseigner und Gewährträger der mittlerweile nur noch drittgrößten deutschen Bank, Poullains Bank. Seit der Gründung der WestLB 1969 war es Poullain gelungen, die Bank politischer Einflussnahme zu entziehen. Die Krise der Hessischen Landesbank 1976 hat die Politiker jedoch aufgeschreckt.

Halstenberg, dem wohl auch die herausgehobene Position Poullains in der bundesdeutschen Wirtschaft und Öffentlichkeit und dessen ungebetene politische Ratschläge missfallen, pocht auf eine engere Überwachung der Bank und ihrer Geschäfte durch die Landesregierung. Es kommt zum Konflikt zwischen dem WestLB-Vorstandschef und dem Vorsitzenden des Verwaltungsrats seiner Bank. Beide kostet der Machtkampf ihre Posten.

Ende 1977 holt Poullain ein Beratervertrag mit dem schillernden Unternehmer Franz Josef Schmidt aus Konstanz ein. Er hatte Schmidt einige Zeit lang beraten und für seine Dienste von Schmidt 1972 eine Millionen D-Mark in bar erhalten. Später erhält Schmidt von der WestLB mehrmals größere Kredite und 1976 kommt er dank einer Kaution der WestLB sogar aus der Untersuchungshaft frei. Das hat nicht nur ein »Geschmäckle«. Die Staatsanwaltschaft vermutet auch Steuerhinterziehung, und sie wirft Poullain obendrein vor, er sei trotz eines privatrechtlichen Anstellungsvertrags ein Beamter, dem Nebentätigkeiten verboten seien. Der WestLB-Chef sieht das anders, und er wird auch vier Jahre später vor Gericht freigesprochen. Ordentlich versteuert hatte er die Million zudem längst.

Aber Rückendeckung von der Landesregierung bekommt er keine mehr – im Gegenteil. Der politische Druck hat ihn mürbe gemacht. Am 22. Dezember 1977 kehrt er für einen Tag aus dem Skiurlaub am Matterhorn zurück nach Düsseldorf und tritt zurück. »Ich habe einen gravierenden Fehler gemacht«, sagt Ludwig Poullain rückblickend, »denn ich habe meine Unabhängigkeit verkauft. Als mir das klar wurde, wusste ich, dass meine Zeit zu Ende war«.

Und dann war da, wohl noch wichtiger, die Verantwortung gegenüber der Bank:»Ich hätte Tag für Tag Anlass gegeben, dass die WestLB wegen mir angreifbar gewesen wäre.«Er trete zurück,»um Schaden von der Bank fernzuhalten«, erklärt Poullain am 22. Dezember 1977.

Wie es nur so weit kommen konnte?»Ja, selbstverständlich habe ich auch ein Stück weit die Bodenhaftung verloren«, gesteht Poullain. Da war eben auch das Mithalten-Wollen mit den Großen unter den Bankiers, die trotz allem so viel besser ausgestattet waren als er, der Öffentlich-Rechtliche. Er, der auch schon mal per Privatflugzeug zwischen Münster, Düsseldorf und Frankfurt hin- und herjettete, sei schließlich gescheitert, schrieb der *Spiegel* im Januar 1978, »an dem kleinen Rest Kleinbürgertum, dem verbliebenen Minderwertigkeitsgefühl gegenüber den Bankiers vom Schlage der Abs und Ponto«.»Aber das hat mein Leben nicht zerstört, sondern bereichert«, findet Poullain.

Bitterkeit empfindet er nicht gegenüber seinem persönlichen, »selbst eingebrockten« Schicksal, sondern gegenüber den Folgen, die es für die WestLB hatte. Nach dem Abgang des stolzen, unabhängigen Poullain geriet die Landesbank zusehends in die Fänge der Politik – es geschah eben das, was Poullain immer verbissen zu verhindern gesucht hatte. 1981 wird Friedel Neuber WestLB-Chef. Der umtriebige SPD-Mann und Vertraute des damaligen Ministerpräsidenten Johannes Rau macht die Landesbank während seiner 20-jährigen Amtszeit zu einer regelrechten »Staatsbank«.»Ich habe ihn einmal gefragt: ›Was passiert mit der WestLB, wenn die Gewährträgerhaftung wegfällt?‹ ›Die fällt nicht weg‹, antwortete Neuber, ›der Kanzler ist dafür und der Ministerpräsident auch‹. Ich antwortete: ›Aber es gibt ein Ding, das ist stärker als der Kanzler, und das ist der Markt.‹«

Nach seinem Freispruch 1981, den der Bundesgerichtshof zwei Jahre später bestätigt, zieht sich Ludwig Poullain aus der Öffentlichkeit zurück. Doch auch aus dem Verborgenen schreibt Poullain noch Wirtschaftsgeschichte, etwa als er seinen Freund Max Grundig 1984 bei der Verschmelzung von dessen angeschlagenem Unterhaltungselektronik-Konzern mit der niederländischen Philips berät. Dennoch: Zu lange war Ludwig Poullain unter den Ersten der Republik, als dass ihn deren Amtsführung kaltlassen könnte. Aus der Ferne verfolgt er etwa den Mannesmann-Prozess, bei dem sich Deutsche-Bank-Chef Josef Ackermann, die Finger zum Victory-Zeichen gespreizt, im Gerichtssaal aufbaut. Er erleidet das »Peanuts«-Bonmot von dessen Vor-Vorgänger Hilmar Kopper. Was er sieht, bei Deutschlands größter Bank und anderswo, beschämt den Bankier in ihm. In Ludwig Poullain gärt es.

Er erhält die Einladung, zum Abschied von Manfred Bodin, dem langjährigen Chef der Norddeutschen Landesbank, eine Festrede zu halten. Poullain schreibt seine Rede auf seinem Segelboot: Der Ärger über seine Standesgenossen, seine Nachfolger, führt ihm die Gedanken – und die Erfahrungen und Erinnerungen aus seiner Zeit. Die Rede ist auch ein Vermächtnis. Poullain schickt sie vorab an die Veranstalter – und er wird ausgeladen. »Hätte ich 1969 meine Rede vorher irgendjemandem gezeigt, hätte ich sie auch nicht halten dürfen«, sagt er heute.

Ludwig Poullain ist ungehalten. Im Juli 2004 veröffentlicht er seine ungehaltene Rede in der *Frankfurter Allgemeinen Zeitung*.[4] Er zitiert, »im Glashaus sitzend«, denn »ich hatte gefehlt«, Immanuel Kant: »Man darf sich bei Vorgehungen gegen die Redlichkeit niemals auf die Schwäche der menschlichen Natur berufen; denn in der Redlichkeit kann man vollkommen sein.« Die Eliten seien »von Fördernden zu Fordernden geworden«. Viele seiner Bankiernachfolger ziemt er als »instinktlos, taktlos, hoffärtig und arrogant« – dass er dabei vor allem auf Deutsche-Bank-Chef Ackermann abzielt, verhehlt er nicht. Zum Mannesmann-Prozess sagt er mit Kant: »Der Gerichtshof ist im Inneren des Menschen aufgeschlagen.« Und: »Uns in der Wirtschaft täte Demut zu empfinden, und sie auch zu zeigen, gut.« Bankiers »sind Treuhänder. (…) Diese Pflicht eines Verwalters fremder Vermögen hat eine andere Maxime als etwa die Pflicht eines Vorstands eines Büromaschinenherstellers. (...) Der

Bankier war ein vornehmer Mann, kein Vornehmtuer, der (...) so souverän war, seine eigene Meinung durch das, was er aufnahm, zu korrigieren«. Poullain beklagt die »flinkzüngige Wendigkeit« seiner Nachfolger, und er erinnert an Grundsätzliches: »Die soziale Marktwirtschaft ist nicht nur der Generator unserer Gesellschaftsordnung, sie ist auch ihr moralisches Korsett. Gerade das letztere gilt auch dann noch, wenn ich werte, dass die Marktwirtschaft immer noch das Substantiv und das Wörtchen ›soziale‹ nur das Adjektiv ist.«

Christoph Neßhöver, Bernd Ziesemer

Kapitel 9

»Ich wollte nie Angst haben«

Der Berater-Doyen ROLAND BERGER

In der deutschen Wirtschaft kann es sich kaum einer leisten, Roland Berger nicht zu kennen. Es ist auch schwer, ihm nicht schon irgendwo begegnet zu sein. Denn Unruhe ist sein Programm, er ist ständig unterwegs. Berger selbst rechnet sein Jahresprogramm vor: »Zehn Mal fliege ich nach Nordamerika, zwei Mal nach Südamerika und mindestens je drei Mal nach China und Japan.« Die Verbindungen innerhalb Europas zählt er schon nicht mehr. Was treibt diesen Mann? Immerhin ist Roland Berger schon 68 und könnte sich ein gemächliches Leben leisten. »Nein, nein«, sagt er, »ich war immer ein aktiver Mensch, und ich bin neugierig und in diesem Sinn auch ein Intellektueller. Daher kann ich mir einfach nicht vorstellen, an dem spannenden Wandel, den wir heute erleben, nicht teilzuhaben.«

Als Berater kennt er viele deutsche Unternehmen bis in die geheimsten Herzkammern, er ist auf den aufstrebenden Märkten in China und Indien ebenso zu Hause wie im Wirtschaftsgefüge der USA. Kaum ein anderer kann so exakt Auskunft geben über Chancen und Risiken der Globalisierung und über den Standort Deutschland.

Berater aber sind auch Reizfiguren. Manager ärgern sich, wenn die Männer in den dunklen Anzügen ineffiziente Prozesse im Unternehmen bloßlegen, Mitarbeiter fürchten Entlassungen, wenn die Besserwisser im Haus sind und durch die Büros stöbern. Vielleicht hat Berger seinen Schwerpunkt deshalb von Anfang an auf Strategieberatung gelegt. An der Notwendigkeit, über den Tag hinauszudenken, hat sich bis heute für ihn nichts geändert. Da sieht er einen enormen, ja immer noch wachsenden Bedarf in den sich schnell verändernden Märkten.

Mit Strategieberatung hat Roland Berger aus seinem Namen weltweit eine Marke gemacht. Wer ihn ganz nah erlebt und seinem fast schüchternen Blick widersteht, glaubt ihm in seinem Understatement: Dass er sich selbst bis heute in mancher Stunde wundert, wohin er es so gebracht hat, der scheinbar so Unscheinbare. Es braucht eine Zeit, um zu erkennen, dass dies vielleicht sein Erfolgsgeheimnis ist. »Abstand und Integrität, beides ist für einen Berater zentral«, betont er.

Ende der sechziger Jahre richtet er in München ein kleines Büro mit einer Sekretärin ein. Er wird Unternehmer, als die junge Generation den Leistungswillen der Nachkriegszeit zu verachten beginnt. Gleichheit wird wichtiger als Freiheit, soziale Absicherung bekommt Vorrang. Die neue Elite wird lieber Lehrer als Manager. Roland Berger geht einen anderen Weg. Bei ihm siegt das Unternehmerblut über den Zeitgeist. »Ich habe zwar mit einigen Ideen der Achtundsechziger sympathisiert wie viele in meiner Generation, aber im Grundsatz habe ich mich mit ihnen nie identifiziert.« So ist der Weg frei für den Aufstieg zu einem der führenden Pioniere der Wissens- und Dienstleistungsgesellschaft.

Heute berät Roland Berger Strategy Consultants Unternehmen in 25 Ländern und unterhält 35 Büros. In Europa ist er die Nummer eins, in der Weltliga die Nummer fünf. Und das in einer Branche, die traditionell von den Amerikanern dominiert wird.

Besuch in seinem Büro in der Münchner Arabellastrasse, dort, wo München Hochhausarchitektur gewagt hat. Ein kühler Raum, nicht zu groß, an den Wänden hängen Werke der Amerikanerin Joan Mitchell und des Italieners Enzo Cucchi, bunt aber nicht deftig. Der Schreibtisch ist blank, das Telefon bleibt so unsichtbar wie der Computer. Auf seinem Tisch steht einfach nichts, sieht man von den streng in Reihe geparkten Modellautos ab. Clean Desk ist immer noch in. Dafür hat es der Aktenkoffer in sich, im Deckel steckt ein ganzes Sammelsurium von Namensschildern, mal »Roland Berger« pur, mal »Prof. Roland Berger«, mal »Prof. Dr. h. c. Roland Berger« und »Prof. Dr. h. c. mult. Roland Berger«. Da soll einer sagen, dieser Mann wüsste nicht, was sein Name wert ist.

Er hat eine warme, sonore Stimme, er redet gern, aber nie zu viel, er lächelt selten, doch er wirkt freundlich. Auch wenn er die Marotte hat, seinem Gegenüber am liebsten nicht in die Augen zu blicken. Dann sitzt er da im Habitus des Denkers, der in die Ferne schweift. »Er entwickelt Gedanken gerade im Gespräch«, erklärt das ein Vertrauter.

Roland Berger zählt zur letzten Generation deutscher Unternehmer, die noch vom Weltkrieg geprägt wurden, obwohl er 1937 geboren, bei Kriegsende also erst acht Jahre alt ist. Sein Vater hat sich von Reichsbankpräsident Hjalmar Schacht überzeugen lassen, bei den Nationalsozialisten mitzumachen. 1937 aber erklärt er schriftlich seinen Austritt aus der Partei. »Wir wohnten in Berlin. Meine ersten Erinnerungen drehen sich um heulende Sirenen, Luftschutzbunker.« Schon 1940 übernimmt der Vater die Leitung einer Aktiengesellschaft in Wien. Berger erklärt, dass es sich um Lebensmittel gehandelt habe. Mehr erzählt er nicht. Berger hat es nicht gerne, im Vortrag unterbrochen zu werden – noch so ein Berger-Paradoxon, als gehörte Dialog nicht zu den Primärtugenden eines Beraters.

In Wien entkommt die Familie den Bombennächten, nicht aber den Nazis. Sie verhaften den Vater 1944 und schaffen den widerspenstigen Unternehmer in die Gestapo-Zentrale nach München. »Mit meiner Mutter und meiner kleineren Schwester zogen wir zu meinen Großeltern in der Nähe von Landshut. An seinem Geburtstag durften wir meinen Vater im Gestapo-Büro besuchen. Wie zu Hause üblich wollten meine Schwester und ich Gedichte aufsagen. Meine Schwester weinte, schaffte es nicht. Ich habe meines mühsam aufgesagt. Mir imponierte, wie ruhig und beherrscht mein Vater war und dass er sich nichts anmerken ließ. Er war ein sehr gläubiger Mensch.« Berger stockt. Selten zeigt dieser Mann Gefühle, an dieser Stelle schon.

ROLAND BERGER wird am 22. November 1937 in Berlin geboren. Er wächst in Bayern auf, geht in Landshut, München und Nürnberg aufs Gymnasium. Später studiert er in München Betriebswirtschaftslehre, hört auch Vorlesungen in Theaterwissenschaften, Kunstgeschichte und Psychologie. Sein erstes eigenes Unternehmen gründet er noch als Student Ende der fünfziger Jahre, eine Wäscherei im Münchener Stadtteil Bogenhausen.

1962 steigt er als Berater bei einer amerikanischen Gesellschaft ein. Erst 1968 macht er sich mit seiner eigenen Beratungsgesellschaft erneut selbstständig. Sein erstes größeres Projekt führt ihn in die Touristikbranche, dann arbeitet er für Oetker, einen italienischen Spirituosenhersteller und die Deutsche Bank. Schnell spezialisiert er sich auf Strategie- und Marketingberatung. Später kommt die Personal- und Politikberatung hinzu. Er wird Lehrbeauftragter für Marketing und Werbung an der Technischen Universität München, später lehrt er als Honorarprofessor für Betriebswirtschaft und Unternehmensberatung an der BTU Cottbus. In den späten achtziger Jahren beteiligt sich die Deutsche Bank vorübergehend mit 75 Prozent an der Münchener Unternehmensberatung, eine Liaison, die rund zehn Jahre später in einem Management-Buy-out an Roland Berger und seine Partner wieder gelöst wird.

Heute gehört Bergers Firma Roland Berger Strategy Consultants mit fast 200 Partnern, 1750 Mitarbeitern in 35 Büros und 25 Ländern zu den führenden Beratungsgesellschaften der Welt. Ihr Gründer Roland Berger ist Mitte 2003 in den Aufsichtsrat gewechselt, die Firma wird heute von Burkhard Schwenker geleitet. Bergers Nachfolger gilt als großes Verkaufstalent. Schwenker wird als teamfähig und führungsstark beschrieben. Bei seiner Wahl zum neuen Chef gab es unter den Partnern keine einzige Neinstimme und nur wenige Enthaltungen.

Der Vater kommt in das Konzentrationslager Dachau, kurz vor Kriegsende wird er noch an die Front geschickt, verbringt die erste Zeit nach dem Krieg in russischer Kriegsgefangenschaft und amerikanischen Internierungslagern. Der Sohn sammelt Zigarettenstummel, um Tabak für seinen Vater zu haben.»Auch der Schwarzmarkt war uns Kindern vertraut. Das gehörte zum Alltag. Aber hungern musste ich nie.« Zwei Dinge prägen sich dem Jungen damals ein:»Ich wollte nie im Leben vor irgendetwas Angst haben müssen. Und ich wollte unabhängig sein, mein Schicksal selber bestimmen, soweit der Mensch das kann.«

Auf humanistischen Gymnasien zuerst in Landshut und später in München und Nürnberg lernt Roland Berger Griechisch und Latein. Diese breit angelegte Ausbildung hält er heute noch für sinnvoll, weil er im Denken nicht auf das reine Fachwissen reduziert wurde. Bildung bleibt ihm wichtig sein Leben lang, weil nur daraus die Fähigkeit erwächst, über den Tag hinauszudenken. Schon damals trainiert er sein Gedächtnis, in dem er seine Gedanken rückwärts laufen ließ.»Meine Mutter setzte hohe Erwartungen in mich. Sie wünschte sich, dass ich etwas zustande bringen würde im Leben.« In der Schule sei er nicht sonderlich fleißig gewesen, dafür fällt ihm das Lernen zu leicht. So zieht es ihn in den Sport, in Nürnberg spielt er Eishockey in der Oberliga. Daneben gibt er Nachhilfeunterricht.»Deshalb hatte ich mehr Geld in der Tasche als meine Mitschüler, selbst die Kinder wohlhabender Eltern.« Er erzählt die Geschichte mit einer Spur Wohlbehagen. Das erste selbst verdiente Geld ist immer das süßeste.

In den fünfziger Jahren ist das private Leben in Deutschland gemächlich. Die Erhard-Adenauer-Ära, die Zeit des Wirtschaftswunders. Die ersten Urlauber rollen mit ihrem Käfer über den Brenner Richtung Rimini. Das Fernsehen fesselt die Menschen noch nicht in den Wohnstuben, man lebt geselliger, aber einfach. Auf dem Land unterrichten Lehrer in Zwergschulen, da sitzen bis zu vier Jahrgänge in einer Klasse. Roland Berger erzählt:»Die meisten waren relativ arm, aber alle spürten den Antrieb, etwas auf die Beine zu stellen.

Es gab kaum jemand, der nicht die Ärmel hochkrempelte, egal ob im Betrieb oder zu Hause.« Fleiß ist noch keine Sekundärtugend.

Roland Berger soll etwas Ordentliches lernen, er studiert in München ein Semester Elektrotechnik. Doch es dauert keine vier Wochen, und er stellt fest: »Zu diesem Fach hatte ich keine innere Beziehung.« Der junge Student wechselt zur Betriebswirtschaft. »Da war ich sofort zu Hause, damit fühlte ich mich wohl.« Er sagt von sich, er sei kein Streber gewesen. Dafür habe er sein Studium gut organisiert. Und so findet er genügend Zeit, neben Bilanzanalyse und Produktionsplanung auch ganz andere Vorlesungen zu hören, er lernt die moderne Psychologie kennen, belegt Kurse in Theaterwissenschaft und Geschichte. »Ich wollte mich nicht auf ein Gebiet beschränken, mich interessierte die Breite.« Was er im Studium aber vor allem sieht, ist die »Anleitung zur Praxis«. In der Rückschau klingt das ungemein schlüssig.

Der Student wird bereits früh zum Unternehmer, im Jahr 1958 gründet er in Bogenhausen, das damals noch alles andere ist als die Heimat der Münchener Schickeria, ein erstes eigenes Geschäft. Es ist eine Wäscherei. 5 000 D-Mark bringt er selbst in die Firma ein, die hat er sich gespart. Für den Rest bürgt die Mutter, Berger ist noch keine 21 und darum nicht volljährig, noch nicht geschäftsfähig – auf dem Papier.

Hinter der Geschäftsidee steckt natürlich Strategie. Für Millionen ist eine Waschmaschine damals noch unerschwinglich, man gibt die Wäsche außer Haus. Dennoch, das Geschäft kommt zunächst nicht richtig in Gang. Erst, als er die Kinder seiner Geschäftsleiterin als Wäscherin und Wäscher verkleidet zu den Hausfrauen schickt, um für Bergers wundersamen Waschsalon zu werben, beleben sich die Umsätze. Er stellt 16 Leute ein und gründet Zweigstellen, die Wäsche aber fährt er lange Zeit selbst mit seinem VW Käfer aus.

So wird aus dem Wagnis Gewinn, zwischen dem mündlichen und schriftlichen Examen im Wintersemester 1961/1962 verkauft Berger seinen Betrieb für 600 000 D-Mark. »Von da an war ich ein recht wohlhabender Studienabgänger.« Auf diese Weise blieb vor allem das gute Gefühl, dass eigenes Geld Unabhängigkeit bedeutet.

Kurz bevor er das Geschäft aufgibt, fragt ihn eine Kundin:»Was wollen Sie später eigentlich machen?« Seine Antwort:»Jedenfalls nicht Wäschereimillionär sein.« Im Studium hat er ein Referat gehalten über die Frage, wie neue Unternehmen durch Ausgliederung von internen Unternehmensfunktionen an Dritte entstehen. Das hat ihn begeistert. Und deshalb erzählt er der Kundin:»Vielleicht werde ich Unternehmensberater.«

Das ist die entscheidende Weichenstellung, denn die Frau traut ihren Ohren nicht:»Unternehmensberater?« Das ist damals, im Deutschland der Generaldirektoren, fast noch ein Fremdwort. Sofort ist die Dame hellwach.»Mein Sohn arbeitet in Italien für eine amerikanische Unternehmensberatung, fahren Sie hin, sie sprechen doch Italienisch.«

Das also ist es. So kommt Roland Berger zu seinem Beruf. Er erhält einen festen Vertrag, wird in der Bostoner Zentrale ausgebildet und danach mit der Leitung von deren Mailänder Joint Venture betraut.»Ich lernte Unternehmensstrategie von der Pike auf, blieb fünf Jahre in der Firma.«

Was ist damals anders? Roland Berger nennt vier Beispiele:

* »Es gab weniger Vorschriften.« Wenn man als Unternehmer unwissentlich gegen eine Vorschrift verstoßen hatte, habe man es eben wieder in Ordnung gebracht.»Man wurde nicht gleich kriminalisiert.«
* »Es gab im Geschäftsleben noch viele Patriarchen im guten Sinne, echte Unternehmertypen.« Damals seien Entscheidungen anders gefällt worden als im modernen Management. Das zeichne sich vor allem durch seine vielen Abhängigkeiten aus.
* »Die Menschen dachten ganz nah am Kunden, nah am Geschäft.«
* »Deutschland war noch eine veritable Nationalökonomie.« Jeder war irgendwie mit jedem vernetzt.

Es ist der ideale Nährboden für einen Mann mit Ideen wie Roland Berger. Der Vater eines Freundes besitzt eine Werbeagentur und will eine Marketingberatung aufbauen. Roland Berger steigt ein. Im Jahr 1968 macht er sich als Berater erneut selbstständig und entwickelt für das Touristikunternehmen Touropa eine neue Marketingstrategie. Noch heute ist das so eine Art Gründungsmythos seiner Firma, zum ersten Mal zeigt Berger, wie aus Ideen erfolgreich Wirklichkeit wird. Ursprünglich ist Touropa ein kleiner Auftrag, aber er wird zum Meisterstück. Roland Berger entwickelt die große Lösung, er schlägt vor, Touropa, Scharnow, Hummel und Dr. Tigges zu fusionieren und daraus TUI zu machen. Man weiß es inzwischen, heute ist der Konzern mit dem roten Logo ein Schwergewicht an der Börse. Das TUI-Mandat macht Berger in der Szene bekannt, die Folgeaufträge kommen. Für Oetker löst er ein handfestes Problem in Italien. Der Bielefelder Familienkonzern hat sich dort mit Brauereien verhoben. Berger findet einen Ausweg, empfiehlt Ausstieg und Sanierung. Oetker steigt später erfolgreich aus dem Geschäft aus. Zur gleichen Zeit berät er auch die legendäre Brandyfirma Buton aus Bologna. »Für die habe ich einen Aperitif auf Weinbasis entwickelt«, erzählt Berger. Rosso Antico heißt das Getränk, es steht noch heute in den Bars. Nach sechs Jahren beschäftigt Bergers Beratungsfirma mehr als 100 Mitarbeiter und steigt zum drittgrößten Unternehmen der Branche in Deutschland auf.

Sanierer, Visionär und Produktentwickler, wenn andere über Berger reden, geraten sie mitunter ins Schwärmen. Sogar Jürgen Kluge vom ewigen Rivalen McKinsey: »Als Beraterkollege ist er nicht nur Konkurrent. Er ist Ansporn und Mahnung zugleich, nicht nachzulassen in unserem Anspruch, Beratung auf höchstem Qualitätsniveau zu leisten. Und er ist ein Beispiel dafür, dass sich deutsche Unternehmen auch international behaupten können.«

Doch was wäre der Berater ohne die Akquise? Gerade hier wird er ziemlich einsilbig, der erfolgreichste Netzwerker der Nation. »Ich putze keine Klinken«, sagt er. Stattdessen unternimmt er Vortragsreisen, veranstaltet Seminare und verfasst Artikel. Und er schreibt jedem, den er etwas besser kennt, einen persönlichen Brief zum Geburtstag – so bleibt man im Gespräch. Er selbst betont immer wieder, wie wichtig die persönlichen Kontakte sind. Und diese leitet er oftmals vom Rednerpult aus ein. »Vor allem nach Vorträgen kamen oft Unternehmer zu mir und sagten, ich hätte da ein Problem angesprochen, das sie aus ihrer eigenen Firma kennen.«

Manchmal hilft ihm auch der Zufall. Anfang der siebziger Jahre bekam er einen Auftrag der Kölner Schokoladenfirma Stollwerck – viel Tradition, noch mehr Verluste und die Deutsche Bank als Hausbank. Da traf er Stollwerck-Aufsichtsrat Alfred Herrhausen, den späteren Chef der Deutschen Bank. Berger versteht sich spontan mit Herrhausen und geht ganz offen heran. »Als Bankier werden Sie nie ein erfolgreicher Schokoladenunternehmer.« Berger rät zum schnellen Verkauf und hat mit Heinz Imhoff einen Käufer an der Hand. Er arrangiert ein Treffen, Imhoff kauft Stollwerk und Herrhausen hat ein Problem weniger. So findet Roland Berger über Imhoff und Alpia ein zweites Mal zur Deutschen Bank, für deren Vorstände Friedrich Wilhelm Christians und Robert Ehret er bereits erfolgreich Projekte bearbeitet hatte.

Zwischen Berger und Herrhausen entwickelte sich eine enge Beziehung, sie hatten große Pläne. Die Deutsche Bank kaufte einen beträchtlichen Anteil an Bergers Firma, um mit dem gemeinsamen Bank- und Industrie-Know-how besser gegen die amerikanischen Investmentbanken zu konkurrieren. Die Ermordung Alfred Herrhausens beendet den visionären Plan, die Deutsche Bank wird zum stillen Finanzpartner, Roland Berger bleibt Chef. Später verkauft die Bank ihren Anteil an die Berger-Partner zurück, Berger steigt selbst wieder groß ins eigene Unternehmen ein.

Derweil wächst die Beratung in globale Dimensionen und weitet daheim das Geschäft aus. Berger bietet jetzt auch Personalberatung an und entdeckt den öffentlichen Sektor. Doch Expansion kann auch wachsende Probleme bedeuten, gerade zu Hause läuft nicht alles glatt. Der Frankfurter Baukonzern Holzmann, jahrelang ein

Sanierungsfall, geht trotz Berger-Beratung und Intervention des Bundeskanzlers Gerhard Schröder pleite. Auch Jürgen Schrempps Visionen von der Welt AG im Hause Daimler sind von Berger beeinflusst. Es dauert lange, bis Schrempp sein Scheitern realisiert und zurücktritt.

Zum echten Imageschaden indes wächst sich der Ausflug in den öffentlichen Sektor aus. Wochenlang diskutiert die Republik im Frühjahr 2004 über die Flut an Beraueraufträgen, die Bund und Länder verteilt haben. Berger, zwar nur mit 6 Prozent seines Umsatzes im Geschäft mit dem Staat, gerät in den Fokus. Zur besten Sendezeit feuert Niedersachsens Ministerpräsident Christian Wulff (CDU) in einer TV-Runde Breitseiten Richtung München ab. Er wirft Berger vor, er habe für die frühere niedersächsische SPD-Regierung unter Gerhard Schröder Gefälligkeitsgutachten erstellt. Berger ist bis heute darüber befremdet:»Das hat mich schon überrascht. Denn ich war nicht darauf eingestellt, dass mich jemand in einer politischen Gesprächsrunde in meinem Beruf angehen würde, weil ich seinen Vorgänger beraten habe.«

Berger und die Politik – das ist ein ganz eigenes Kapitel. Nach dem Sieg über Helmut Kohl bietet Gerhard Schröder dem Münchener den Posten des Wirtschaftsministers an. Berger lehnt ohne Zögern ab.»Es war nicht Teil meiner Lebensplanung.«

Wie aber hat Roland Berger das Kunststück geschafft, gleichzeitig mit Schröder und mit Edmund Stoiber ein enges Verhältnis zu haben? Der ehemalige Bundeswirtschaftsminister Otto Graf Lambsdorff (FDP) hat es so formuliert:»Figaro hier, Figaro da – wie in Mozarts Oper ist er immer schon da. Aber allein mit Omnipräsenz hat er das nicht erreicht. Man berät nicht Kohl, Schröder, Stoiber, wenn man nicht wirklich etwas zu bieten hat. Und man wird nicht immer wieder gefragt, wenn der Frager nicht gute Erfahrungen gemacht hätte.«

Berger selbst beantwortet die Frage, indem er nach einer Flasche Apfelsaft vor sich auf dem Tisch greift:»Ich werde doch nicht dem einen sagen, darin ist Apfelsaft, und dem anderen, darin ist Orangensaft. Ich bleibe bei den Fakten und sage meine Meinung, unabhängig von Person und Einstellung des Fragestellers: Nur so schafft man Vertrauen.«

Das Wort Vertrauen, immer wieder wie beiläufig ins Gespräch eingesponnen, ist wohl der Begriff, ohne den man diese Karriere nicht begreifen kann. Wer ihm traut, der hört auf ihn, parteiübergreifend. »Ich bin aufgeschlossen für neue Gedanken und gebe diese Offenheit gerne weiter, ein Parteigänger war ich nie. Eher ein Liberaler im amerikanischen Sinn.«

Womit er in Deutschland angekommen ist, dem Land der Selbstblockierer, wirtschaftlich wie politisch. »Wir haben zu lange an überholten Geschäftsmodellen festgehalten und liebgewordene Gewohnheiten gepflegt.« Er erinnert an Grundig und Sony. Beide Unternehmen wurden etwa zur gleichen Zeit gegründet. Doch Sony macht heute knapp 60 Milliarden Euro Umsatz, wogegen von Grundig nur ein Hotel im Schwarzwald übrig geblieben ist. »Früher war die deutsche Pharmaindustrie die Apotheke der Welt, heute blüht diese Industrie jenseits unserer Grenzen. Die Beispiele lassen sich beliebig fortsetzen.«

Für Berger leidet das Land insgesamt an einem Mangel an Unternehmergeist und Eigeninitiative. »Wenn ein Auto hinter ihnen schneller fährt, können Sie nur hoffen, dass es Sie überholt. Sonst werden Sie überrollt. Das ist eine unangenehme Situation. Wenn sich ein Unternehmen in diesen Zeiten langsamer verändert als sein Umfeld, gefährdet es seine Existenz.« Für Berger heißt das, dass er auch gegen Mentalitäten zu kämpfen hat. Er berichtet von der neuen Autolackieranlage eines deutschen Herstellers in den USA. In Deutschland dauere die Genehmigung solcher Anlagen Monate, weil sich die Beamten gegen mögliche Schäden absichern müssten. »In den USA bekommen Sie die Genehmigung in drei Tagen, allerdings ist die Firma dann bei Unfällen haftbar.« Bei uns sei das Risiko also verstaatlicht, in den USA privatisiert. »Das hat viel mit unserer Mentalität und mit unserem Selbstverständnis als Staatsbürger zu tun.«

Immer schon ist Berger ein Experte fürs Tempomachen gewesen, auch in eigener Sache. »Ja, die Erfolge haben Land und Leute satt gemacht. Gegen diese Trägheit muss man ankämpfen, auch im eigenen Umfeld.« Denn im Erfolg halte man länger als sinnvoll an Ritualen fest. So bedauert er, dass Deutschland in der Hochtechnologie nicht wettbewerbsfähig genug ist, dass hierzulande ganze Wertschöpfungsketten verloren gingen. »In Deutschland werden keine Computer oder Fernseher mehr gebaut.« Und die immer schnelleren Innovationszyklen im Geschäft mit Mobiltelefonen hätten den letzten deutschen Hersteller mobiler Kommunikationsendgeräte schließlich dazu getrieben, diese Sparte an ein asiatisches Unternehmen zu vergeben.

Ist dieses Scheitern ein Menetekel, kann sich Deutschland international noch halten? »Unsere Chancen stehen gut.« Die deutschen Unternehmen hätten viele Veränderungen schon bewältigt, deutsche Manager seien in der internationalen Wirtschaft längst heimisch geworden und gehörten dort zur Weltspitze. »Das ist ein substanzieller Vorteil!« Roland Berger hat seinen Teil zu dieser Weltoffenheit beigetragen.

Über der Arabellastraße im Münchner Norden dämmert das Abendlicht, vorn strahlen die Lichter in der Zentrale der Hypo-Vereinsbank, die gerade nach Italien verkauft wird. In der Ferne leuchtet die Alpenkette. Roland Berger hat am Abend Gäste aus Japan, er verabschiedet sich und denkt über die letzte Frage nach.

Herr Berger, sind Sie inzwischen ein reicher Mann? »Ich bin wohlhabend und lebe gutbürgerlich. Hier in München wohne ich in einem nicht sehr großen, aber schönen Haus. Es geht mir gut. Einen Jet oder eine Yacht, ja selbst eine Ferienvilla, besitze ich nicht.« Sein Zweithaus, das ist die mobile Welt. Vielleicht wird er schon morgen früh wieder in ein Flugzeug steigen, um irgendwo irgendjemanden zu beraten.

Christoph Hardt, Claus Larass

Kapitel 10

»Nur Wachstum hilft gegen den Tod«

Der Schraubenkönig REINHOLD WÜRTH

Auf den ersten Blick ruht der Mensch in seinem Erfolg. Er hat ja auch alles, ein Schloss und vier Flugzeuge, ein geschätztes Vermögen von 7 Milliarden Euro, er besitzt Museen, eine beispiellose private Kunstsammlung, eine wohlgeordnete Familie und dazu ein Unternehmen, das Jahr für Jahr wachsend, inzwischen mehr als 50 000 Menschen in 81 Ländern dieser Erde Arbeit gibt. Gelassen begrüßt er Gäste mit seinen 70 Jahren, nimmt Platz an dem Schreibtisch aus guter deutscher Eiche, der aussieht, als hätte schon der Großvater darauf Rechnungen geschrieben. Macht er aber den Mund auf, gerät der Mann mit der Schwäche für gestreifte Hemden und buntes Krawattentuch in Bewegung, vor allem die kleinen blauen Augen flitzen hin und her, Neugier pur. Manchmal blitzen sie auf wie Diamanten. Dann hat der Chef in der Regel wieder eine Geschäftsidee gehabt. Und weil er eigentlich jeden zweiten Augenblick eine gute Idee hat, will das Funkeln und Reden nicht enden. Die Hände sprechen dabei immer mit, als hätte er noch viel mehr zu sagen.

So einen Vertreter hat Deutschland keinen zweiten zu bieten, mit Leib und Seele ist Reinhold Würth, der Schraubenkönig aus dem Hohenloher Land, unterwegs gewesen und noch immer auf Reisen, seit nunmehr 54 Jahren. Nur wenige Männer in Deutschland verkörpern die Dynamik des Unternehmertums so wie der Selfmademan aus Künzelsau, der sich 1951 auf den Weg machte, um als Handlungsreisender in Sachen Schrauben ein Weltunternehmen auf die Beine zu stellen. Wer also wirkliche Aufbruchsstimmung sucht in diesem Land, der muss sich mit Reinhold Würth unterhalten.

»Schneematsch, Trümmer, kalte Füße«, daran kann er sich erinnern, als er im Januar 1950 als Lehrling für den Schraubengroßhandel seines Vaters das erste Mal auf eigenen Füßen unterwegs ist. Das Geschäftsprinzip ist schon damals bahnbrechend. Statt auf Kundschaft zu warten, taucht die Firma Würth in Gestalt des jungen, schlanken Reinhold direkt beim Kunden auf. »Ich habe damals schon Produktionsverbindungshandel gemacht, ohne dass ich das Wort überhaupt kannte. Heute bringen wir einige Tausend Produzenten mit 2,6 Millionen Kunden in der Welt zusammen«, sagt er.

Zurück in die Fünfziger: Die Türe geht auf und herein kommt der blutjunge Vertreter Würth. Er öffnet seinen Musterkoffer und zückt das, was zu einer der Wurzeln des Erfolgs werden sollte, seine Musterkarten: »Das waren schöne Kartons mit grünem Filz, dort waren die Schrauben mit kleinen Drähten aufgezogen«, erinnert sich der Chef an seinen ersten Tag, als wäre es gestern gewesen. »Das sah nicht nur gut aus, ich hatte auch Inventionen zu bieten«, sagt Würth. Das klingt nach Bach, meint aber etwas ganz anderes: Auch technisch hat Würth auf dem weiten Feld von Schraube, Mutter und Dübel von Anfang an neue Wege beschritten und dabei bewiesen, wie man mit nur scheinbar banaler Eisenware Milliarden erlöst.

Reinhold Würth ist mit der Eisenbahn nach Düsseldorf gefahren, sein erster Kunde ist ein Volkswagen-Betrieb am Rhein. Was für ein Fingerzeig des Schicksals: Würth macht sein erstes Geschäft ausgerechnet mit einer Werkstatt der Käfer-Firma, dem Wirtschaftswunderkonzern.

Noch heute ist das, was man inzwischen »Automotive Aftermarket« nennt, also die Werkstattversorgung, eines der Kerngeschäfte der Gruppe. »Schrauben waren damals so begehrt wie heute Bier«, erzählt Würth, der Bedarf nach »Befestigungsmaterial« sei unbegrenzt gewesen.

Würths Wirtschaftswunder beginnt also kleinteilig. Dem Kfz-Meister präsentiert der junge Reinhold gleich eine der ersten der »Inventionen« seines Vaters: Die Innenverkleidung der VW-Transporter ist aus Karton, die vom Werk gelieferten Schrauben aber geben schnell ihren Geist auf, es klappert heftig in der ersten Bully-Generation. Würth bietet den VW-Betrieben daher komplette Schraubensätze mit vergrößerten Blechschrauben an und beweist schon jetzt Problemlösungskompetenz. Der Kunde wird es sich merken. Würth beliefert die VW-Werkstätten bis heute.

Als Reinhold Würth nach Düsseldorf fährt, ist er gerade drei Jahre im Geschäft seines Vaters. Fotos zeigen Adolf Würth als freundlichen, Zigarre rauchenden Familienvater. Keine Frage ist jedoch, wer hier der Herr im Hause ist. Würth senior, der zunächst als leitender Mitarbeiter in einem Kupferzeller Schraubengroßhandel arbeitet, macht sich direkt nach Kriegsende 1945 als Schraubengroßhändler selbstständig. Die ersten Jahre sind hart, Straßen und Schienen in erbärmlichem Zustand. Würth liefert sich mit alteingesessenen Künzelsauer Betrieben einen harten Wettlauf um die Kundschaft, erst als der Gründer die Autobranche entdeckt, beginnt, zäh zunächst, der Aufstieg seines Unternehmens.

In dieser Zeit, es ist Juni 1948, Ludwig Erhard versorgt Westdeutschland erstmals mit der D-Mark, muss der junge Reinhold von der Schulbank – und ist froh darüber. »Schule, das war die schlimmste Zeit in meinem Leben«, sagt Reinhold Würth. Als »sehr rudimentär« bezeichnet er bis heute seine Schulbildung: »Ich habe nie eine Stunde Chemie oder Physik bekommen«, sagt der Mann, der sich heute auch mit einem Professorentitel schmückt.

Drei Jahre geht Reinhold bei seinem Vater in die Lehre, eine Zeit, die ihm »unheimlich viel gebracht hat«. Der Vater ist streng, sehr streng nach heutigem Maßstab. Er schenkt seinem Sohn nichts, das härtet ab für das, was kommen soll. Als Reinhold mit einem Haufen Aufträge von seiner ersten Außendiensttour ins Westdeutsche heimkehrt nach Hohenlohe, ist er stolz wie Oskar. »Der Vater« aber, wie Würth bis heute sagt, tut unbeeindruckt. »Na ja, ist eigentlich nichts Besonderes«, sagt er dem Sohn ins Gesicht. Jahre später, Adolf Würth ist schon tot, erfährt der Sohn die Wahrheit. Von seiner Mutter hört er, dass der Vater nach dem Gespräch mit dem Sohn

schnurstracks in die Küche gerannt ist und seine Frau anstrahlte:
»Ist gar nicht so schlecht, was der Kerle da gemacht hat.«
1954 stirbt Adolf Würth, das Herz. Nun muss Reinhold ran, der
Jungspund. Zwei Mitarbeiter hat er noch, einen kleinen Bruder und
die Mutter, die bedingungslos hinter ihm steht. Und den unbändi-
gen Willen, Hochleistung zu bringen, aufzubrechen. Wohin, das
weiß der 19-Jährige in diesen Wochen auch noch nicht so genau.
»Ich habe einfach da weitergemacht, wo wir schon waren«, sagt er.
»Und dann habe ich einfach multipliziert.«

Wo er schon war, in Hohenlohe, war jahrhundertelang ein abge-
schiedener Landstrich, abseits der großen Verkehrswege, ländlich,
fromm, arm. Auf ihren Schlössern residierten die verschiedenen hohenlohischen Fürstengeschlechter und regierten. Einer von ihnen,
Wolfgang Julius von Hohenlohe-Neuenstein, aber dachte voraus
und gründete Ende des 17. Jahrhunderts rund um eine Mühle am
Fluss Kocher so etwas wie einen frühindustriellen Gewerbepark
samt Papiermühle und Eisenhammer. 200 Jahre später ersteigern
die beiden schwäbischen Industriellen Louis und Carl Arnold das
hohenlohische Gelände und erbauen eine Schraubenfabrik. Die
Firma Arnold ist die Keimzelle der Schraubenindustrie rund um
Künzelsau, aus ihr gehen zahlreiche Ausgründungen hervor, darunter die Schraubenfirma Reisser im nahen Kupferzell. Hier lernt auch
der Vater von Reinhold Würth. Er macht sich nach dem Krieg selbstständig, aus der Firma Würth gehen weitere diverse Schraubenfir-
men hervor. So wird das Hohenlohische endgültig zum Schrauben-
land. Albert Berner, einer der ersten Angestellten von Würth und
Klassenkamerad des heutigen Konzernchefs, gründet bereits 1958
sein eigenes Handelsunternehmen in Künzelsau. Berner kopiert und
verändert Würths Geschäftsmodell und bringt es zum Hauptkon-
kurrenten. Das Unternehmen setzt inzwischen gut 1 Milliarde Euro
um. Damit sitzen die Nummer eins und zwei des deutschen Schrau-
benhandels im Hohenlohischen. Von Würth redet Berner bis heute
nur mit Respekt: »ein Vollblutunternehmer«.

Unterdessen hat Reinhold Würth die Firmen Reisser und Arnold gekauft und in seine Konzerngruppe integriert. Beide Übernahmen sind hochsymbolisch: Arnold ist die Keimzelle der Schraubenbranche und die Brüder Reisser bekehrten Würth senior zum neuapostolischen Glauben, der auch Reinhold Würth prägen sollte. »Ich bin immer ein wahnsinnig neugieriger Mensch gewesen, ich wollte immer wissen, was ist hinter dem Berg«, erzählt Außendienstpionier Würth. Das ist wohl das tiefste Geheimnis seines Erfolgs, nachzulesen in seinen Augen. Auf die Frage, woher seine Konzentration auf das atemberaubende Wachstum kommt, das seine Firma über die Jahrzehnte auszeichnet, antwortet er mit einer Geschichte aus der Jugend, erzählt von einem Urlaub im Schwarzwald, den sich die Familie, finanziell auch während der unmittelbaren Nachkriegszeit ordentlich ausgestattet, schon früh leistete. Da ist der Elfjährige los auf eigene Faust, hoch auf den Berg, um den Bodensee mit eigenen Augen zu sehen.

30 Jahre später lässt er seine größte Leidenschaft, die Fliegerei, an seiner Familie aus. Mit Sack und Pack und allein im Cockpit, fliegt er von Island aus zum größten grönländischen Gletscher nach Kulussuk, unter den Wolken, nach Karte. Es wird ein extremes Erlebnis, für ihn und seine Familie, Landung auf Schotter, neben der Bahn ein paar Eskimos, die einen Seehund geschlachtet haben. »Das war schon eine Grenzerfahrung«, sagt er. Doch auch danach setzt er die Suche nach der »Terra incognita« fort, nur nicht mehr so waghalsig. »Ich bin nach 40 Jahren aktiven Fliegens so trainiert, dass ich mir immer Optionen offen halte fürs Alternat.« Er denkt also in Alternativen.

Vielleicht kann er deshalb als Unternehmer Überflieger bleiben, er setzt sich immer wieder Ziele, welche die Mitarbeiter zunächst für unerreichbar halten. Mitte der sechziger Jahre, Würth hat seine 20 Mann starke Verkäufertruppe mitsamt Frauen zur Weihnachtsfeier ins Hotel Schweizer Hof nach Berlin geladen, hält er eine seiner Reden – er redet bis heute furchtbar gern zu seinen Leuten. Er könne sich vorstellen, dass die Firma in wenigen Jahren 100 Verkäufer habe, sagt er. »Die haben gedacht, der spinnt«, erinnert er sich. Von wegen. Anfang der sechziger Jahre wagt er einen bemerkenswerten Schritt: Er gründet das erste Tochterunternehmen in den Niederlanden. Seither expandiert die Gruppe stets auch im Ausland, sechzig Prozent seines Umsatzes erzielt Würth heute jenseits der Grenzen. »Das war sozusagen Familientradition, schon der Vater hat für die Firma Reisser in der Schweiz und Österreich verkauft, das war damals absolut unüblich. Manchmal hat mich der Vater auch mit auf Reisen genommen.«

1978 macht das Unternehmen 330 Millionen D-Mark Umsatz, Würth hält wieder eine Ansprache. Er halte es für denkbar, zum 40. Firmenjubiläum im Jahr 1985 die Milliardengrenze beim Umsatz zu überschreiten. Das Volk schmunzelt, doch als der Chef am Jahrestag die Bilanz zieht, stehen 1 Milliarde und 16 Millionen D-Mark in den Büchern. Zur Jahrtausendwende durchbricht die Gruppe, inzwischen zu einem Konglomerat von mehr als 250 Tochtergesellschaften in der ganzen Welt gewachsen, beim Umsatz die Grenze von 10 Milliarden D-Mark. Wegmarken seien das gewesen, sagt Würth.

Wie aber funktioniert die weltgrößte Schraubenhandlung wirklich? Es wird nur wenige Firmen in Deutschland geben, die derart eigene »Kultur« besitzen wie das Reich des Reinhold Würth. Es gibt keinen Betriebsrat, die Gewerkschaften haben im Reich Reinhold Würths keine Chance. Würth hat vorgesorgt: Der Haustarif orientiert sich am hohen IG-Metall-Tarif, hinzu kommen Sonderleistungen und Provisionen. Es gilt die 37-Stunden-Woche mit Gleitzeit, für Konfliktfälle und Tarifverhandlungen hat Würth einen »Vertrauensrat« geschaffen, den die Mitarbeiter wählen. Notfalls aber verhandelt der Chef persönlich.

Ein wichtiger Erfolgsfaktor ist die kompromisslose Sicherstellung der Qualität aller Produkte, die seinen Namen tragen. Das Unternehmen leistet sich eine eigene Forschungs- und Entwicklungsabteilung, die zahlreiche Patente und Geschmacksmuster entwickelt hat. Die Lieferanten müssen sich permanenten Qualitätskontrollen der Würth-Produktmanager unterziehen, jede Lieferung wird überprüft, bevor sie aus dem Haus geht. Damit hat Würth auch in-

ternational Standards gesetzt. Die halbe Welt fertigt Spanplatten-
schrauben nach dem Vorbild des Würth-Produkts.

Vor allem aber gibt es die bis in den letzten Winkel des Univer-
sums ausstrahlende Aura des Chefverkäufers an der Spitze. Ohne
sie wäre Würth heute niemals das, was es geworden ist. Der beste
aller Vertreter sitzt immer noch ganz oben, Würths aggressive Ver-
kaufspraxis prägt den Konzern. Die Verkäufer seien die Pfeiler des
Unternehmens, ohne sie gebe es keinen Erfolg, sagt er. Sie hegt und
pflegt er, sie bekommen Misserfolg aber auch unmittelbar zu spüren. Stimmen die Zahlen nicht, wird aus dem BMW schon Mal ein
VW als Dienstwagen. So sehen auch die Kunden auf den ersten
Blick, wie gut oder schlecht die Geschäfte bei ihrem Würth-Vertre-
ter laufen.

Verkäufer bei Würth, das ist also alles andere als Zuckerschle-
cken, die Herren – Frauen spielen in Deutschland im Verkauf keine
große Rolle – sind angehalten, sogar die selbstverständlich auf
Würth-Produkte normierten Schraubenregale beim Kunden zu nutzen. Wehe aber, Würth erwischt bei einem seiner schon legendären
Ausflüge in den Außendienst einen Verkäufer dabei, während der
Dienstzeit zu tanken.»Nu rechnen Se doch amol«, rutscht er dann
ins rein Schwäbische:»Mir hen 24 000 Verkäufer. Wenn do nur jeder zehn Minute am Tag tankt, dann beschäftige mer jede Tag 500
Verkäufer nur fürs Tanke.«

Wer dem Joch der Würthschen Verkaufsseminare und dem Druck
der permanenten Erfolgskontrollen Stand hält, der hat die Chance,
von der untersten Charge, den C-Verkäufern, über B- und A-Klasse
bis in den Erfolgsclub oder gar ganz nach oben, in den Topclub aufzusteigen. Dort winkt den Erfolgreichen ein 5er BMW als Dienst-
fahrzeug und einer der legendären Würth-Incentives. Einer der im
Betrieb schon berühmten Topverkäufer, der spätere Verkaufsleiter
Hans Hügel, bereiste als Mitglied des Erfolgs- und Topclubs mit seiner Frau die Türkei, Sizilien, Portugal, Griechenland, Hongkong,
Bali, Südafrika, Australien und Brasilien plus einer Kreuzfahrt
durch die Karibik.

In diesem Jahr war der Topclub auf Familientour in Arabien. Drei Tage durch den Oman, dann hinüber nach Dubai, Edelhotel, Galadiner, Einkaufsbummel und natürlich die Ansprache des Chefs, der mit seinem Düsenjet selbst anreiste. Da ist sie dann in Reinkultur lebendig, die Würth-Welt der gnadenlos Erfolgreichen. Über allem und allen aber thront der Chef, die Verkörperung unternehmerischer Höchstleistung.

Würths Arbeitstag hat daher auch mindestens 16 Stunden, wann immer er es einrichten kann, fährt er auch noch Mountainbike, mindestens eine halbe Stunde. Die kleine Tour führt ihn hinunter von seinem Jagdschloss an den Kocher und wieder hinauf. Auch deshalb wirkt der 70-Jährige drahtig wie im besten Mannesalter. Kopf und Hände aber könnten auch die eines Gelehrten sein, eine alles in allem höchst bemerkenswerte Erscheinung.

Er ist sich sehr bewusst, was er bedeutet. Das bekommen die Anderen zu spüren, meistens auf angenehme Weise. Wehe aber, die Zahlen stimmen nicht. Dann verhärtet sich das zumeist freundliche Antlitz des Geschäftsmannes, und die blauen Augen werden kalt wie Eis. Manch einer seiner Geschäftsführer ist in solchen Augenblicken aus dem Würthschen Erfolgsparadies unter Umgehung des Fegefeuers direkt in die Hölle gestürzt.

Im Universum der Schrauben, Dübel und Haken heißt die dunkle Seite der Macht WIS: das Internet-basierte Würth Informationssystem. Damit setzt Würth Lenins Diktum, dass Vertrauen gut und Kontrolle besser sei, ins elektronische Zeitalter um. Jeder einzelne Verkäufer, erst recht alle Tochterunternehmen, unterliegen strengen Reporting-Auflagen. Bereits am fünften Kalendertag jedes neuen Monats liegen Kernzahlen wie ein Umsatzplan-Ist-Vergleich vor. Auch die Fluktuation im Außendienst ist immer unter Kontrolle. »Wir haben ein unglaublich ausgefeiltes Informationssystem und können bis zum 20. des Folgemonats eine Konzernbilanz erstellen.« So weiß der Chef bis heute auf Knopfdruck, was im hintersten Winkel der Würth-Welt mit ihren mehr als 340 Gesellschaften geschieht.

REINHOLD WÜRTH wird am 20. April 1935 in Öhringen in der Nähe von Heilbronn im Kreis Hohenlohe geboren. Mit 14 Jahren verlässt er die Schule und beginnt im väterlichen Betrieb, einem Schraubengroßhandel für das Handwerk, eine Lehre zum Großhandelskaufmann. 1954, die Firma erreicht einen Jahresumsatz von 170 000 D-Mark, stirbt sein Vater Adolf.

Im Alter von 19 Jahren übernimmt Reinhold Würth das Handelsgeschäft des Vaters. Früh entdeckt er die Autobranche als Absatzmarkt. Schon bald steigt Würth auch in die Schraubenproduktion ein, als er den Produzenten Arnold übernimmt. 1962 eröffnet er in den Niederlanden die erste Auslandstochter.

Parallel entwickelt Würth eine große Begeisterung für moderne Kunst. Sein erster Kauf ist 1964 eine Arbeit von Emil Nolde. Heute besitzt er an die 8 000 Werke und mehrere Museen. Im Jahr 2003 ersteht er eine bedeutende Sammlung spätmittelalterlicher Malerei, um ihren Verkauf ins Ausland zu verhindern.

1987 bringt er die Unternehmensanteile in eine Stiftung ein. Zum 1. Januar 1994 setzt Würth einen Geschäftsführer ein und wechselt an die Beiratsspitze. Anfang 2006 zieht er sich aus dem Beirat zurück und übergibt die Führung an seine Tochter Bettina. Würth beschäftigt in seinen fast 300 Firmen 50 000 Menschen in 81 Ländern. Seit den späten neunziger Jahren wächst Würth vor allem durch zahlreiche Zukäufe, mit denen der Konzern seine Produktpalette stetig erweitert hat. Heute handelt Würth neben Schrauben auch mit Dübeln, Möbel- und Baubeschlägen, Werkzeugen, Bevorratungsstoffen, Entnahmesystemen und Schraubenzubehör.

Und was ist mit den Fällen, die unter Plan verlaufen? Im Prinzip setzt Würth auf Dezentralität und hohe Eigenverantwortung. Aber nur, solange die Zahlen stimmen. Es gibt im Konzern nämlich auch eine zentrale Task-Force, die ausgeschickt wird, um in der Not nach dem Rechten zu sehen und im schlimmsten Fall die Kontrolle zu übernehmen. Deshalb war man selbst in Neuseeland nicht vor dem Zugriff der Künzelsauer Zentrale sicher. Als dort Anfang des neuen Jahrhunderts die Zahlen mehrere Monate lang nicht in Ordnung sind, wird der Geschäftsführer von heute auf morgen entlassen – ein Fall für die schnelle Eingreiftruppe. »Das System weiß immer Bescheid«, sagt Würth.

Sein inneres System aber folgt dem Glauben. »Als Junge habe ich gedacht, wenn du reich werden willst, dann musst du neuapostolisch werden«, erzählt ein Heimatforscher in Künzelsau. Reinhold Würth kommt aus einer neuapostolischen Familie, auch seine Frau hat er in einer Kirchengemeinde kennen gelernt. Wenig ist über die neuapostolische Kirche bekannt, dabei ist sie nach den großen christlichen Kirchen die größte christliche Vereinigung in Deutschland, heute bekennen sich knapp 500 000 Mitglieder allein in Deutschland zu ihr, weltweit sind es fast elf Millionen. Die Gemeinschaft, die zu den klassischen Endzeitkirchen zählt, erwartet das kurz bevorstehende Weltende. An der Spitze der Kirche steht der Stammapostel, er gilt als direkter Repräsentant Christi und soll über seherische Fähigkeiten verfügen. Historisch hervorgegangen aus einer Erweckungsbewegung in England, beansprucht die neuapostolische Kirche direkte Nachfolge der Urkirche in Gestalt der Apostel für sich. Hierher rührt auch ein elitäres Selbstverständnis der Gemeinden. Die Gemeinschaft ist streng hierarchisch organisiert, die Amtsträger wirken für Lebende und sogar Verstorbene, Frauen sind von allen Ämtern ausgeschlossen. Lange Zeit hat sich die neuapostolische Kirche streng nach außen abgeschirmt und ein striktes Gemeindeleben praktiziert, dem Kritiker auch Gesinnungskontrolle vorwerfen. In Künzelsau hat die Familie der Schraubenhändler Reisser die neuapostolische Bewegung stark gefördert, Reinhold

Würths Vater Adolf wurde durch seinen damaligen Chef, Gotthilf
Reisser bekehrt. Bis heute macht Würth junior keinen Hehl aus seinem neuapostolischen Bekenntnis. »Tue recht und scheue niemand«, sei seine Devise. Er betont, sein Glauben spiele in der Realität der Firma keine Rolle. Doch gehört auch der stellvertretende
Konzernsprecher und Würth-Vertraute Rolf Bauer der Kirche an.

Das Büro im Südflügel des neuen Verwaltungsgebäudes auf einem weiten Feld oberhalb von Künzelsau ist alles in allem höchst
bescheiden möbliert, jeder M-Dax-Vorstand hat da mehr zu bieten.
Der computerlose Schreibtisch und die Bücherschränke sind aus guter deutscher Eiche, sie wollen so gar nicht zu der höchst modernen
Ausstattung des voll vernetzten Unternehmens passen. Ganz für
sich allein und trotz aller modernen Kunst, die er sein Eigen nennt,
scheint Reinhold Würth ein konservativer Mensch zu sein. Darüber redet er nicht. Aber als Unternehmer ist er bis heute höchst in-
novativ. »Wenn Sie fünf bis sechs Jahre das Gleiche machen, dann
brauchen Sie immer wieder einen neuen Anstoß«, sagt er. So hat er
wiederholt Innovationsschübe in seinem Reich ausgelöst: In den
siebziger Jahren war es die Elektronik, in den Achtzigern die Infor-
matik, in den Neunzigern das Internet und zu Beginn des neuen
Jahrtausends die Solartechnik.

Immer wieder gründet er Tochterunternehmen, fast alle sind sie
erfolgreich am Markt. Nur einmal scheitert er: als Bauunternehmer.
Er muss die Würth-Bau mit 300 Mitarbeitern Anfang der achtziger
Jahre liquidieren, die Verluste fängt er mit einem Privatkredit auf,
um die Gruppe nicht zu gefährden, die meisten Beschäftigten kann
er unterbringen. »Unternehmerisch war das meine einzige Niederlage« sagt er. Offiziell hat sich Würth bereits vor mehr als zehn Jahren, zum 1. Januar 1994, als Beiratsvorsitzender aus der operativen
Führung seines Konzerns zurückgezogen. De facto regiert er bis
heute, nur nicht mehr jeden Tag. Dafür erschließt er sich hin und
wieder neue Geschäftsfelder und denkt wie immer in die Zukunft.
So hat er das Thema Altersvorsorge und Finanzen entdeckt und
strickt gerade an einem Finanzkonzern im Kleinen. Zu diesem Zweck

hat er eine Versicherung gegründet, in der Schweiz einen Finanzmakler übernommen, er bietet über zwei Leasinggesellschaften Finanzierungen an und hat jetzt sogar seine eigene Bank: die IBB, das Internationale Bankhaus Bodensee, das er der LBBW abgekauft hat. Nun können seine Mitarbeiter auch im eigenen Haus ihren Hausrat versichern und Kunden lassen sich bei Würth ihre Lieferungen vorfinanzieren. Würth, das wird auf diese Weise mehr und mehr eine eigene Welt, ein eigener Kosmos. »Ich habe da ein bisschen abgekupfert«, sagt der Chef und hat den Schalk im Nacken. Bei wem? »Bei Jack Welch«, sagt er, dem legendären Ex-Chef von General Electric, dem größten Konzern der Welt.

Auf der Liste der Superreichen, die das Magazin *Forbes* herausgibt, hat er inzwischen Platz 59 erreicht, mit einem Privatvermögen von 7,2 Milliarden Euro gilt er als einer der sechs reichsten Deutschen. Das Vermögen hat er in Familienstiftungen eingebracht, er hat sein Erbe geordnet. Im März 2006 hat Tochter Bettina die Leitung des Beirats übernommen. »Er möchte nur noch zwei oder drei Tage statt sieben Tage die Woche arbeiten«, sagte er zur Begründung.

Ruhm ist ihm sicher, als Unternehmer, Sammler und Mäzen. Seine Kunstsammlung, inzwischen mehr als 8 000 Werke, ist legendär, die Firmenzentrale ist zugleich Museum, ein weiteres Haus hat er in Schwäbisch-Hall auf eigene Kosten gebaut, die dortige Kunsthalle, die auch seinen Namen trägt.

Bei aller Härte hat sich dieser Unternehmer auf eigenartige Weise eine besondere Lebenslust bewahrt. Sein Terminkalender ist auf Monate ausgebucht, Reinhold Würth hat noch sehr viel zu tun. »Mein Unternehmen«, sagt er immer wieder. Das ist, trotz Kirche, Kunst und Familie, sein Leben. Daher rührt wohl auch sein Motto: »Nur das Wachstum hilft gegen den Tod.«

Joachim Dorfs, Christoph Hardt

Kapitel II

»Ohne Firma würde ich krank«

Der Haribo-Erfinder HANS RIEGEL

Ostern 1949. Die Menschen haben immer noch wenig zu essen. Lebensmittel sind knapp und werden nur rationiert zugeteilt. In Bonn-Kessenich aber stehen die Schlote einer Lebensmittelfabrik schon wieder unter Volldampf. Ein gewisser Hans Riegel macht die ersten größeren Geschäfte. Da tauchen plötzlich diese Herren auf. Sie kommen von der örtlichen Sparkasse. Und haben keine guten Absichten:»Diese Zuckersäcke hier sind Eigentum der Sparkasse. Weshalb wir sie jetzt beschlagnahmen.« Und schon klebt ein Kuckuck an jedem Sack.

Hans Riegel ist geschockt und verärgert. Die Existenz des 23-jährigen Jungunternehmers steht auf dem Spiel. Klar, er hat seinen Kredit über 250000 D-Mark noch nicht ganz, wie versprochen, zurückgezahlt, weil ihn einige Lieferanten versetzt haben. Aber bald werden seine Kunden die letzten Rechnungen für die Osterartikel begleichen. Dann bekommt auch die Sparkasse ihr Geld.

Die Kleinkariertheit der Bankbeamten ist für den rheinischen Unternehmer unbegreiflich. Er glaubt an die Zukunft seiner Firma Haribo und die des Landes. Aber dafür braucht es die richtigen Bedingungen, Bewegungsspielraum wenigstens.

Mit vielen schönen Worten kann er die Banker davon abhalten, seinen wichtigsten Rohstoff einzukassieren. Der Zucker bleibt, wo er ist. Riegel zahlt alsbald seinen Kredit zurück. Und beschließt nach diesem Schlüsselerlebnis:»Nie wieder einen Bankkredit!«

Die Anekdote stammt aus dem Deutschland der Nachkriegszeit. Nur langsam kommt der Wiederaufbau in Gang. Das Land braucht

jeden Unternehmer, der mit anpackt, produziert und neue Arbeitsplätze schafft, zumal in Bonn, seit jeher gutbürgerlich, aber arm an
Wirtschaftsbetrieben. Es braucht Leute, die ihr Glück in die eigenen Hände nehmen, Typen wie Hans Riegel eben. Rückblickend
sagt er:»Alles, was wir aufgebaut haben, ist selbst finanziert.«
Alles – dahinter verbirgt sich heute der größte Fruchtgummi- und
Lakritzhersteller weltweit. Der 83-Jährige gebietet über ein Familienunternehmen mit 6 000 Mitarbeitern, er wacht über 18 Fabriken,
von Bonn bis Istanbul. Jung und Alt beglückt er mit mehr als 1 000
Produkten – angefangen bei den berühmten»Goldbären« über Lakritzschnecken bis hin zu»Tropifrutti« und neuen Versuchungen
wie»Pico Balla« und»Brixx«.

Das Schlüsselerlebnis mit der heimischen Sparkasse hat sein Gutes – bis heute:»Unser Eigenkapital ist nicht normaaal«, sagt er und
zieht das Wort rheinisch in die Länge. Die Eigenkapitalquote bezif-
fert er mit stattlichen 70 Prozent.»Es gibt Leute, die sagen, Unternehmen ohne Schulden sind schlecht geführt. Das können die mir
ruhig anhängen«, fügt er hinzu und lächelt schelmisch.

Hans Riegel verkörpert die Erfolgsstory eines ungewöhnlichen
Unternehmers, der sich nicht einsortieren lässt in gängige Klischees.
Schon mit seiner Erscheinung passt er in kein Schema heutiger Vor-
zeigemanager. Er trägt oft eine Kombination aus Hose, manchmal
Bluejeans, und ärmelloser Lederweste. Statt Krawatte bevorzugt er
Tücher oder Lederbänder mit Schnallen, die ein oder mehrere Gum-
mibärchen aus Plastik oder Metall zieren.

Der mittelgroße, leicht untersetzte Firmenchef hat etwas von einem freundlichen Großvater. Hinter seiner tropfenförmigen, rand-
losen Brille schauen zwei liebevolle, aufmerksame Augen den Besucher an. Er spricht ruhig und stark gefärbt in rheinischem Dialekt,
passend zu seiner Bonner Heimat. Seine Vorstellungen von korrek-
ter Unternehmensführung und fruchtbarer Politik verpackt er nicht
in Fachchinesisch, sondern er formuliert gerne direkt aus dem
Bauch heraus.»Manche Politiker meinen, wenn sie gewählt werden: Ich muss schnell ein paar Gesetze machen, sonst habe ich nichts

geleistet.« Und erzählt die Geschichte, warum er zwei dicke blaue
Linien auf den Boden des Farbrikhofs im Stammwerk malen lassen
musste, und warum er den Streifen dazwischen, der direkt am ehemaligen Löschwasserbecken der Fabrik vorbeiführt, dreimal täglich reinigen lässt. »Wenn unsere Leute mittags aus der Fabrik in
die Kantine zum Essen gehen, müssen sie den Weg zwischen den
blauen Linien benutzen, andernfalls dürfen sie nicht zurück in die
Produktion.« Das schreiben die neuen Hygieneauflagen vor. »Das
ist doch unglaublich, oder?«

Der Mann, der sich über die Regelungswut der Beamten aufregt,
lässt sich ungern etwas vorschreiben und lebt lieber seinen ganz eigenen Stil – auch im Büro. Das hat nicht die kühle, durchgestylte
Atmosphäre von Klarheit und Macht, mit der sich heute viele Konzernchefs umgeben. Der Raum hat mehr den Charakter eines gut-
bürgerlichen Wohnzimmers, mit seinem beigefarbenen Teppichbo-
den, den braun-blauen Brücken und den in akkurate Wellen gelegten
Gardinen. Auf dem Schreibtisch liegen Packungen von Goldbären
einträchtig neben einem Fläschchen Kölnisch Wasser, einer kleinen
Madonnenstatue, einem Porzellanhund und einer silbernen Kaffee-
kanne. Die Gemälde an den Wänden mit Hasen- und Wolfmotiven
und der ausgestopfte Fuchs auf dem Sideboard verraten die Jagd-
leidenschaft.

Aber Hans Riegel ist kein gemütlicher älterer Herr, der am liebsten in Erinnerungen schwelgt und über längst vergangene, aufre-
gende Zeiten fabuliert, der jetzt mit einem prall gefüllten Bankkonto
sein Lebenswerk aus der entspannten Position eines Aufsichtsrats-
oder Beiratsvorsitzenden betrachtet und ansonsten die Annehm-
lichkeiten eines Pensionärslebens genießt. Er steht mit seinen 83
Jahren immer noch voll im Geschäft und ist vielleicht der älteste
Chef Deutschlands in einem der großen Familienunternehmen. Er
sagt noch immer, wo es im Bonner Süßwarenreich langgeht.

Hans Riegel ist Haribo. Haribo ist Hans Riegel. Klar, da gibt es
noch seinen Bruder Paul, dem die Hälfte der Anteile gehört. Aber
der stand schon immer lieber im Hintergrund, kümmerte sich um

Technik und Produktion. Bruder Hans hingegen, für Marketing, Verkauf und den kaufmännischen Bereich zuständig, war immer der Antreiber, der Ideengeber, der Mann mit dem Gespür für den Markt. Und er war sich nicht zu schade, selbst loszuziehen, um zu erfahren, was die Verbraucher denn so wünschen. Anfang der fünfziger Jahre will er in Bremen testen, wie es um den Bekanntheitsgrad von Haribo bestellt ist. »Da bin ich in die Fußgängerzone gegangen und habe irgendwelche Leute angesprochen und sie gefragt: Hören Sie mal, kennen Sie Haribo? Da bekam ich so Antworten wie: Nein – ich bin auch nicht von hier.«

Solche Geschichten erzählt Hans Riegel gern und amüsiert sich selbst dabei immer wieder köstlich. Er wirkt dann wie ein Büttenredner auf einer Karnevalsveranstaltung oder ein Alleinunterhalter in fröhlicher Runde unter Freunden.

Doch die Anfangszeit nach dem Zweiten Weltkrieg läuft alles andere als glatt für seinen Bruder und ihn. Vater Hans Riegel, der 1920 die Firma unter dem Kürzel HAns RIegel BOnn (HA-RI-BO) in einer Hinterhofwaschküche gründet, macht daraus mit seinem bis heute streng gehüteten Geheimrezept für Gummibärchen eine veritable Fabrik. Er stirbt 1945. Der Krieg ist gerade vorbei. Zunächst kümmert sich seine Frau um das, was vom Unternehmen übrig geblieben ist. Gertrud Riegel wird in dieser Zeit zur »Mutter Courage« des Betriebs, wie es der frühere Haribo-Prokurist Bruno Unkel der Riegel-Biografin Bettina Grosse de Cosnac für ihr Buch *Ein Bär geht um die Welt* erzählte.[1]

Tag für Tag fährt die Firmeninhaberin mit dem Fahrrad durch Bonn: zu ihrer noch stillgelegten Fabrik und zu den britischen Militärbehörden. Die müssen ihr die Genehmigung zur Wiedereröffnung des Betriebs erteilen – vorher geht nichts. Sie muss Fragen beantworten, viele Fragen: Was, wie, wo, wann und vor allem für wen hat Haribo während des Kriegs produziert?

Am 30. Juli 1945 schreibt sie an die »Beratungsstelle für Handel und Industrie Bonn«: »Im Besitze der uns übersandten Fragebogen diene Ihnen zur Information, dass unsere Fabrikationsräume erst

mit vergangener Woche von den Amerikanern geräumt wurden.
Nach deren Räumung haben wir sofort mit den Wiederinstandset-
zungsarbeiten begonnen. Diese Arbeit wird rund vier bis sechs Wochen dauern.« Mit der Wiederaufnahme des Betriebs rechnet sie
zum 15. April 1948, also erst fast drei Jahre später.

Doch dann kommen ihre beiden Söhne Hans und Paul schon
1946 aus der Kriegsgefangenschaft nach Bonn zurück. Sie springen
sofort ein, helfen im Betrieb. Von einst 190 Mitarbeitern sind noch
30 da.

Glücklicherweise hat die Fabrik die Bombenangriffe glimpflich
überstanden. Fenster und Dächer sind zwar zerstört, aber die Pro-
duktionsanlagen noch weitgehend intakt. Viel größere Probleme
haben die beiden Jungunternehmer, wichtige Rohstoffe wie Gela-
tine und Zucker zu beschaffen. Mit einem kleinen Lastwagen kur-
ven sie selbst zum Bonner Bahnhof, um Zucker aufzuladen. Der
stammt aus Fabriken, die von Bomben beschädigt waren.»Der war
regelrecht angebrannt. Wir mussten ihn erst einmal filtern, bevor
wir ihn verwenden konnten«, erinnert sich Riegel.

Auch Kohle zum Heizen und Feuern der Fabrik ist knapp. Als
der damalige Kölner Kardinal Josef Frings verlauten lässt:»Leute,
wenn euch kalt ist, nehmt euch die Kohle von den Wagen«, streu-
nen die Riegel-Brüder auch um die Güterzüge im Bonner Bahnhof
herum und greifen mitunter kräftig zu.

Viel früher als von Mutter Riegel erwartet, startet die Firma
schließlich mit Produkten für die hungrigen Bergarbeiter im Ruhrgebiet, den so genannten»Nährkugeln«. Haribo bietet ihnen auch
Salmiakpastillen und Pektoraltabletten an, und für Schulkinder erfindet er eine Art Vorläufer des heutigen Müsliriegels: Stangen, die
mit Fettglasur überzogen waren, gefüllt mit einer Vollkornmasse.

Seinen Geschäftssinn und sein Gespür für das Machbare beweist
Hans Riegel bei seinem ersten größeren Auftrag. Er liefert einen
Lkw mit Lakritz in die Schuhstadt Pirmasens, um die Kinder zu
Weihnachten zu beglücken. Im Gegenzug erhält er 200 Paar neue
Schuhe. Jedem Mitarbeiter schenkt er ein Paar und behält noch 100

übrig. »Damit konnte ich dann gut maggeln« – will auf Rheinisch heißen: Das war eine gute Tauschwährung in den Mangelzeiten.

Trotz der schwierigen Startbedingungen für einen Unternehmer nach dem Zweiten Weltkrieg schreibt sich Hans Riegel an der Rheinischen Friedrich-Wilhelms-Universität in Bonn ein. Neben der Arbeit studiert er abends Volkswirtschaftslehre. Und hängt auch noch eine Promotion hinten dran. Thema der 135 Seiten umfassenden Doktorarbeit: »Die Entwicklung der Weltzuckerwirtschaft während und nach dem Zweiten Weltkrieg«.

Als Doktor der Staatswissenschaften widmet sich Riegel wieder voll und ganz dem Betrieb. Höchstpersönlich fährt der Firmenchef mit einem Koffer durch die Lande, um Lakritz und Fruchtgummis an die Händler zu verkaufen. Ihn treibt sein unternehmerischer Elan an und das Bewusstsein, schnell seine heranwachsenden Kunden zu erreichen: die Kinder. »Meine Philosophie war damals wie heute: Das, was man als erstes im Leben isst, daran gewöhnt man sich und gibt es später an seine Kinder weiter.«

Damals verkauft er die süßen Schleckereien aus Bonn nur in loser Form, in Tante-Emma-Läden in großen Gläsern. Sie kosten ein paar Pfennige und werden, genau abgezählt, in Papiertütchen verkauft. Erst später verpackt er Süßes in Zellophantüten. Die Verpackung erlaubt es ihm, mehr und mehr flächendeckend zu verkaufen. Er profitiert auch davon, dass sich die Einstellung zu süßen Kauprodukten in den fünfziger Jahren ändert. Die US-Soldaten bringen den Kaugummi nach Deutschland, den sie lässig in der Öffentlichkeit kauen. Da passen die weichen Fruchtgummis in die neue Einstellung zum Konsum. Außerdem nutzt Riegel die Zellophantüten als Werbefläche. Der Start zum Aufbau der Marke Haribo. Früh erkennt er die Breitenwirkung des damals neuen Mediums Fernsehen. Er lässt einen Trickfilm produzieren, damals mit dem Slogan: »Haribo-Konfekt, das schmeckt«.

Später konzentriert er sich ganz auf den Slogan, mit dem Haribo noch heute wirbt: »Haribo macht Kinder froh und Erwachsene ebenso«. Der Slogan ist uralt. Hans Riegel hat auch dazu eine Anekdote parat. So sei eines Tages ein Mann ins Büro seines Vaters gekommen und habe gesagt:»Wenn Sie mir 50 D-Mark geben, sage ich Ihnen einen guten Werbespruch. Der Vater gab ihm das Geld. Der Mann sagte: Haribo macht Kinder froh – und ist wieder gegangen.« Eine Anekdote, für deren Wahrheitsgehalt auch Sohn Hans seine Hand nicht ins Feuer legen will. In den sechziger Jahren fügte er»und Erwachsene ebenso« hinzu.

Riegels wachsenden Erfolg lässt zwei Herren in Essen und Mülheim aufhorchen, die Deutschland mit ihren Billig-Supermärkten aufrollen. Während mancher Konkurrent aus der Branche zögert, Aldi zu beliefern, steigt Haribo groß ein.»Wir hatten immer die Philosophie, dass wir jeden beliefern«, sagt Riegel. Das Geschäft läuft gut, bis Aldi sich seinerzeit entschließt, nur noch Produkte unter Eigenmarken zu verkaufen. Das passt Riegel gar nicht, der heute das»sehr gute Verhältnis zu Aldi« hervorhebt. Damals reist er nach Mülheim und Essen, redet mit Theo und Karl Albrecht und setzt durch, dass er seine»Goldbären« und die Mischung»Colorado« weiter im Original anbieten darf. Das ist bis heute so. Andere Produkte laufen zwar unter dem Namen Haribo, sind aber spezielle, für Aldi zusammengestellte Mischungen.

Bald drängt Riegel ins Ausland.»Wir wollten eine europäische Marke werden.« Zuerst baut er in Skandinavien eine Niederlassung auf. Danach folgt Holland. Heute ist Haribo überall in der EU mit eigenen Gesellschaften vertreten. Außerdem übernimmt er in Deutschland so manchen Konkurrenten. Ende der sechziger Jahre greift er bei der Solinger Firma Dr. Hillers AG zu, dann beim fränkischen Lebkuchenspezialisten Bären-Schmidt, 1986 bei der Edmund Münster GmbH & Co. KG in Neuss (»Maoam«). Und nach der Wiedervereinigung übernimmt er den ehemals volkseigenen Betrieb WESA in der Nähe von Zwickau.

In der Bonner Zentrale läuft nichts ohne Hans Riegel.»Der Alte«, wie er dort heißt, führt auch heute noch ein straffes Regiment.»Was er sagt, ist quasi Gesetz«, sagt ein langjähriger Branchenbeobachter. Legendär ist seine so genannte»Postbesprechung«. Seine Sekretärin öffnet die Post der Abteilungsleiter. Die holt Riegel dann nacheinander ins Büro, um mit ihnen wichtige Punkte zu diskutieren.

»Wenn er sich nicht negativ äußert, gilt das als Lob«, beschreiben Mitarbeiter den Führungsstil, den die einen wohlwollend »patriarchalisch«, die anderen aber »autoritär« nennen. Und manch Angestellter erlebt, dass auch mal »die Wände wackeln«, wenn Riegels Ungeduld zu groß wird.

Er ist ein Chef der alten Schule. Von vielen modernen Managementmethoden und -moden hält er wenig. Während viele Unternehmen Datenverarbeitung, Werbung, Druckerei und Kantine an fremde Dienstleister vergeben haben, bleibt bei Haribo alles im Hause. Auch die Zahlen hält er seit jeher streng unter Kontrolle. Noch nicht einmal die Produktionsmenge nennt er, geschweige denn den Umsatz oder gar den Gewinn. Die Branche schätzt den Jahreserlös der Haribo-Gruppe auf mindestens 1,5 Milliarden Euro. Ansonsten hat Riegel seine speziellen Methoden, das Unternehmen zu führen. Lange Zeit gibt es keine Marketingabteilung. Der Chef vertraut lieber auf seine eigene Nase – und mit der liegt er meist richtig.

Und woher weiß er, was seine wichtigsten Kunden, die Kinder, wollen? »Ich schaue mir eben schon mal im Fernsehen die *Sesamstraße* oder die *Sendung mit der Maus* an. Wenn jemand aus meinem jugendlichen Publikum ›affengeil‹ sagt, muss ich schließlich wissen, was das heißt«, sagt der Mann, der nur kurz verheiratet war und keine eigenen Kinder hat. So kommt er auf Produkte wie »Biene Maja« und »Saure Dinosaurier«.

Die Schlagzeilen in den Tageszeitungen und der Boulevardpresse bringen ihn auch auf die Idee mit »Mobydick«. Eines Tages verirrt sich ein Wal im Rhein. Von der Nordsee aus schwimmt »Mobydick« den ganzen Strom hoch bis nach Mainz. Die Kinder mögen das Riesensäugetier, überall am Ufer bilden sich über Wochen Gruppen von Schaulustigen – Whale-Watching am Rhein. »Wir haben schnell reagiert, innerhalb von einer Woche, weiße Wale aus Schaummasse produziert. Die liefen gut.« Als der Wal aus den Schlagzeilen verschwindet und sich rheinabwärts in Richtung Nordsee aufmacht, stoppt er die Produktion. Aber auch die Erwachsenen machte Riegel seit jeher froh. Anfang der neunziger Jahre, als die Satire-Serie *Hurra Deutschland* das Fernsehpublikum begeistert, ersinnt Riegel kurzerhand eine Fruchtgummimischung namens »Süße Politikerriege zum Vernaschen«. Helmut Kohl, Hans-Dietrich Genscher, Theo Waigel – sie alle geben ihr Einverständnis, ihr Konterfei sozusagen als Gummibonbons produzieren zu lassen. Riegel verpasst den weichen Köpfen noch schnell eine schwarz-rot-goldene Verpackung – fertig ist der Marketinggag.

Aber auch Riegel erlebt Flops. Großen Ärger löst er aus, als er die gesamte Heilige Familie in Fruchtgummi gießt. Die Deutsche Bischofskonferenz läuft Sturm. »Da habe ich religiösen Fanatismus am eigenen Leibe kennen gelernt. Einige Frauen haben mir gewünscht, dass ich mal in die Hölle komme«, sagt der Mann, der sich selbst als katholisch bezeichnet. Er stellt die Produktion wieder ein.

Als Katholik sorgt er im Laufe der Jahrzehnte für seine Mitarbeiter wie ein guter Hirte für seine Schafe. Der mehrmalige deutsche Meister im Badminton baut ihnen in Bonn 1953 die erste Halle in Deutschland für den schnellen Sport, in dem Jahr, in dem VW den Preis für seinen Käfer von 4400 auf 4200 D-Mark senkt. In der Hans-Riegel-Halle, benannt nach seinem Vater, dreschen noch heute Mitarbeiter von Haribo, Deutscher Telekom und Deutscher Post die Federbälle.

Der Firmenchef spendiert zudem schon früh einen eigenen Kindergarten und veranstaltet Betriebsfeste, wo es bunt und fröhlich zugeht, und Riegel, ganz in seinem Element, auch mal zum Saxofon greift. Oder er lädt sein gesamtes Personal, das während der Internationalen Süßwaren-Messe in Köln mitwirkt, zu einem Festmenü in sein Golfhotel »Jakobsberg« bei Boppard am Rhein ein und lässt es sich nicht nehmen, spät am Abend selbst zu Stargast DJ Ötzi auf die Bühne zu steigen.

Hans Riegel wird 1923 als Sohn eines Bonner Fabrikanten geboren. Er besucht das Aloysius-Kolleg in Bad Godesberg. 1946 kehrt er aus französischer Kriegsgefangenschaft heim nach Bonn. Sein Vater ist gerade gestorben, seine Mutter verhandelt mit den britischen Besatzern über eine Wiederaufnahme des Betriebs.

Zusammen mit seinem Bruder Paul übernimmt er die Geschäftsführung. Während sich Paul lieber im Hintergrund um die Technik und den eigenen Spezialmaschinenbau kümmert, vertritt Hans das Unternehmen nach außen. Er verantwortet die Bereiche Produktentwicklung und Werbung. Nebenbei studiert er an der Universität Bonn Volkswirtschaftslehre und hängt auch noch eine Promotion hinten dran. Früh entdeckt er die Werbung zum Aufbau der Marke Haribo. Er schaltet schon in den sechziger Jahren Spots im TV, etabliert den Slogan »Haribo macht Kinder froh und Erwachsene ebenso« und engagiert Thomas Gottschalk als Werbeträger.

Ertragszahlen und Erlöszahlen hält Riegel bis heute streng unter Verschluss, genauso wie das Originalrezept für seine Gummibärchen. Nach Branchenschätzungen kommt Haribo auf einen Jahresumsatz von 2 Milliarden Euro, Tendenz steigend. Er beschäftigt 6 000 Mitarbeiter in 18 Fabriken. Die Firmenanteile gehören zu je 50 Prozent seinem Bruder und ihm. Sein Vermögen hat er in eine Familienstiftung mit Sitz in Österreich eingebracht. Wann der heute 83-Jährige, der die Firma noch immer leitet, einen Nachfolger ernennt, ist offen. In Frage kommt der Sohn seines Bruders, Hans-Jürgen Riegel.

Doch er wäre kein echter Rheinländer, käme bei allem Geschäftssinn das private Vergnügen zu kurz. So hat Riegel wie viele andere erfolgreiche Unternehmer auch eine Schwäche für schnelle Autos. »Feuerschlitten mit 360 PS als Flugzeugersatz«, titelt etwa eine Boulevardzeitung, als sich Riegel im Herbst 1967 einen Lamborghini 400 für 55 000 D-Mark zulegt. Das Geschoss fährt er liebend gerne selbst, sein Chauffeur muss oft auf dem Beifahrersitz Platz nehmen. Vorher besitzt Riegel schon diverse Mercedes, einen Cadillac und einen Ferrari. Und er leistet sich einen eigenen Hubschrauber. Sein aktuelles Modell »Agusta A 109 Power« fliegt er auch heute noch selbst. Kurzum: Irgendwie entpuppt sich Hans Riegel »als Inkarnation des Rheinischen Kapitalismus«[2] wie es Autorin Grosse de Cosnac formuliert, frei nach dem Motto: »Jeder ist seines Glückes Schmied.« Oder: »Drink doch eene met«, was sich zusammengefasst in etwa so übersetzen lässt: »Wer viel arbeitet, soll auch was davon haben.«

In Wachtberg-Pech, einem schicken, grünen Villenvorort von Bonn, unterhält Riegel ein weitläufiges Waldgrundstück mit eigenem Hubschrauberlandeplatz, denn im Bonner Werk darf er nicht landen. Die Größe des Grundstücks lassen Klingelschilder wie »Grillplatz« und »Gästehaus« am Eingangstor erahnen. Alles ist dazu umrahmt von einem Freiwildgehege mit unzähligen Hirschen und Rehen. Getier, das er mit Kastanien gefüttert hat, die Bonner Kinder jeden Herbst sammeln und bei Riegel gegen Süßigkeiten eintauschen können: zum Wechselkurs von 1 Kilo Gummibärchen für 10 Kilo Kastanien oder 5 Kilo Eicheln.

Da stehen sie also jedes Jahr im Oktober, an der einen Hand Mutter oder Vater, in der anderen eine Tüte oder einen Eimer voll Kastanien. Manche haben ganze Bollerwagen voll geladen, wieder andere haben ihre Schulranzen mit Kastanien voll gestopft. Obwohl sie lange warten müssen, lachen die Kinder viel, es ist die Vorfreude auf die Goldbären, mit denen die Haribo-Leute gleich ihre gesammelten Schätze aufwiegen werden. Wahlweise gibt es auch Lakritz oder süße Gummikirschen oder Maoam – alles ist so wie bei einem fröhlichen Kinderfest.

Im Herbst 2006 kommen bei herrlichem Wetter mehr als 16 000 Eltern und Kinder, sie bilden vor dem Firmengelände eine zwei Kilometer lange Schlange und bringen insgesamt 200 Tonnen Kastanien und 150 Tonnen Eicheln zu den drei Sammelstellen. Für Haribo ist die seit fast 70 Jahren stattfindende Aktion bestes Marketing: Die Kinder bleiben der Marke treu, probieren neue Produkte und freuen sich über die süßen Geschenke, während der Unternehmenschef den Futtereinkauf für seine Wildtiere ein paar Tage lang reduzieren kann.

Überhaupt, das Wild. Sein erster Wohnsitz liegt in Österreich, auch aus steuerlichen Gründen. Dort, in Linz, besitzt der Mann mit österreichischem Pass ein größeres Anwesen, »das ich bei gutem Wetter mit dem Hubschrauber in zwei Stunden von Bonn aus schaffe«, wie er stolz erzählt. Da kann er seiner großen Leidenschaft frönen, der Jagd. In Österreich schießt er Gams- und Rotwild, in seinem Revier bei Boppard Schwarzwild. Bei der Jagd erholt er sich von den Sorgen, die er als Unternehmer mit sich herumschleppt, vor allem: Wie sichere ich die Haribo-Jobs in Deutschland

Beispiel Lebkuchenherzen: Hans Riegel lässt die Kirmestrophäen zwar nach wie vor bei seiner Tochterfirma Bären-Schmidt in der Nähe von Würzburg backen. Aber dann werden sie ins Haribo-Werk Ungarn transportiert, wo der Stundenlohn um ein Vielfaches günstiger ist als in Deutschland, wo die Mitarbeiter sie zeitintensiv per Hand mit Zuckergusssprüchen wie »Du bist mein Schatz« oder »Ich liebe Dich« verzieren. »Das kann keine Maschine, sonst stimmt das Flair nicht«, findet der Chef. Danach kommen sie, fertig verpackt, zurück nach Würzburg. Nur: »So können wir die Arbeitsplätze in Deutschland erhalten«, begründet Riegel die Zwei-Länder-Produktion.

Oder die Sache mit Spanien: Ein großer Discounter wollte einen Mischkarton mit verschiedenen Haribo-Spezialitäten anbieten. »Wir hätten das viel billiger in Spanien herstellen können«, räumt Riegel ein. Aber er wollte den Auftrag in Solingen halten. Um die deutschen Produktionskosten zu senken, kaufte er einen Roboter für das Werk Solingen und sicherte die dort vorhandenen Arbeitsplätze.»So waren wir mit Spanien konkurrenzfähig.« Was war seine unternehmerisch wichtigste Entscheidung?»Den Goldbären ›Goldbär‹ zu nennen und ihn als Marke aufzubauen«, sagt Hans Riegel.

Schon im Inflationsjahr 1922 als Tanzbär mit etwas barockeren Formen erfunden, 1967, kurz vor den Zeiten der Studentenunruhen mit dem eingetragenen Warenzeichen Nummer 829311 geadelt, ist er inzwischen eng mit Thomas Gottschalk verbunden. Der Showmaster mit dem ewig blonden Lockenkopf und Hans Riegel kommen 1990 zusammen.»Für uns war das Gottschalk-Honorar am Anfang ein dicker Brocken«, blickt Riegel zurück, der in den siebziger Jahren noch Fußballstars wie Sepp Meier und Franz Beckenbauer für die Fruchtgummis werben ließ. Aber allein im ersten Jahr der Zusammenarbeit habe Gottschalk für so viel PR-Wirbel gesorgt, dass sich das Engagement für Haribo rechnete.»Wir sind heute mit Gottschalk quasi verheiratet und werden uns nicht ohne triftigen Grund von ihm trennen.«

Und schon liefert Riegel die passende Story dazu. Er hat eine Mutter mit ihrem Kind auf der Straße beobachtet.»Die Mutter sagte: ›Schau mal, da drüben geht der Mann, der die Gummibärchen macht. Sagt das Kind: Ne, ne, Mutti, das stimmt nicht. Die stellt doch der Gottschalk her.‹«

In einem Werbespot sind Gottschalk und Riegel einmal gemeinsam aufgetreten. Der Showmaster stellt darin den Macher der Gummibären vor und drängt ihn, das Goldbärenrezept zu verraten. Riegel antwortet:»Tommy, du darfst alles essen, aber nicht alles wissen.«

So wird der Bär zum Kultobjekt. Das rheinische Landesmuseum Koblenz widmete Haribo im vergangenen Sommer eine große Ausstellung, zu der mehr als 120000 Besucher kamen.

Zur Eröffnung moderiert Gottschalk im weißen Sommeranzug bei strahlendem Sonnenschein im Hof der Festung Ehrenbreitstein eine Modenschau der besonderen Art. Studenten der Fachhochschulen Bielefeld und Trier haben sich Fantasiekleidung zum Thema Haribo ausgedacht. Da werden Goldbärentüten zum nabelfreien Top verarbeitet, Lakritzschnecken finden sich als flottes, schwarzes Abendkleid wieder und Dutzende, lange Kaubonbons werden zum neckischen Minirock. Am Schluss bittet Gottschalk:»Hans, bitte komm doch mal.« Hans Riegel lässt sich nicht lange bitten und steigt auf die Bühne. Gottschalk steckt ihm einen Haarreif mit zwei Hasenohren auf den Kopf.»Ich glaube, es gibt wenige Herren über 80, die so einen Quatsch mitmachen«, sagt der Showmaster unter dem Jubel des Publikums. Hans Riegel, eingerahmt von den bunt verkleideten Mannequins, lächelt wie ein Honigkuchenpferd.

Und so könnte sie ewig weitergehen, die Geschichte von dem immer fröhlichen Thomas Gottschalk, der erfolgreichen Süßwarenmarke Haribo und dem ewigen Firmenchef Hans Riegel. Doch auch der muss irgendwann mal einen Nachfolger ran lassen. Oder?»Ich bin gesund«, sagt Riegel.»Ich war gerade bei der Vorsorgeuntersuchung, alles im grünen Bereich.«

Bereits vor Jahren hat er in Österreich eine Stiftung gegründet, die seinen 50-Prozent-Anteil an Haribo hält. Aber wer wird ihn mal ablösen? Schließlich ist der Übergang von einer Generation auf die nächste in Familienunternehmen eine der gefährlichsten Phasen überhaupt. Viele schaffen den Wechsel nicht.

Am liebsten würde Hans Riegel die Frage überhören und von neuen Produktideen reden, etwa einer schwarz-grünen Lakritzschnecke. Doch es hilft nichts.»Mein Neffe, Hans-Jürgen Riegel, könnte das Unternehmen mal führen«, sagt er dann verlegen.

»Aber«, schiebt er gleich hinterher,»mir macht die Arbeit noch viel Spaß.«

Hans Jürgen, der Sohn seines Bruders aus erster Ehe, ist 51 Jahre alt. Er hat Betriebswirtschaft studiert, arbeitete dann beim Marmeladenkonzern Zentis in Aachen, wechselte zu einer Bank, kam zur Haribo-Tochter Maoam und leitet nun schon seit vielen Jahren das Frankreichgeschäft von Haribo – und zwar»erfolgreich«, wie der

Onkel anerkennt. Mehr ist über den Mann, der auf Fotos wie eine jüngere Ausgabe von Hans Riegel wirkt, aus dem verschwiegenen Hause Haribo nicht zu erfahren. Aber ein Branchenkenner weiß, dass der Neffe recht beliebt ist. Er verstehe es, die Mannschaft hinter sich zu bringen. »Hans-Jürgen ist eine andere Generation«, sagt Walter Hitschler, der mit Hans Riegel befreundet ist. Der Inhaber des gleichnamigen Kölner Süßwarenherstellers ist sich sicher, dass dann »die Entscheidungen breiter werden, weil es den Entscheidungsbauch des Onkels nicht mehr gibt.«

Aber wann der Tag X sein wird, weiß wohl niemand – wahrscheinlich nicht einmal Hans Riegel selbst. Der kann sich noch kein anderes Leben vorstellen. Er sagt uns: »Ohne die Firma würde ich krank.«

Peter Brors, Georg Weishaupt

Kapitel 12

»Der Adler fliegt am besten allein«

Der BMW-Herrscher EBERHARD VON KUENHEIM

Es war wohl 1965, da schickt Eberhard von Kuenheim einen Brief von Hannover nach Bad Homburg. Eigentlich ist es ein Akt, der sich nicht so recht gehört, kess, fast vorlaut. 35 Lenze zählt der junge Maschinenbau-Ingenieur erst, hat sich die ersten Sporen verdient als Technischer Direktor eines mittelständischen Werkzeugmaschinenherstellers. Ansonsten ist er fast noch ein Niemand.

Der Adressat in Bad Homburg aber, der ist jemand. Jemand Großes. Einer der reichsten Männer der Republik. Ein Großindustrieller. Von Kuenheim hatte ihn einmal am Rande einer Tagung kennen gelernt, nur kurz, wie er sich erinnert. Man tauscht ein, zwei höfliche Briefe aus. Das ist es, was sich schickt. Bis von Kuenheim seinen Lebenslauf nach Bad Homburg schickt. Ungefragt, ungebeten. Heute würde man es eine Initiativbewerbung nennen.

Harald Quandt lässt den Absender lange warten. Dann lädt er ihn ein – und er ist begeistert. »Denken Sie«, erzählt er später, »er hat 1954, ich '53 das Ingenieur-Diplom gemacht. An derselben TH – in Stuttgart!« Wie von Kuenheim ist Quandt im Krieg und gerät in Gefangenschaft. Wie von Kuenheim schlägt er sich in den ersten Nachkriegsjahren mit Anpacken durch: als Maurer und Schweißer, während von Kuenheim bei Bosch am Band steht. Quandt ist Jahrgang 1921, von Kuenheim ist 1928 geboren.

Und beide sind begabte, begeisterte, von Technik und Fortschritt faszinierte Ingenieure. »Wenn Harald Quandt ein neues Gerät bekam, kam es vor, dass er es umdrehte und sogar auseinander baute, und dann sagte er: ›Sehen Sie hier, die hätten das hier nach unten machen sollen, dann wäre es leichter zu montieren gewesen, und man hätte auch noch Material sparen können!«, erzählt Eberhard von Kuenheim.»Das war wirklich erstaunlich. Harald Quandt war ein genialer Ingenieur.«

Zwei haben sich gefunden. 1965 tritt Eberhard von Kuenheim seine Stelle als »Stabsmann für technische Fragen« in der Quandt-Gruppe an. Die kontrolliert Herzstücke der deutschen Industrie: die Industrie-Werke-Karlsruhe, Keller & Knappich, BYK-Gulden, Varta, Wintershall, die Busch-Jaeger Dürener Metallwerke. Bei vielen Firmen führt Quandt den Vorstand selbst. Rasch beweist der scharfsinnige Ingenieur von Kuenheim seinem neuen Arbeitgeber, dass er mehr kann, als die Unternehmen der Gruppe beraten und überwachen.

Nur gut zwei Jahre arbeiten die beiden zusammen. Am 22. September 1967 prallt Harald Quandts Firmenjet vom Typ Beechcraft 40 in der Nähe von Nizza gegen einen Berg. Am Tag zuvor hat ihn Eberhard von Kuenheim noch zum Flugzeug begleitet. Harald Quandt wurde nur 45 Jahre alt.

Doch die zwei Jahre, die dem Duo vergönnt sind, erweisen sich schnell als Weichen stellende – für die Karriere von Kuenheims, für das Vermögen der Quandts und für die bundesdeutsche Nachkriegswirtschaft. Über Harald Quandt kommt von Kuenheim zu dessen Halbbruder Herbert. Der schickt seinen Hoffnungsträger 1970 zu einer kleinen bayrischen Autofirma namens BMW, an der er die Mehrheit hält. Dort, in München, beschert von Kuenheim der Firma in 30 Jahren eine stetige Beschleunigungskurve – von 1,5 Milliarden auf 29 Milliarden D-Mark Jahresumsatz. BMW wird unter seiner Leitung zum Inbegriff des Besten, das deutsche Ingenieurskunst zu bieten hat. Sogar dem ewigen Konkurrenten aus Stuttgart, Daimler-Benz, zeigt von Kuenheim in der letzten Kurve vor seiner Zieleinfahrt noch die Heckleuchten.

Persönlich wird von Kuenheim zu einem Mann nicht unähnlich seinem Land: Er verkörpert Fortschritt, Begeisterungsfähigkeit, höchste Standards. Aber er macht es einem nicht leicht, sich ihm zu nähern. Er schätzt Ordnung, den »Komment«, wie er es nennt. Er wahrt Distanz. Mit Humor geht er eher sparsam um. Dank eines tiefen Verantwortungsgefühls für das Erfüllen von Pflichten tut er das, was er tut, mit bewundernswerter Energie, Zielstrebigkeit, Erfolg – und wenn es sein muss auch mit Härte.

Und wie das Land, dass ihm zunächst alles nimmt, ehe es ihm gestattet, sich manches zurückzuholen, scheint Eberhard von Kuenheim nach seinem Gipfelsturm vernachlässigt zu haben, dass auch er sich hätte ändern müssen, weil sich die Welt geändert hat. Auch wenn er selbst es heute anders sieht: Er, der als Vorstandsvorsitzender den Aufstieg von BMW zum beneidetsten Autohersteller der Welt anführt, steht als Aufsichtsratschef auch der größten Krise der Marke vor: Rover.

An diesem Morgen sitzt von Kuenheim in seinem hellen Arbeitszimmer in bester Münchener Umgebung. Residenz und Hofgarten sind nahe. Hier hat er die Büros einer Stiftung eingerichtet, die seinen Namen trägt. Noch immer umgibt diesen Mann eine eigenartige Aura, er schafft Distanz, die aber dennoch mitreißende Energie entfalten kann. Dass Pflichterfüllung Leidenschaft sein kann, hat von Kuenheim beispielhaft gelebt und, wenn man so will, vorexerziert, korrekt bis ins Knopfloch, oft scheinbar knochentrocken.

Herbst 1967. Erstmals startet eine Saturn-5-Rakete – sie wird zwei Jahre später die erste Mondlandung ermöglichen. In Berlin kämpft die Polizei mit Wasserwerfen gegen Studenten. Kurz zuvor haben Margerete und Alexander Mitscherlich *Die Unfähigkeit zu trauern* veröffentlicht, eine psychoanalytische Studie über die Schwierigkeiten der Deutschen, mit dem Trauma der Nazi-Zeit umzugehen. Die Welt wandelt sich rasant – technologisch und gesellschaftlich.

Der Unfalltod Harald Quandts liegt zwei Monate zurück, da bittet dessen älterer Halbbruder Herbert den Manager von Kuenheim zu sich nach Bad Homburg. »Es war an einem Samstagvormittag, Samstag war damals schon arbeitsfrei, so gegen zehn oder elf, er war allein«, erinnert sich von Kuenheim gegenüber dem BMW-Historiker Horst Mönnich. »Setzen wir uns«, sagt Quandt. »Erzählen Sie, was Sie machen!«

Günther Quandt, Nachfahr einer holländischen Seilerfamilie, die sich zunächst im brandenburgischen Pritzwalk niederließ, hatte seinen Besitz vor seinem Tod 1954 unter seinen beiden Söhnen aufgeteilt: Während der jüngere Harald die Maschinenbaubeteiligungen erhielt, bekam Herbert die Bereiche Elektro, Kali und Öl mit Firmen wie Wintershall und Varta. Gemeinsam verwalten die Brüder nur ihre 15-prozentige Beteiligung an Daimler-Benz.

Von Kuenheim ist mit Unbehagen in das Gespräch mit Herbert Quandt gegangen: »Ich hatte mir natürlich Gedanken gemacht, was für ein Mensch er war. Man lebte im Quandt-Haus auf kleinstem Raum zusammen, wie auf einem U-Boot – ausgeschlossen, mit dem Kommandanten nicht in Berührung zu kommen.« Von Kuenheim hat Quandt zuvor »nur flüchtig ein- oder zweimal im Gang gesehen, wusste, er war blind, fast blind, was ihm niemand anmerkte. Trotzdem hatte ich den Eindruck, er übersah mich, wünschte nicht, dass man ihm begegnete.«

Während Harald Quandt als sehr offen gilt, für jeden ein nettes Wort übrig hat, die Wagentüren selber öffnet und bei Besprechungen oft zunächst das Sakko ablegt, gilt der 1910 geborene Herbert als unzugänglich und so misstrauisch, dass er sogar seine Telefonate mitschneidet und später erneut abhört, um die Absichten seiner Gesprächspartner (auch seines Bruders) besser einschätzen zu können.

Doch der 57-jährige Multimillionär und der 39-jährige Aufsteiger finden rasch zueinander. Die beiden Männer haben eine gemeinsame Passion: Pferde. In dieser Branche – Quandt ist ein begeisterter Züchter – ist der Name von Kuenheim eine berühmte Marke. Geboren wird Eberhard von Kuenheim am 2. Oktober 1928 auf dem Gut Juditten in Bartenstein in der Nähe von Königsberg. Dort in Ostpreußen haben die von Kuenheims, deren Wurzeln bis ins 13. Jahrhundert ins Elsass zurückreichen, ein Trakehnergestüt mit 800 Pferden – ein Segen, der 1935 zum Fluch wird. Eberhards Vater stirbt bei einem Sturz vom Pferd.

Unvermittelt wechselt Herbert Quandt das Thema:»Plötzlich fragte er:›Was würden Sie auf dem Sektor machen, auf dem Sie jetzt arbeiten? Sie haben doch Einblick!‹«, erzählt Eberhard von Kuenheim. Er traut sich, dem großen Mann mutige Vorschläge zu unterbreiten – so schlägt er vor, sich von der Schalterproduktion bei Busch-Jaeger, in der er gerade arbeitete, zu trennen.»Das hat mir noch nie jemand gesagt, aber den Eindruck hatte ich immer; ich konnte es nur nicht begründen«, antwortet Quandt. Und dann sagt er zu Eberhard von Kuenheim:»Machen Sie das!« Der Ostpreuße mit dem Linksscheitel und der eher leisen, aber eindringlichen Stimme wird zur rechten Hand eines der ersten Industriellen der Republik. Der Adelsspross steigt auf in den Unternehmeradel der Bundesrepublik.

Schnell wird Eberhard von Kuenheim zu Herbert Quandts Mann für schwierige Fälle. Im Sommer 1968 holt der Industrielle seinen besten Mann per Telegramm aus dem Urlaub zurück nach Bad Homburg. Der Auftrag: Von Kuenheim soll den stellvertretenden Vorstandsvorsitz der Industrie-Werke Karlsruhe übernehmen – ein Sanierungsauftrag. Die IWK haben die Kriegswirren noch immer nicht verdaut – und die Führung leidet unter den Besitzstreitigkeiten im Quandt-Clan, die nach dem frühen Tod von Harald Quandt ausgebrochen sind.

Herbert Quandt sagt zu von Kuenheim:»Es sieht finster dort aus. Gehen Sie zur IWK.« Obwohl er die Firma, die zu den größten Rüstungsbetrieben der Republik gehört, kaum ein Jahr lang führt, bringt von Kuenheim sie aus dem Gröbsten heraus, indem er der Mannschaft ein neues Selbstvertrauen einimpft. Jahre später, zum 50. Geburtstag von Kuenheims 1978, lobt ihn Quandt mit den Worten:»Innerhalb der Leitung des Werkes, ja der gesamten Belegschaft, vollzog sich ein geistiger Wandel, den Sie den dortigen Männern gezielt vermittelten.«

Es ist 1969, und Eberhard von Kuenheim ist bereit für Höheres. Und das lässt er, selbstbewusst und in seiner Ungeduld abermals wohl nicht ganz dem Komment entsprechend, seinen Arbeitgeber auch wissen. Er interessiert sich für die Nachfolge von Wilhelm Heinrich Gieschen, dem Produktionsvorstand der Bayerischen Motoren-Werke, einer noch recht jungen Beteiligung im Quandtschen Imperium. Zunächst sagt ihm Quandt ab. Dann kommt von Kuenheim ein Zufall zur Hilfe: BMW-Chef Gerhard Wilcke zieht sich ein Rückenleiden zu und der Chefposten bei dem Münchner Autobauer ist vakant. Abermals schickt Quandt nach von Kuenheim. Als er von Kuenheim 1968 zu den IWK sendet, organisiert Herbert Quandt sein Industriereich gerade um. Er verkauft die Beteiligung am Kali- und Ölkonzern Wintershall für 125 Millionen D-Mark an die BASF. Ein Teil des Erlöses geht für Erbschaftssteuerzahlungen drauf. Den Rest nutzt Quandt, ein Investment auszubauen, dass ihm mehr und mehr Freude macht: BMW.

Seit er Ende der fünfziger Jahre einsteigt, hat sich das Unternehmen erstaunlich entwickelt. 1968 verkauft BMW 110 000 Autos und der Umsatz überschreitet erstmals eine Milliarde D-Mark. Anfang 1969 ist es soweit: Quandt hat seinen Anteil von 40 auf über 50 Prozent des BMW-Kapitals erhöht. Nun will der Mann mit der absoluten Mehrheit auch seinen Mann an der Spitze von BMW wissen, und sein Mann, das ist Eberhard von Kuenheim. Auf der Internationalen Automobilausstellung im September 1969 stellt Quandt der verdutzten Fachwelt den künftigen BMW-Chef vor. Der neue Herr über 21 000 Mitarbeiter kannte Autos bis dahin hauptsächlich vom Fahren.

Mit gerade einmal 41 Jahren wird Eberhard von Kuenheim am 1. Januar 1970 Vorstandsvorsitzender von BMW. Er hat sich bewiesen, und er hat es verdient, das Vertrauen des Großaktionärs. Aber heute ist er sich bewusst, dass ihm auch die Verhältnisse zupass kamen:»Unsere Generation hatte eine ganz andere Ausgangslage als heutzutage. Nun sage ich ein bitteres Wort: Die Jahrgänge vor mir waren gefallen. Das muss man immer bedenken. Zu häufig musste man sagen: ›Nur zwei aus unserer Klasse sind aus dem Krieg wiedergekommen.‹«

Als der Zweite Weltkrieg am 8. Mai 1945 endet, ist Eberhard von

Kuenheim erst 17 Jahre alt, aber er entstammt einer untergegangenen Welt. Von bald 600 Jahren Familiengeschichte in Ostpreußen ist ihm nichts geblieben: kein einziges Erinnerungsstück, kein Ahnenporträt, nicht mal eine Gabel. Vermögen, Status, Zukunft sind passé. Seine Mutter ist, wie er erst später erfährt, in einem sowjetischen Lager zu Tode gekommen. »Wir hatten alles verloren«, sagt Eberhard von Kuenheim. »Wie viele andere hatten auch wir nur das nackte Leben retten können.«

Als der junge Eberhard am 17. März 1945 auf einem Flüchtlingsschiff von Pillau ausläuft, blickt er zurück zum Ufer. Es hat minus 15 Grad, ein eisiger Wind geht über die raue Ostsee. Ihm ist die Bedeutung des Moments klar, er markiert so etwas wie seine Stunde null: »Ich sagte zu mir: Jetzt sehe ich zum letzten Mal Ostpreußen.« Mit Hochachtung erinnert er sich bis heute an die Marinesoldaten, die in den letzten Kriegsmonaten mehrere Millionen Deutsche aus Ostpreußen vor der Roten Armee retteten. »Was da die deutsche Kriegsmarine getan hat, das war eine große Leistung. Diese Jungs, die waren ja oft erst 20, 21 Jahre alt. Mit 22 Jahren war man Kommandant eines Schiffes. Heute beginnt man da gerade sein Studium. Trotz ständigen Flieger- und U-Bootbeschusses sind sie immer wieder herausgefahren, von Kiel aus oder von Kopenhagen. Hin und zurück, hin und zurück.« Die Grauen der Flucht von Millionen Deutscher aus Ostpreußen, findet von Kuenheim, seien viel zu lange tabuisiert worden. Erst 2002 greift Nobelpreisträger Günter Grass das Thema in seiner Novelle *Im Krebsgang* auf.

Eberhard von Kuenheim ehrt seine Herkunft bis heute entschlossen. Wer in seiner Gegenwart von »Kaliningrad« spricht, wird umgehend korrigiert: »Königsberg« müsse das heißen, schließlich sei das über 700 Jahre der Name der Stadt gewesen, ehe die Sowjets sie umbenannten. Hinfahren jedoch möchte er nicht mehr. »Grauenhaft« sei das, was aus der Stadt geworden sei, die einst Kulturträger für den gesamten östlichen Ostseeraum bis tief nach Russland hinein gewesen sei, findet Eberhard von Kuenheim.

Auf die dramatische Flucht und den Verlust der Heimat folgt die

Benachteiligung durch die eigenen Landsleute. Die Flüchtlinge aus dem Osten konkurrieren mit den Westüberlebenden um die knappen Ressourcen. Nur das Wesentliche zählt: Ein Dach über dem Kopf, ein halbvoller Teller. Eberhard von Kuenheim, privilegierter Sohn eines wohlhabenden ostpreußischen Fideikommiss-Grundbesitzers, lernt den Hunger kennen. »Das war vielleicht die Zeit meines Lebens, die bei mir den stärksten Eindruck hinterlassen hat«, sagt von Kuenheim heute. »Man hat nicht sehr viel über die Zukunft nachgedacht, was zählte, das war jetzt, jetzt, jetzt.«

Er findet Unterschlupf in der Nähe von Göttingen – Hauptsache Westen, Hauptsache heraus aus dem sowjetischen Einflussbereich. Dennoch erfährt er die Hilflosigkeit vieler ostpreußischer Flüchtlinge in den Westzonen: Den Schulfreund auf dem Wohnungsamt, den Schwager auf dem Arbeitsamt, eben die alten Beziehungen, die nun beim Überleben einen Vorsprung verschaffen und die auch ein Stück Staatsersatz sind, die fehlen den Neuankömmlingen, und sie bekommen das zu spüren. »Ein Krieg wird von verschiedenen Menschen einer Nation unterschiedlich verloren«, sagt von Kuenheim. »Das war mehr als eine Stunde null, das war eine Stunde minus eins oder sogar minus zehn.«

Wie viele Millionen Deutsche in den ersten Jahren nach dem Krieg hat Eberhard von Kuenheim nur ein Ziel: Raus aus dem Elend! Die stolze Herkunft ist da nur ein zusätzlicher Antrieb: »Man wollte sich nicht proletarisieren lassen«, sagt von Kuenheim. Irgendwie holt er das Abitur nach. Studieren will er, aber dafür braucht er Startkapital.

Also sucht sich der junge Mann Arbeit: Bei Bosch in Stuttgart-Feuerbach steht er zweieinhalb Jahre lang im Schichtrhythmus am Band und baut erst Kühlschränke, dann Autoteile zusammen wie Anlasser und Lichtmaschinen. Pro Stunde gibt es zwischen 80 und 90 Pfennig. Später schafft von Kuenheim auch in den Semesterferien bei Bosch, um sein Studium zu finanzieren. Wenn er heute Studierende über die Einführung von Studiengebühren klagen hört, kann er nicht anders, als mit einer Spur Empörung das Haupt schütteln. Viele führen doch heute schon mit dem eigenen Auto zur Universität ... Nein, Wehleidigkeit mag Eberhard von Kuenheim gar nicht.

Für Neigungen, für Schwärmereien, für alles nicht Praktische ist in den frühen fünfziger Jahren kein Platz im Leben – zumal wenn man so tief gefallen ist wie Eberhard von Kuenheim. Als BMW-Chef nimmt er später, wenn er freitags abends sein Büro im 22. Stock des BMW-Turms am Olympiagelände in München verlässt, fast nie Akten mit nach Hause. Er liest am Wochenende lieber historische Bücher – Geschichte ist eine große Passion.

Von Kuenheim denkt gern in großen Zusammenhängen, in Generationen. Er sagt dann, um einen Moment seiner Karriere – und sei er auch noch so wichtig – einzuordnen, unterzuordnen, dass er ja auch nur ein Glied sei in einer Kette, in einer langen Reihe von Ahnen, in einer langen Reihe von Unternehmern. Vor deren Verdiensten, klingt dann unterschwellig mit, habe man die eigenen zu sehen. Und an deren Vorbild habe man die eigenen Entscheidungen zu messen:»Unsere Generation wird nicht nach dem beurteilt werden, was sie geerntet hat. Sie wird nach dem beurteilt werden, was sie ausgesät hat.«

Das Denken in langen Zeiträumen ziemt sich in seinen Augen auch für Unternehmer:»Deswegen bin ich ein ganz großer Gegner dieser Pflicht zum Vierteljahresbericht.« Ein Auto zu entwickeln brauche heute noch immer an die drei Jahre, ein Kraftwerk zu bauen derer sieben – was nütze denn da ein Vierteljahresbericht? Das verleite Manager nur dazu, Investitionen aufzuschieben, also falsche Entscheidungen zu treffen, findet von Kuenheim.

Seine erste Lebensentscheidung mit Langfristwirkung trifft Eberhard von Kuenheim 1950, es ist eine logische Wahl: Er studiert Maschinenbau an der Technischen Hochschule in Stuttgart.»Technische Berufe waren die beste Möglichkeit, sich selbst sein Brot zu verdienen«, sagt er rückblickend. 1954 wird er Diplom-Ingenieur. Er ist wieder wer. Im gleichen Jahr wird die Bundesrepublik Deutschland erstmals Fußballweltmeister. Auch das Land ist wieder wer.

EBERHARD VON KUENHEIM wird am 2. Oktober 1928 in Juditten in der Nähe von Königsberg geboren. Sein Vater unterhält ein großes Trakehnergestüt. Die Familie entstammt dem elsässischen Uradel, lebt aber seit vielen Generationen in Ostpreußen. Im Alter von sieben Jahren verliert von Kuenheim seinen Vater. Er stirbt 1935 nach einem Sturz vom Pferd. Eberhard von Kuenheim besucht das Elite-Internat Salem und studiert nach der Entlassung aus der Kriegsgefangenschaft Maschinenbau an der Technischen Hochschule Stuttgart. Lebensunterhalt und Studiengeld verdient er sich als Fließbandarbeiter bei Bosch.

Nach dem Studium arbeitet von Kuenheim bei dem Werkzeugmaschinenhersteller Max Müller in Hannover. 1965 wechselt er zur Quandt-Gruppe. Dort übernimmt er wichtige Funktionen als Generalbevollmächtigter der Quandt-Familien-Holding und als stellvertretender Vorstandsvorsitzender der Industriewerke Karlsruhe-Augsburg. Im September 1969 wird von Kuenheim zu BMW geschickt, einer weiteren Beteiligungsgesellschaft der Quandt-Gruppe. Dort wird von Kuenheim Anfang 1970 Vorstandsvorsitzender. Zu diesem Zeitpunkt hat das Unternehmen eine existenzbedrohende Krise hinter sich, liegt aber noch im Schatten des großen Konkurrenten Daimler-Benz. Unter von Kuenheims Führung ändert sich das. Er macht BMW groß und schafft mehr als 50 000 Arbeitsplätze. 1993 wechselt von Kuenheim an die Spitze des BMW-Aufsichtsrats. Dieses Amt gibt er 1999 auf. Inzwischen widmet sich von Kuenheim dem Wirtschaftsnachwuchs. In der Eberhard von Kuenheim Stiftung, die BMW im Jahr 2000 zu seinen Ehren einrichtete, entwickelt er Projekte zur Eliteförderung.

BMW setzte im vergangenen Jahr 44 Milliarden Euro um und erwirtschaftete 2,2 Milliarden Euro Gewinn. Der Konzern beschäftigt knapp 106 000 Mitarbeiter. Mitglieder der Quandt-Familie sind die größten BMW-Einzelaktionäre. Gemeinsam besitzen sie gut 46 Prozent.

Das Hinten-Anstellen, das der Flüchtling Eberhard von Kuenheim in den Trümmerjahren erlebt, ist auch Folge einer übergeordneten Kriegswunde, die dem besetzten Land zusetzt: der Verlust fast aller Staatlichkeit mit dem Ende des Deutschen Reiches. Aufgewachsen, daheim wie gesellschaftlich, in einem preußisch geprägten Ordnungssystem, stellt sich beim jungen von Kuenheim etwas ein, was ihn ein halbes Jahrhundert später fast ein wenig zu überraschen scheint, wenn er davon spricht: eine Sehnsucht nach dem Staat.

Unvergesslich bleibt ihm bis heute eine Szene, die das zarte Selbstbewusstsein des besiegten Landes wieder sprießen lässt. Ihre Hauptperson: Konrad Adenauer. Die Hohen Kommissare, die Vertreter der drei Westalliierten, haben den eine Woche zuvor gekürten Bundeskanzler am 21. September 1949 zu sich auf den Petersberg bei Bonn gebeten, um ihm das Besatzungsstatut zu überreichen. Das erkennt den Deutschen das Recht der Selbstverwaltung zu, hält aber auch die Einschränkungen der westdeutschen Souveränität fest – etwa in Bezug auf die Industrie und die Luftfahrt. Es wird erst 1955 mit den Pariser Verträgen aufgehoben.

Das Protokoll für die Zeremonie sieht vor, dass der US-Amerikaner John J. McCloy, der Brite Brian Robertson und der Franzose André François-Poncet Adenauer und seine Minister auf einem Teppich stehend empfangen, während der Kanzler vor dem Teppich stehen soll. Die Hohen Kommissare haben jedoch die Listigkeit und das politische Gespür des 69-jährigen Adenauer unterschätzt. François-Poncet »trat, während ich vor dem Teppich halt machte, einen Schritt nach vorn, um mich zu begrüßen«, schreibt Adenauer in seinen Erinnerungen. »Ich machte mir diese Gelegenheit zunutze, ging ihm entgegen und stand somit gleichfalls auf dem Teppich.«[1] Und die Fotografen drücken auf ihre Auslöser, wie der Bundeskanzler von Gleich zu Gleich den Alliierten gegenübertritt.

Für Eberhard von Kuenheim ist es ein Schlüsselereignis: »Da trat ein Deutscher auf, der wieder versuchte, diesen Staat zu repräsentieren. Der machte wieder Politik. Das war schon beachtlich. Adenauer hat das zerstörte Selbstbewusstsein des Landes ein Stück weit wieder aufgerichtet.« Wie viele andere Deutsche hilft auch von Kuenheim diese Geste des Kanzlers beim Durchhalten. »Durch die Kriegserlebnisse waren alle darauf trainiert, die Zähne zusammenzubeißen, nicht zu jammern, sondern man sagte sich immer wieder: machen, machen, machen!« Arbeitslose habe es ja ebenso viele gegeben wie heute, aber niemand bekam staatliche Hilfe, also wurde angepackt.

Zu Beginn der fünfziger Jahre stellt sich im Land mehr und mehr das Gefühl ein, dass es aufwärts geht. Das Vertrauen in die Zukunft kehrt zurück, angefacht durch die Früchte der ersten wirtschaftlichen Erfolge. »Das war auch das Schöne an der damaligen Zeit«, erinnert sich Eberhard von Kuenheim. »Jeder sagte sich: Nächstes Jahr geht es mir besser als heute. Weil man wusste, dass es lohnte, etwas zu tun. Man suchte sich ein Zimmer, richtete sich nach und nach ein und danach bekam man vielleicht eine kleine Wohnung. Oder im nächsten Jahr konnte man sich ein Fahrrad leisten, dann ein Motorrad – und in ein paar Jahren vielleicht ein kleines Auto. Viele konnten sicher sein: Nächstes Jahr geht es mir besser als dieses Jahr.«

Das Symbol für den Aufschwung, für das einsetzende Wirtschaftswunder, ist für Eberhard von Kuenheim die 1948 eingeführte D-Mark – und ihre stetige Wertsteigerung. Spürbar wird das vor allem in den ersten Urlauben nach dem Krieg: »Zunächst fuhr man nach Reit im Winkl und dann schon nach Rimini.« So zählt von Kuenheim auch zu denjenigen, die die Einführung des Euro mit einigen Tränen um die D-Mark begleiten. Das historische Datum des 1. Januars 1999 sei eben auch ein etwas trauriger Abschied gewesen, sagt er.

Sein persönliches Wirtschaftswunder erlebt von Kuenheim in Hannover. Dort tritt er nach seinem Studium am 1. Dezember 1954 bei der mittelständischen Werkzeugmaschinenfabrik Max Müller (die seit 1972 zur Gildemeister-Gruppe gehört) seine erste Stelle an. Zunächst ist von Kuenheim Betriebs- und Verkaufsingenieur, bald steigt er zum Technischen Leiter auf und wird die rechte Hand des Firmeninhabers.

Max Müller ist der zweite große Mann, der von Kuenheims Wirtschaftswunderjahre prägt. Er wird der wichtigste Mentor des jungen Ingenieurs. Noch heute lässt Müllers Sohn regelmäßig Grüße ausrichten. »Diese Zeit in Hannover sehe ich auch heute noch als sehr wertvoll an«, sagt Eberhard von Kuenheim. »Das war eine wertvolle Erfahrung, weil ich, das war entscheidend, einen Chef hatte, der zwar hart war, der aber auch viel Herz hatte, und der wusste, wie man junge Menschen fordert und fördert. Er war ein gebildeter Weltbürger und – um einen alten Begriff zu gebrauchen – er war ein Herr.«

Einmal versteigt sich der junge Manager gegenüber seinem Chef zu der Bemerkung, Samstagsarbeit, damals noch üblich, sei doch vielleicht nicht nötig, schließlich gebe es ja auch noch die Familie. Jahre später, von Kuenheim war selbst Chef, erkämpfen die Gewerkschaften mit dem Slogan »Samstags gehört der Papi mir« den arbeitsfreien Samstag. Max Müllers Antwort jedoch ist kategorisch: »Er sagte völlig ungerührt: ›In der Bibel steht: Am siebten Tage sollst Du ruhen. Da steht nicht am sechsten!‹«, erzählt Eberhard von Kuenheim. Gleichwohl verehre er Max Müller noch heute, auch weil der Unternehmer ein brillanter Ingenieur, ein kluger Kaufmann und ein klassisch gebildeter Mann zugleich ist.

Die harte Schule bringt von Kuenheim auch weiter, schon weil sie ihn in die Welt hinaus bringt. 1960 wird er Verkaufsleiter von Max Müller. In den USA, in Südafrika und in vielen europäischen Ländern besucht von Kuenheim die Kunden des Mittelständlers. Da zählen dann noch andere Teile des Wochenendes zur Arbeitswoche: »Damals war üblich, dass man, wenn man montags einen Kundentermin hatte, schon am Sonntagsnachmittag abreiste. Heute ist es ja eher üblich, dass man erst montags losfährt.«

Kurz vor seiner Beförderung bei Max Müller erlebt Eberhard von Kuenheim – wenn auch nur aus der Ferne – einen der großen Krimis der deutschen Wirtschaftsgeschichte, der jedoch ein Jahrzehnt später seine Karriere entscheidend beeinflussen sollte: die BMW-Hauptversammlung am 9. Dezember 1959. Eigentlich ist der bayerische Autohersteller am Ende. Die Modellpalette besteht aus dem putzigen Miniauto »Isetta« – Spitzname »Knutschkugel« – und dem Achtzylinder-Luxusgefährt 507, den sich etwa Rock'n'Roll-Legende Elvis Presley liefern lässt. BMW baue »nur Fahrzeuge für Tagelöhner und Generaldirektoren«[2], spottet das Magazin *Der Spiegel*. Die Wünsche der neuen, mobilen Mittelklasse, die das Wirtschaftswunder wieder auferstehen lässt, haben die BMW-Strategen ignoriert. Der Werbeslogan »Auto fahren viele – Anspruchsvolle fahren BMW« verfängt nicht.

Auch wenn BMW eine Traditionsmarke ist, die 1928 das erste Automobil, den BMW 3/15 PS DA 1, und 1933 den legendären Sechszylinder 303 herausbrachte, ist das Autogeschäft für die Münchener neu. Sie bauten in Bayern zunächst nur Flugzeugmotoren – auf die geht das Markenlogo mit dem weiß-blau hinterlegten Propeller zurück – und Motorräder. Die Autowerke von BMW waren erst in Berlin, dann nach der Übernahme der Fahrzeugfabrik Eisenach in der Wartburg-Stadt – sie sind nun verloren.

Wie es dann zur Autoproduktion an der Isar kommt? »Es haben mutige Leute nachts mit dem Rucksack die Konstruktionszeichnungen, das wichtigste Kapital, aus Eisenach über die Zonengrenze durch den Wald gebracht, immer mit der Gefahr, dass plötzlich hinter ihnen ein russischer Soldat ›Stoj!‹ ruft«, erzählt Eberhard von Kuenheim. Der Halt-Ruf bleibt aus. BMW kann in München neu beginnen. Später gibt es Markenstreitigkeiten mit der DDR, die aus BMW die EMW, die Eisenacher Motoren-Werke, machen wollte, mit einem rot-weißen Propeller-Logo.

Der bayerische Neustart will nicht recht gelingen. 1958 beläuft sich der Verlust auf 12 Millionen, 1959 gar auf 15 Millionen D-Mark. Bei jedem ausgelieferten Wagen zahlt das Werk in Milbertshofen 4 000 bis 5 000 D-Mark drauf.

Herbert Quandt, großer Liebhaber von BMW-Limousinen und BMW-Aktionär, hat einen Plan. Er bietet dem Großindustriellen

Friedrich Flick, den er aus gemeinsamen Stunden im Aufsichtsrat der Deutschen Bank kennt, BMW an. Flick will das bayerische Werk zur verlängerten Werkbank von Daimler-Benz machen, wo er mit 40 Prozent des Kapitals das Sagen hat. Daimler kommt mit der Produktion nicht nach, hat Lieferfristen von bis zu 18 Monaten und braucht dringend neue Mitarbeiter – mitten im vollbeschäftigten Deutschland sind die aber kaum zu finden. Da käme BMW mit seinen 5 500 Facharbeitern wie gerufen.

BMW-Aufsichtsratschef Hans Feith, der gleichzeitig Vorstand der Deutschen Bank ist, soll der Hauptversammlung von BMW eine Kapitalerhöhung über 70 Millionen D-Mark andienen, die komplett an Daimler gehen soll: Der Mercedes-Stern würde die Macht in München übernehmen. Quandt reist selbst nach München und nimmt in einer hinteren Reihe in der Münchener Kongresshalle Platz. Niemand rechnet damit, dass der Plan scheitern könnte. Ein BMW-Vorstand hat sogar schon einen neuen Vertrag bei Daimler unterschrieben. Und den eigenen Mitarbeitern hat Daimler die Übernahme bereits verkündet.

Doch was Herbert Quandt an jenem 9. Dezember 1959 erlebt, ändert nicht nur seine Meinung nachhaltig, sondern auch die deutsche Wirtschaftsgeschichte. Die Kleinaktionäre sind aufgebracht – für sie kommt ein Ausverkauf des stolzen bayerischen Unternehmens an den Erzfeind in Stuttgart-Untertürkheim nicht in Frage. Feith redet BMW nach Kräften klein: »Das Unternehmen verfügt seit der Währungsreform über keine Rentabilität. Seine Illiquidität hat ein Ausmaß angenommen, das man als gefährlich bezeichnen muss. Auch das derzeitige Programm der Gesellschaft gewährleistet keine nachhaltige Rentabilität... vielmehr bringt es mit Gewissheit weitere Verluste.«[3]

Der Korrespondent des *Handelsblatts* beschreibt die BMW-Aktionäre jenes Tages als »wutentbrannte Masse«[4]. Fast jede Äußerung des Aufsichtsratsvorsitzenden Feith und von BMW-Vorstandschef Heinrich Richter-Brohm wird von Rufen wie »Pfui!«, »Absetzen!«, »Staatsanwalt her!«, oder »Eine Treuhand wäscht die andere!« unterbrochen. Feith werfen die Aktionäre seine Doppelfunktion vor: »Sie rasieren zwei Kunden!« – ein Disput über »Corporate Gouvernance« Jahrzehnte vor der Erfindung des Begriffs.

Zwei bis dahin weitgehend unbekannte Männer entfachen den Unmut der Aktionäre gegen den Verkaufsplan von Aufsichtsrat und Vorstand: der Aktionärsvertreter Erich Nohl, 31-jähriger Sohn eines Kohlenhändlers aus Darmstadt, und der Rechtsanwalt Friedrich Mathern, der die BMW-Händler vertritt. Nohl liest stundenlang Zeitungsartikel und die Briefe frustrierter Aktionäre vor, um Mathern dadurch Zeit zu geben, per Telefon einen anderen Investor aufzutreiben.

Das gelingt nicht, doch über einen Trick verhindern die beiden dennoch den Verkauf von BMW an Daimler-Benz. Laut Paragraf 125, Absatz VII, des Aktiengesetzes kann eine Hauptversammlung mit nur 10 Prozent der Stimmrechte ihre Vertagung beschließen, wenn die Bilanzierung fehlerhaft ist. Und das ist sie: Der BMW-Vorstand hat die Entwicklungskosten für das neue Modell, den 700er, komplett in die aktuelle Bilanz eingerechnet – wohl um die Lage des Konzerns noch dramatischer erscheinen zu lassen. Leicht gewinnen Nold und Mathern die Abstimmung, und nach zwölf Stunden Debatte ist der Plan einer Übernahme von BMW durch Daimler-Benz abgeschmettert. Im Januar 1960 treten fast der gesamte Aufsichtsrat und auch der Vorstandschef zurück. BMW ist führungslos.

Herbert Quandt zieht aus der Sensation auf der 39. Hauptversammlung der BMW AG seine eigenen Schlüsse. Er hat risikobereite Aktionäre erlebt und den enormen Überlebenswillen von BMW. Er ist bereit, die Sanierung selbst anzuführen. Aber er will sich absichern, so gut es eben geht. Selbst für den Multimillionär Quandt ist der Kapitalbedarf von etwa 70 Millionen D-Mark mehr als happig.

1959 hat BMW einen Kleinwagen vorgestellt, den 700er. Er soll helfen die Zeit zu überbrücken, bis die Firma einen echten Mittelklassewagen entwickelt hat. Die ersten Reaktionen auf den neuen BMW – Preis: 4900 D-Mark – sind ermutigend: In kurzer Zeit liegen 25 000 Bestellungen vor, 10 000 davon aus den USA. Mehr als zwei Jahre wäre das Werk in Milbertshofen ausgelastet.

Quandt lässt sich den neuen Wagen von BMW-Finanzvorstand Ernst Kämpfer vorführen: Er tastet ihn ab, fährt mit den Händen seine Konturen nach, setzt sich hinters Steuer. Probefahren kann er nicht, dafür sind seine Augen zu schlecht. Er weist Kämpfer an, mit dem Prototypen nach Stuttgart zu fahren und den 700er Daimler-Benz-Vorstand Fritz Nallinger vorzuführen, den Quandt als Daimler-Aufsichtsrat kennen gelernt hat. Nach einer Testfahrt ruft Nallinger Quandt an: »Das Auto kann man bauen. Von meiner Familie darf zwar keiner drin fahren, denn es hat den Tank vorn. Aber sonst ist das ein gutes Fahrzeug. Mit dem können Sie was machen.«

Nallinger, der Daimler-Mann, überzeugt Quandt – und rettet so BMW vor den Klauen seines eigenen Konzerns. Nachdem Flick Anfang 1960 auch ein zweites Angebot Quandts abgelehnt hat, BMW zu übernehmen, orchestriert der Industrielle einen Sanierungsplan: BMW verkauft die Hälfte seiner Triebwerkstochter an MAN und bekommt zudem einen Kredit, das bringt 37 Millionen D-Mark. Weil die verärgerte Deutsche Bank als langjährige Hausbank von BMW bei einer Kapitalerhöhung nicht mitmachen will, übernimmt die Quandt-Gruppe selbst die Konsortialführerschaft für die 40-Millionen-D-Mark-Aktion.

Das Risiko für Quandt ist enorm. Später nennt er »1960 das Jahr meiner vielleicht schwersten Entscheidung«[5]. Aber es geht gut. Am 1. Dezember 1960 segnet die BMW-Hauptversammlung das Sanierungskonzept ab. 1963 zahlt der Konzern seinen Aktionären wieder eine Dividende. BMW ist auferstanden.

Als Herbert Quandt Eberhard von Kuenheim 1970 zum BMW-Chef macht, steht BMW erneut vor einer grundlegenden Strategieentscheidung – wie 1959. »1970 stand BMW vor der Frage, wie sich das Unternehmen behaupten, wie es überleben sollte«, sagt von Kuenheim heute. Zwar hat der Umsatz 1969 1,5 Milliarden D-Mark erreicht. Dem 700er ist 1961 der BMW 1500 gefolgt: 1,5 Liter Hubraum, 80 PS, 150 km/h Spitze. Der Verkauf läuft nur schleppend, aber der Wagen sieht gut aus. Ihm folgen der 1600-2, dann der 1800 und der 1800TI. Besonders die Motoren werden immer kraftvoller. BMW hat sich in der oberen Mittelklasse etabliert – in einer Nische, die sich der Konzern selbst geschaffen hat. Aber BMW ist mit 140 000 produzierten Autos im Jahr zu klein. Experten gehen davon aus, dass ein Autokonzern 500 000 Wagen pro Jahr bauen muss, um auf Dauer allein bleiben zu können. Die Konsolidierung der Autoindustrie geht in die nächste Runde: Es gibt weltweit noch 50 Produzenten, 1885 waren es allein in Deutschland über 400. »BMW fehlte das Geld für große Investitionen«, sagt von Kuenheim.

BMW muss sich entscheiden: Sich spezialisieren auf Cabrios und Coupés? Die untere Mittelklasse ausbauen? Oder doch die Rückkehr in die Oberklasse wie in den dreißiger Jahren? Die richtige Antwort finden soll ausgerechnet ein Mann, der in der Autoindustrie ein Neuling ist. Eberhard von Kuenheim schlägt große Skepsis entgegen, als er am 1. Januar 1970 bei BMW anfängt. Vertriebsvorstand Paul Hahnemann, Star und graue Eminenz des Konzerns in einem, nennt von Kuenheims Ernennung zum Vorstandschef zynisch »die teuerste Lehrzeit der Welt«[6].

Es ist Hahnemann, der BMW nach der Krise 1959/60 nach oben gebracht hat. Hahnemann, ein Ex-SS-Offizier, dem Bayerns Ministerpräsident Franz Josef Strauß den Spitznamen »Nischen-Paul«[7] verpasst, »erfindet« die obere Mittelklasse. Der BMW-Vertriebschef ist ein Verkaufsgenie – und ein Raubauz. Als das Werk zu Beginn seiner Amtszeit gut 1 000 »unverkäufliche« 700er-Modelle auf Halde hat, bietet Hahnemann sie den BMW-Händlern mit dem geringsten Absatz an. Dem ersten, der ablehnt, kündigt Hahnemann sofort den Händlervertrag. Ruckzuck sind die 1 000 Autos vom Hof und Hahnemann hat 6 Millionen D-Mark »im Sack«, wie er tönt.

Auch ein neues Image verpasst der hemdsärmelige Vertriebschef der Marke BMW – und zwar auf Kosten von Mercedes. Hahnemann behauptet, in einem Mercedes mit Anhängerkupplung sitze meist ein Handwerker, in einem BMW mit Anhängerkupplung dagegen ein Bootseigner. Mit dem 2 500er und dem 2 800er BMW – letzterer bringt es mit 170 PS auf mehr als 200 km/h – attackiert er Mercedes direkt. Seine »Message«: BMW fahren ist sportlich, Mercedes fahren ist altbacken. Als Eberhard von Kuenheim Chef bei BMW wird, ist Hahnemann die Nummer eins im Konzern. Seine Machtbasis sind die Händler und Importeure, und Hahnemann ist ihr Pate. Weil der Autobauer fast keine eigene Vertriebsorganisation hat, stecken die Händler den Großteil der Gewinnmarge selbst ein – die meisten sind längst Millionäre. Der 19-jährige Sohn des Alleinimporteurs für Frankreich etwa lässt sich von seinem Chauffeur in einem Rolls-Royce Phantom durch Paris kutschieren. Damit sich an dem System nichts ändert, bedenken die Händler viele BMW-Vorstände immer wieder mit Präsenten und Luxusreisen. Bei Hahnemann läuft alles zusammen – nicht nur, weil er sämtliche BMW-Kataloge ohne Ausschreibung von einer Firma drucken lässt, die seiner Geliebten gehört, wie der US-amerikanische Autojournalist Richard A. Johnson in seinem Buch über die sechs größten Automanager der Nachkriegszeit schreibt.

Hauptaktionär Herbert Quandt weiß, dass BMW Hahnemann viel zu verdanken hat. Aber der Vorstand ist auch renitent und unberechenbar: Er passt nicht mehr zum neuen Image, das sich Quandt für BMW wünscht. Die Teenagerzeit, die Flegeljahre von BMW sind vorbei. Der Konzern soll unter Eberhard von Kuenheim erwachsen werden.

Am 27. Oktober 1971 wird Hahnemann ausgebootet. Grund sind die krummen Geschäfte des Verkaufschefs und der Machtanspruch von Kuenheims; Anlass ist der Streit über den neuen Kleinwagen, den Hahnemann unbedingt bauen will. Von Kuenheim hält das für die falsche Strategie: Er hat entschieden, die Zukunft von BMW in der Oberklasse zu suchen. Von Kuenheim bespricht sich mit Quandt in Bad Homburg. Hahnemann empfängt der Industrielle erst gar nicht: Aufsichtsratschef Hermann Karoli teilt Hahnemann seine Entlassung mit, als der in Bad Homburg ankommt.

»Ich hatte mich mit Quandt beraten«, erzählt Eberhard von Kuenheim. »Für mich gab es eigentlich nur eine Strategie für BMW: Wir verfügten in München nur über eine relativ begrenzte Fläche, also mussten wir eine hohe Wertschöpfung pro Quadratmeter erzielen. Das hieß, dass wir möglichst wertvolle Autos bauen mussten. Und ich sage nicht ›teure‹, sondern ›wertvolle‹.«

Quandt zieht mit, aber der Großaktionär (und Mercedes-Benz-Aufsichtsrat) sieht für die Strategie auch eine klare Grenze: »An den Imageriesen Mercedes kommen Sie nie ran«, sagt er zu von Kuenheim. »Sie wissen gar nicht, wie einen das beflügelt hat«, sagt von Kuenheim heute. Was den 42-jährigen BMW-Chef über seinen zweifelnden Großaktionär erhebt, ist sein Ehrgeiz. Wohl ohne es zu wollen, hat Quandt seinem Manager dessen größtes Ziel vorgegeben: Irgendwann soll BMW Mercedes überholen.

Von Kuenheim verjüngt den BMW-Vorstand. Sein bester Fang ist Bob Lutz, den der neue BMW-Chef im Dezember 1971 von General Motors abwirbt. Den energischen US-Amerikaner, der in Zürich zur Welt kam und fließend Deutsch spricht, tauft von Kuenheim den »schnellen Bob«. Lutz wird Hahnemanns Nachfolger. Der Coup unterstreicht eine der großen Stärken von Kuenheims: sein Gespür für Managertalente.

Lutz wird einer der Großen im Autogeschäft. 1974 wechselt er zu Ford, dann in den Achtzigern zu Chrysler, dann zurück zu GM. Kein führender Automanager der Nachkriegszeit schafft eine ähnlich vielseitige Karriere wie Bob Lutz. In seinen drei Jahren bei BMW macht Lutz Schluss mit der Vetternwirtschaft und schenkt dem Konzern eine schlagkräftige Vertriebsorganisation. Damit legt er gemeinsam mit Eberhard von Kuenheim die Basis für den großen Erfolg der Marke in den folgenden beiden Jahrzehnten.

BMW ist auf Kurs, und das nur zwei Jahre nachdem Eberhard von Kuenheim den Vorstandsvorsitz übernommen hat. Der Kurs ist richtig, er wird befolgt, und er reüssiert. So linear, so logisch wird Geschichte, wenn sie von einem Höhepunkt aus rückwärts betrachtet wird. Dieser Blick jedoch ist blind für die Serpentinen und Umwege, durch die Eberhard von Kuenheim BMW lotst, um beim Abschied vom Vorstandsvorsitz 1993 melden zu können, dass der Autobauer in jedem Jahr seiner Führung einen Gewinn schaffte und den Umsatz in 23 Jahren von knapp 1,5 Milliarden D-Mark auf 29 Milliarden D-Mark steigerte – um fast 2 000 Prozent.

Gleich der erste Schritt zur Expansion tapst in ein tiefes Schlagloch, die Ölkrise. Auf dem Gelände der ehemaligen Hans Glas GmbH in Dingolfing – BMW hatte den Produzenten des 400 Kilogramm leichten »Goggomobils« Anfang 1967 übernommen – lässt Eberhard von Kuenheim in nur drei Jahren ein neues Werk bauen. Der erste BMW läuft am 27. September 1973 vom Band – in einer Zeit, als eigentlich niemand mehr Autos kaufen will.

Nur zwei Monate später am 25. November rollt kein Auto mehr auf Deutschlands Autobahnen: Die Bundesregierung hat den ersten autofreien Sonntag verhängt. Der Absatz von BMW bricht auf nur noch 2 000 Fahrzeuge im Monat ein – als absolutes Minimum, um die Produktion fortzuführen, gelten 15 000.

»Als wir 1973 – mitten in der Ölkrise – in Deutschland ein neues Werk eröffneten, war die Skepsis groß«, erinnert sich Eberhard von Kuenheim. »Viele Kritiker sprachen von einer klaren Fehlentscheidung und glaubten ernsthaft, dass dies wohl das letzte Werk sei, dass jemals in Europa eröffnet werde. Heute loben uns einige unserer damaligen Kritiker für unsere Weitsicht.«

Die Öl-Delle bleibt nur eine Episode. 1972 schon hat die Fünfer-Klasse debütiert mit dem BMW 520 (sprich: fünf-zwanzig). Der Autobauer führt die Typenbezeichnungen ein, die heute noch gelten: Die erste Zahl steht für den Wagentyp, die zweite und dritte für den Hubraum. Mit den typischen Doppelscheinwerfern und der spitz zulaufenden Nase des 700ers – die Keilform erntet zunächst reichlich Missbilligung von Kunden und Rezensenten – nimmt BMW die Verfolgung der Mercedes-Limousinen auf. Der Fünfer wird ein Renner. Kurz darauf folgt der Sechszylinder 525. BMW ist »in« – und BMW läuft heiß. 1977 erreicht der Konzernumsatz 5 Milliarden D-Mark. 45 Millionen D-Mark fließen als Dividende an die Quandts.

Im gleichen Jahr schaltet Eberhard von Kuenheim bei seiner Verfolgung von Mercedes in den fünften Gang: Die 7er-Reihe läuft an als direkter Herausforderer der bisher mit ihrem Standard einzigartigen Mercedes S-Klasse aus Stuttgart. Der 7er macht dem seit 1975 eingesetzten Werbeslogan »BMW – The Ultimate Driving Machine« mehr als alle Ehre. 1986 schickt von Kuenheim den 750i als erste Serienlimousine seit 1945 mit einem Zwölfzylinder unter der Haube ins Rennen mit Mercedes. Die Rezensenten überschlagen sich mit Lob: Einfach »die beste Limousine der Welt«[8] sei der große 7er von 1986 gewesen, urteilt Automanagerbiograf Richard Johnson. 1992, ein Jahr, bevor Eberhard von Kuenheim den Vorstandsvorsitz abgibt, verkauft BMW zum ersten Mal mehr Autos als Mercedes.

Erfolg braucht auch Härte – besonders dann, wenn man überzeugt ist von einer Idee, aber seiner Zeit voraus. Was kurzfristig wirken mag wie Starrsinn, kann langfristig richtig sein, manchmal sogar visionär. Dafür gilt es auch einmal, das einen umgebende Unverständnis auszuhalten und auszusitzen – und nicht jeder Mode zu folgen, besonders wenn sie nicht zum eigenen Charakter passt.

Mitte der achtziger Jahre gilt die Idee vom traditionellen Autokonzern zunehmend als überholt. Vor allem der große BMW-Konkurrent strebt nach Größerem. Daimler-Benz-Chef Edzard Reuter will sein Unternehmen von einem Auto- zu einem Technologiekonzern machen, und er kauft zu: Dornier, MTU, Fokker, AEG – Luftfahrt, Raumfahrt, Hausgeräte. Keine zehn Jahre später ist klar, dass Reuter gescheitert ist – Fokker wird mit hohem Verlust verkauft, AEG abgewickelt. Daimler schrumpft sich wieder gesund zum Autokonzern.

Eberhard von Kuenheim ist gleich bei seinen Leisten geblieben. MTU wird auch ihm angeboten – er kauft nicht. Der BMW-Chef setzt auf Tradition und führt BMW zurück zu seinen Wurzeln: den Bau von Flugzeugmotoren, dem der Konzern sein Logo verdankt. 1990 geht von Kuenheim ein Joint Venture mit Rolls-Royce ein, in dem beide Firmen gemeinsam Triebwerke für Regionalflugzeuge fertigen. 1999 bringt die Kooperation BMW auch den Einstieg bei der Automarke mit dem wohl glamourösesten Namen der Welt: Rolls-Royce.

Allen Avancen, BMW mit einem anderen großen Autohersteller zu verschmelzen, widerstehen von Kuenheim und die Quandts – schon lange vor, aber auch nach der Fusion von Daimler-Benz und Chrysler im Jahr 1998. Seit 1971 schon fragt Henry Ford persönlich immer wieder bei den Quandts nach, ob sie BMW nicht an ihn verkaufen wollen. Bei seinem letzten Besuch in Bad Homburg im Sommer 1987 sagt Johanna Quandt zu ihm:»Ich weiß, weshalb Sie hier sind, Henry. Aber was sollte ich denn mit dem ganzen Geld tun?«[9]. Ford weiß auch keinen Rat.

Im gleichen Geist, aber ungleich forscher formuliert Eberhard von Kuenheim 1998 seine Absage an das Liebeswerben um BMW von VW-Chef Ferdinand Piëch mit dem Satz:»In großer Höhe fliegt der Adler am besten allein.«

Nicht nur bei der Expansion, auch im Kerngeschäft hält Eberhard von Kuenheim Kurs. Ende 1986 eröffnet BMW sein neues Werk in Regensburg. Schnell ist ihm klar, dass sich die Investition nur rechnet und der Konzern konkurrenzfähig bleibt, wenn die geltenden Arbeitszeitregeln reformiert würden. Deshalb führt er 1987 gegen den heftigen Widerstand der IG Metall ein neues Arbeitszeitmodell ein, in dem die betriebliche Laufzeit von der Arbeitszeit der Mitarbeiter entkoppelt wird. So kann BMW die Maschinen – Samstage eingeschlossen – in Regensburg 99 Stunden pro Woche laufen lassen. Heute sind sogar bis zu 140 Betriebsstunden möglich.

Eberhard von Kuenheims Initiative ist einer der ersten Angriffe auf die strikten Regeln der Tarifverträge, die betriebliche Belange immer mehr einzuschnüren drohen. Die Gewerkschaften protestieren vehement, von Kuenheim bleibt hart. Schließlich, so erinnert sich von Kuehnheim, sagt IG-Metall-Chef Franz Steinkühler dem BMW-Chef:»Macht es, aber offiziell weiß ich von nichts.«»Wir mussten die Regelungen dann fünf Jahre geheim halten, weil die IG Metall Angst hatte vor der öffentlichen Wirkung«, erzählt Eberhard von Kuenheim.

Selbst Zeitgenossen, die politisch in Debatten wie diesen eher auf
der anderen Seite standen, halten Eberhard von Kuenheim gerade
wegen seiner Gradlinigkeit für einen der ganz Großen der deutschen
Nachkriegszeit: »Herrn von Kuenheims Wirken an der Spitze von
BMW hat die deutsche Industrie der siebziger und achtziger Jahre
erkennbar beeinflusst – auch durch das damals umstrittene Regens-
burger Arbeitszeitmodell«, sagt heute der ehemalige SPD-Vorsitzende und Kanzlerkandidat Hans-Jochen Vogel. Er lernt von Kuenheim Anfang der siebziger Jahre kennen und schätzen: Mit seiner
Ernennung zum BMW-Chef wird der ostpreußische Adelsspross einer der wichtigsten Arbeitgeber in der Stadt, der Vogel als Oberbürgermeister vorsteht: in München.

Nicht jeder mag Eberhard von Kuenheim als angenehmen Ver-
handlungspartner erlebt haben. Er wirkt oft eine Spur zu streng, als
dass man sich in seiner Gegenwart wohl fühlen möchte. Nur selten
erlaubt er sich ein Lächeln, wenn er hinter seinem Tisch sitzt, auf-
recht, aufmerksam und in manchen Momenten einen Ernst, aber
auch eine Überlegenheit aufblitzen lassend, die verunsichert. Betritt
er den Raum, erzählen sich viele, die ihn als Vorstands- und Aufsichtsratchef erlebt haben, verstummen Gespräche.

Allein mit seiner Präsenz verlangt Eberhard von Kuenheim Respekt und fordert Führung ein. Um zu überzeugen und zu beeindrucken, braucht und gebraucht er deswegen kaum polternde Rheto-
rik. Er lässt Worte eindringen, nicht Töne. Ihm hört man auch dann
ganz genau zu, wenn er ganz leise spricht.

Man merkt Eberhard von Kuenheim an, dass er zum Führen geboren und schon in den Kinderschuhen darauf vorbereitet wird.
Das beeindruckt oft. Das eine oder andere Mal fühlt man sich jedoch auch in eine lange vergangene Zeit versetzt, etwa wenn er seine
Mitarbeiterin, die kurz den Kopf zur Bürotüre hereingesteckt hat,
»das Mädchen« nennt, oder wenn Mitarbeiter berichten, dass er als
BMW-Chef Kantinenbesuche von Führungskräften als »Gesinde-
pflege« abgetan habe.

Hans-Jochen Vogel sagt es so: »Trotz unterschiedlicher politischer Orientierungen habe ich Herrn von Kuenheim immer als sympathischen und anregenden Gesprächspartner empfunden. Die gewisse Distanz, die er im persönlichen Umgang pflegt, habe ich ohne weiteres akzeptiert und eher seiner Herkunft zugeschrieben.«. Mit anderen Worten: Das »von« in seinem Namen ließ und lässt der BMW-Chef seine Gesprächspartner stets spüren.

Die Prinzipien seiner Jugend, nicht wenige halten das für eines der Erfolgsrezepte von BMW, hat der Manager von Kuenheim den von ihm Geführten eindringlich vermittelt, und sie haben sie in die Unternehmenskultur des Konzerns übernommen. »Das Wort ›Pflicht‹ gibt es noch bei uns«, sagt von Kuenheim. Noch zwölf Jahre nach seinem Abschied vom Vorstandssessel verwendet er in seiner Rede »wir« oft synonym mit »BMW«. Stets maß er Mitarbeiter daran, ob er darauf vertrauen konnte, dass diese in einer Entscheidungssituation »in Sinn und Geist richtig handeln: Dazu brauchen Sie Menschen mit dem richtigen Geist, mit dem richtigen Komment, mit der richtigen Auffassung. Das ist wichtiger als alles andere«.

Das vorzuleben hat Eberhard von Kuenheim zeit seiner Karriere als seine wohl wichtigste Führungsaufgabe betrachtet. Das heißt stets auch, es sich nicht zu einfach zu machen, zumal wenn man führt. So gibt es bei BMW keine Vorstandsassistenten – die leitenden Manager sollen selbst arbeiten. An der vielerorts beneideten BMW-Unternehmenskultur räumt von Kuenheim sich selbst – Understatement gehört eben auch zum Komment – nur bescheidenen Anteil ein: »Bei BMW identifizieren sich die Mitarbeiter mit dem Unternehmen, und ich glaube, ein wenig dazu beigetragen zu haben«, sagt er.

Weniger zurückhaltend formuliert es von Kuenheims Biograf Richard Johnson: »Ohne Eberhard von Kuenheim hätte BMW seine Unabhängigkeit aufgeben müssen, und die Autoindustrie wäre um ihr gewagtestes Synonym für Fahrdynamik, Elektronik und Markenanziehungskraft gebracht worden. Von Kuenheim nahm eine von Europas schwächsten Automarken und verwandelte sie bis zur Jahrhundertwende in eine der stärksten.«[10]

Eberhard von Kuenheim hat sich ein Denkmal gebaut. Der Schuss an Tragik im Herbst seiner Karriere ist, dass er es in den Augen mancher selber beschädigt hat, weil er seine Nachfolger nicht unbehelligt weiterbauen ließ, weil er seinen Nachfolgern nicht die Freiheit lassen und das Vertrauen geben mochte, die er selbst einst genoss und die ihm seine Erfolge erst ermöglichten.

Fast überlebensgroß sind die Worte, die Eberhard von Kuenheim zum Abschied geschenkt bekommt. »Sie sind für BMW das, was Friedrich der Große für Preußen war«[11], sagt Edmund Stoiber an diesem Dienstag, dem 6. Juli 1999. Viele Große der deutschen Wirtschaft sind der Einladung des Ministerpräsidenten des Freistaates Bayern gefolgt, um von Kuenheim zu verabschieden: Thyssen-Krupp-Chef Gerhard Cromme, Siemens-Boss Heinrich von Pierer, Allianz-Lenker Henning Schulte-Noelle, Bosch-Legende Hans L. Merkle.

Erschienen ist auch die neue Garde der Großaktionärsfamilie: Susanne Klatten (geboren 1962) und Stefan Quandt (geboren 1966), die beiden Kinder Herbert Quandts aus dritter Ehe mit Johanna Quandt, geborene Bruhn. Gemeinsam halten die drei Quandts – Herbert Quandt verstarb 1982 – über 45 Prozent der BMW-Aktien. Im Kaisersaal der Münchener Residenz rechnet Joachim Milberg, frisch gekürter BMW-Vorstandschef, vor: Wer im Januar 1970, als von Kuenheim BMW-Chef wird, für 1 000 D-Mark Aktien des Autobauers gekauft hat, der nennt 30 Jahre später 70 000 D-Mark sein Eigen.

Sie alle zollen einem Tribut, der Geschichte geschrieben hat. Knapp zwei Monate zuvor hat Eberhard von Kuenheim zum 30. und letzten Mal bei einer BMW-Hauptversammlung auf dem Podium gesessen. Am 2. Oktober 1998 ist er 70 Jahre alt geworden – damit wird sein Mandat als Aufsichtsratsvorsitzender des Autokonzerns, den er 23 Jahre als Vorstandschef führt, nicht mehr erneuert. Eberhard von Kuenheim wendet sich an Milberg: »Das Unternehmen, das mir zu Lehen gegeben war, das ich 30 Jahre lang führen durfte, liegt nun in ihren kundigen Händen und denen von über 100 000 Menschen, die hinter Ihnen stehen.«

Aber die, die fehlen, fallen beinahe noch mehr auf als die, die da sind. Bernd Pischetsrieder ist nicht da. Er löst Eberhard von Kuenheim 1993 als BMW-Chef ab, als dieser in den Aufsichtsrat wechselt. Auch Wolfgang Reitzle fehlt. Er ist jahrelang von Kuenheims Lieblingsschüler. Reitzle und Pischetsrieder haben BMW fünf Monate zuvor verlassen nach einer der turbulentesten – und in ihrem Ergebnis überraschendsten – Aufsichtsratssitzungen eines Dax-30-Konzerns, auf der, wie die *Frankfurter Allgemeine Zeitung* schrieb, »Kuenheims Nimbus in der bisherigen Form erloschen«[12] ist. Die dissonante Coda zur brillanten Karriere Eberhard von Kuenheims beginnt 1994. In München geht die Sorge um, trotz aller Rentabilität zu klein zu sein für den Weltautomarkt. Pischetsrieder stemmt den größten Deal der Firmengeschichte: BMW übernimmt den britischen Wettbewerber Rover für 2 Milliarden D-Mark. Doch das Doping bekommt BMW nicht. Die Verluste bei Rover werden immer höher: Im Geschäftsjahr 1998 kratzen sie an der 2-Milliarden-Euro-Grenze. Rover droht zum Mühlstein zu werden, der BMW in die Tiefe reißt.

Eberhard von Kuenheim scheint die Fortune des Tüchtigen abhanden zu kommen. Eine Einmischung in die Geschäftspolitik hat der Aufsichtsratschef stets bestritten: »Das Unternehmen wird vom Vorstand geführt. Was sich die Außenwelt nicht vorstellen kann, ist, dass wir diese Regel auch einhalten.« Automanagerbiograf Richard Johnson schreibt von Kuenheim dennoch die zentrale Rolle beim Rover-Kauf zu: »BMW-Manager beschrieben Pischetsrieder als einen Vorstandsvorsitzenden, der von seinem Vorgänger von Kuenheim dominiert wurde.« Johnson beklagt: »Die Qual mit Rover war ein trauriger Schlussakt in einer der verdientesten Automobilkarrieren des Jahrhunderts.«[13]

Eberhard von Kuenheim mochte nicht loslassen. Seinen Abschied vom Vorstandsvorsitz habe er mit den Worten kommentiert: »Ich trete nicht zurück, ich trete zur Seite«[14], berichtet Johnson. Das neue Büro nur ein paar Etagen unter denen des Vorstands im silbernen BMW-Turm habe der Aufsichtsratschef beinahe jeden Tag aufgesucht.

Noch Mitte 1998 versichert Eberhard von Kuenheim, dass das »vom Schicksal gebeutelte« Unternehmen Rover »erst im Inneren gesund werden muss«. »Fünf bis sieben Jahre« werde es dauern, »bis alles ausgefegt ist. Das werden wir bis zum Jahr 2000 schaffen«. Er irrt. Es wird und wird nicht besser bei Rover. Im Jahr, das die Rettung, die Wende bringen sollte, heißt es »Rette sich, wer kann«. Im Frühjahr 2000 gibt BMW Rover an die Phoenix-Venture Group weiter – für symbolische 10 Pfund. Die Marke Land Rover geht an Ford, nur der Mini bleibt bei BMW. Über 4 Milliarden Euro hat den Konzern sein britisches Abenteuer gekostet.

Das eigentliche »Blutbad« aber, wie die *Financial Times* den 5. Februar 1999 martialisch nennt, geschieht im Aufsichtsrat unter der Führung von Eberhard von Kuenheim. Sieben Stunden dauert die denkwürdige Sitzung. Von Kuenheim denkt sogar darüber nach, für einige Zeit den Vorstandschefposten selbst wieder zu übernehmen. Dazu kommt es nicht. Konzernchef Pischetsrieder übernimmt die Verantwortung für das Rover-Desaster und tritt zurück. Der langjährige Kronprinz, Entwicklungsvorstand Reitzle, verlässt BMW ebenfalls, weil statt seiner der eher unbekannte Joachim Milberg neuer Vorstandschef wird. Das Verhältnis des Protégés zu seinem Förderer gilt seit längerem als belastet, seit Reitzle mit dem Chefjob bei Porsche flirtete, von Kuenheim ihn aber nicht ziehen ließ.

BMW hat wegen Rover nicht nur Milliarden Euro und zwei seiner besten Manager verloren, sondern auch das Image des Autobauers hat schwere Kratzer abbekommen. Nach außen wirken die Personalwechsel ungeordnet, chaotisch, fast tragisch – also wie das Gegenteil von der geordneten, strategischen, erfolgreichen Führungskultur, die von Kuenheim BMW geschenkt hat.

Eberhard von Kuenheim verteidigt sich: »Die Situation bei Rover hat das Geschäft bei BMW nie berührt. BMW fuhr seine Linie weiter und hatte sehr gute Jahre.« Schmerzhaft ist die Rover-Krise dennoch für den erfolgsverwöhnten Konzern und seinen Macher. Eine Führungskrise habe es nicht gegeben, »um das einmal ganz klar zu sagen«, unterstreicht von Kuenheim. Solch starker Worte musste er sich nur selten bedienen in seiner großen Karriere.»Hunderte von Stunden« habe er die Aufsichtsratssitzung vorbereitet, eine »Spaltung in zwei Fraktionen« habe es nicht gegeben. Und: »Üblicherweise wird Aufsichtsratsgremien vorgeworfen, sie täten nichts, sie griffen nicht ein. Bei BMW hat der Aufsichtsrat gehandelt«, sagt von Kuenheim im April 1999 dem *Manager-Magazin.*

Am Schluss benutzt Eberhard von Kuenheim das Wort wieder, das ihn stets geleitet, begleitet und in späten Jahren wohl auch etwas vom bewährten Weg abgebracht hat: Pflicht.»Manchmal hat man eine historische Verantwortung, der man sich stellen muss«, sagt er dann.»Da gilt es dann, seine Pflicht zu erfüllen.« Er würde ja ohnehin als Aufsichtsratschef im Mai 1999 ausscheiden, da habe er die Lösung für die Probleme bei BMW nicht dem überlassen wollen, der nach ihm kommen würde:»Ich hätte auch einfach stolzen Hauptes gehen und meinem Nachfolger ›Viel Glück‹ wünschen können.«

Das habe er nicht getan:»Einer musste selbstbewusst die Speere auf sich ziehen, auch wenn noch so bösartig geschrieben wird«, sagt er heute. Eberhard von Kuenheim ist der Soldat unter Deutschlands Wirtschaftspionieren. Soldaten sind oft Helden, manchmal auch tragische.

Christoph Hardt, Christoph Neßhöver

Kapitel 13

»Wir waren hungrig«

Der Maschinenbauer BERTHOLD LEIBINGER

»Da standen wir, 200 Schüler der Ulrich-von-Hutten-Oberschule in Korntal. Wir waren hungrig. Hungrig in jeder Beziehung.« Das ist der Anfang. Die ersten Sätze eines Buches über sein Leben. Berthold Leibinger hat sie geschrieben, bisher allerdings nur im Geiste. Sätze, die ein Gefühl an einem Tag im Sommer 1945 beschreiben, dem Tag, an dem für den damals 14-jährigen die Schule in einer kleinen Stadt nahe Stuttgart nach dem Zweiten Weltkrieg wieder begann. Es ist das Gefühl einer ganzen Generation, das Leibinger in diese Sätze packt. Einer Generation, die eine Zeit ohne Nationalsozialismus zunächst nicht kannte, deren Kindheit in den dreißiger Jahren geprägt war vom Jubel um die vermeintlichen Erfolge Hitlers, deren Jugend in den vierziger Jahren in die Zeit der Bombennächte, des Zusammenbruchs, der Besetzung Deutschlands fiel. Eine Generation, die erwachsen wurde in einem Umfeld von Knappheit und Entbehrung; die zu jung war, um im Krieg und Holocaust persönliche Schuld auf sich zu laden. Eine Generation, die das neue Deutschland aufbauen wollte. Die hungrig war, hungrig auf alles.

Heute, 60 Jahre später, sitzt Leibinger in einem großzügigen Büro mit deckenhohen Fensterflächen, weißen Schrankwänden, viel Leder, Chrom und Glas im siebten Stock eines nüchternen Bürobaus. Schaut er von seinem schwarzen Schreibtisch auf, dann hat er im Blick, wohin ihn das Hungergefühl von damals geführt hat. Da unten zu seinen Füßen stehen sie, die Hallen von Trumpf, wo große Maschinen hergestellt werden zum Schneiden und Stanzen von Blechen, zum Schweißen und Biegen. Maschinen mit dem blauen Trumpf-Logo, wie sie in allen Teilen der Welt stehen, die zum Bau von Fahrzeugen ebenso eingesetzt werden wie für Fahrkartenautomaten, Flugzeugturbinen und Computergehäuse. »Jeder, der auf dieser Welt wohnt, arbeitet, lebt, reist, fährt, hat mit Produkten zu tun, die auf unseren Maschinen entstehen«, sagt Leibinger.

Und dies ist sein Erfolg, sein Lebenswerk. Er hat aus der kleinen schwäbischen Maschinenfabrik Trumpf, in der er nach dem Abitur als Lehrling anfing, einen High-Tech-Konzern gemacht, weltweit führend vor allem bei Werkzeugmaschinen, die mit gebündeltem Licht, mit Lasertechnik arbeiten. Trumpf ist heute eines der florierendsten Familienunternehmen der Republik und Leibinger eine der Ikonen des deutschen Mittelstands, der geniale Tüftler und Firmenchef. Der sich für Kunst genauso interessiert wie für Technik, für Politik wie für Wissenschaft. Und der sich einmischt, überall da, wo seiner Meinung nach etwas im Argen liegt. Weil hinter seinen Worten auch Taten stehen, überzeugt er, Branchenkollegen wie Mitarbeiter, die CDU wie die SPD. Für sein Wirken erhielt er bereits so ziemlich jede Würdigung, die zu Lebzeiten verliehen wird. Leibinger ist ein Vorzeigeunternehmer. Doch diese Charakterisierung allein wird ihm nicht gerecht. Leibinger ist ein Phänomen. Und das in jeder Beziehung.

Christian Trumpf, Firmengründer und Chef von Trumpf, hat das ziemlich schnell gemerkt: 1956 heuert er seinen ehemaligen Mechanikerlehrling an. Der soll seine Diplomarbeit zum Abschluss des Maschinenbaustudiums im Unternehmen schreiben. Leibingers Arbeitsauftrag lautet: einen bestimmten maschinellen Vorgang zu verbessern. Doch daraus wird nichts. Auf 87 Seiten, unterteilt in neun Kapitel, zusammengefasst unter der Überschrift »Untersuchung über die Grundlagen der Bearbeitung von Stahl und Nichteisenmetallen mit der Aushauschere« findet Leibinger nur heraus: Das Verfahren taugt nichts, ein Neues muss her. Die Maschine, die das beherrschen soll, die hat Leibinger da auch schon im Kopf, die so genannte Kopiernibbelmaschine. Beim Nibbeln werden Bleche Stück für Stück entlang einer Schnittlinie abgetrennt, die aus lauter kleinen Einzellöchern besteht – wie bei einer Perforation. Die Kopiernibbelmaschine schneidet daher Bleche so schnell und akkurat wie kein anderes Gerät.

Nur widerstrebend freundet sich Trumpf mit der Idee an und lässt den jungen Diplom-Ingenieur die Maschine konstruieren. Doch die neue Schneidtechnik wird ein Erfolg und verhilft der Firma zu einem unerwarteten Umsatzschub. Es bleibt nicht bei dieser einen Erfindung, diesem einen Patent, inzwischen hat Leibinger mehr als 100. Nach und nach lässt er sich seine Patente mit Anteilen bezahlen und erwirbt so mit der Zeit das Unternehmen von dem kinderlosen Firmengründer. »Es war für Trumpf billiger, mich am Unternehmen zu beteiligen, als weiter Lizenzgebühren zu zahlen«, erzählt Leibinger. So wird Trumpf im Laufe der Zeit vollends zu seiner Firma, aus Berthold Leibinger Mr. Trumpf, der Nibbelkönig. Aus einer Firma mit 11 Millionen D-Mark Umsatz und 325 Mitarbeitern im Jahr 1961 formt er eine Gruppe mit inzwischen 1,4 Milliarden Euro Umsatz und 6000 Mitarbeitern, jeder Dritte davon im Ausland. Eine Erfolgsgeschichte wie man sie sonst oft aus den USA hört. Und tatsächlich kann man das Phänomen Leibinger nicht verstehen ohne seine Jahre in den USA.

Die Bilder haben sich eingebrannt, mit allen Details: der Flug über den Atlantik im November 1958, 18 Stunden ohne Zwischenlandung wegen schlechten Wetters, Ankunft in New York mit einem fast leeren Tank, der Ausblick aus seinem Zimmer im 18. Stock des Commodore Hotels an der Lexington Avenue in Manhattan auf trubelige Straßen und moderne Hochhäuser, der erste Gin Tonic in der Hotellobby. Wenn Leibinger von seiner Amerika-Zeit erzählt, ist es wie eine Diaschau, Bilder, die er aneinander reiht aus einer Zeit, in der das Land jenseits des Atlantiks eine ganz besondere Faszination auf die Menschen hier ausübt.

Amerika, das ist damals das mit Abstand reichste Land, fast jeder Haushalt besitzt ein Fernsehgerät, viele Familien sogar zwei Autos. Amerika, das 6 Prozent der Erdbevölkerung stellt, konsumiert ein Drittel aller Güter und produziert zwei Drittel aller Waren auf der Welt. Die »Nation aus Nationen«[1], wie Walt Whitman, einer der größten amerikanischen Lyriker, einst sagte, wächst zum weltumspannenden Imperium heran, das seine Produkte überallhin exportiert. Ja, der Durchschnittsamerikaner durfte zufrieden sein mit seinem Lebensstandard. Für alle Nicht-Amerikaner sind die Staaten in dieser Zeit ein Mythos, ein weites Land mit einzigartigen Städten, einzigartigen Produkten, modern, praktisch, glitzernd, häufig das Maß der Dinge. Das Land, aus dem der Kaugummi und der Pulverkaffee, die süßlichen Ami-Zigaretten und die noch süßeren Schokoladen in den üppigen Care-Paketen herkommen. Ein Land, so geschmacksbeherrschend, stilbildend wie anziehend. Dem kann sich auch Leibinger nicht entziehen.

1958 wandert er aus in dieses Land, mit seiner Frau, seinem Universitätsdiplom in der Tasche, einem gebrauchten VW, 800 Dollar und dem Brief des damals größten US-Werkzeugmaschinenherstellers Cincinatti Milling. Ein Verwandter hat den Kontakt hergestellt. Die Reaktion des Unternehmens fällt sehr unverbindlich aus: »Falls Sie in dieses Land kommen sollten, könnten wir uns vorstellen, dass sie ein wertvoller Mitarbeiter sein könnten.« Und Leibinger wird es, so wertvoll, dass ihn sein US-Chef gar nicht mehr ziehen lassen will. »Sie sind der größte Narr, den ich jemals kennen gelernt habe, wenn Sie jetzt wieder nach Deutschland zurück kehren wollen«, gibt er ihm auf den Weg. Aufhalten lässt Leibinger sich dadurch nicht.

Zweieinhalb Jahre, bis Ende 1960, hat er in den USA gearbeitet, aber richtig Wurzeln schlägt er in Wilmington im Bundesstaat Ohio nicht. Die ganze Zeit über bleibt er in Kontakt mit Trumpf, arbeitet auch in den USA weiterhin an Verbesserungen der von ihm konstruierten Maschine und gibt schließlich seinem Gefühl nach: »Dem Heimweh und dem Gefühl, ich habe große Möglichkeiten in Deutschland.« So geht es zurück in die Heimat. Zurück zu Trumpf. Zurück in die Konstruktionsabteilung des schwäbischen Unternehmens.

Was er mitbringt, sind einige praktische Dinge wie Einblicke in die Organisation eines größeren Unternehmens und persönliche Erfahrungen. Die Erkenntnis, dass man sich »vor allem von Menschen der lauten Töne« nicht allzu sehr beeindrucken lassen soll, und die Erfahrung, sich bewährt zu haben in einem fremden Land. »Wer sich hier über Wasser hält, der hat es geschafft, hab ich mir bei unserer Ankunft gedacht.« Und er hat es geschafft. Zweieinhalb Jahre USA prägen ihn ebenso wie zahlreiche Reisen nach Asien. Leibinger war einer der ersten Unternehmer, die sich mit Japan in Japan auseinander setzten, dort aber auch reichlich Lehrgeld bezahlen.

Schon Anfang der neunziger Jahre erzielt Trumpf mehr als die Hälfte seines Umsatzes im Ausland. Heute sind es mehr als zwei Drittel. Zu der Trumpf-Gruppe gehören 45 Töchter und Beteiligungsgesellschaften, die in 23 Ländern Industriebleche durchlöchern. Cincinnati Lamb, wie das US-Unternehmen inzwischen heißt, bei dem Leibinger arbeitete, ist dagegen heute eine eher kleine unbedeutende Firma, Trumpf einer der Branchenführer. Leibinger fragt sich: »Was wäre aus diesem Unternehmen geworden und was aus Trumpf, wenn ich in den USA geblieben wäre?«

Bei jedem anderen käme diese Frage ziemlich selbstgerecht daher. Nicht bei Leibinger. Zu einnehmend ist er im Gespräch, wie er eher leise, bedächtig und konzentriert seine Sätze formuliert und sie zwischendurch immer wieder mit einer Portion Selbstironie garniert. Genau dieser Unterton ist es, mit dem er Menschen für sich und seine Ziele gewinnen kann. Das Selbstironische verhindert es, Leibingers enormes Selbstbewusstsein als Arroganz abzutun, seine gelegentlich auch eigenwillige Art als Bockigkeit oder Starrsinn und seine manchmal ausholenden Antworten, die nicht immer die Präzision lasergesteuerter Werkzeugmaschinen haben, als Weitschweifigkeit. Selbst Sätze wie diese sind dann einfach nur unterhaltsam und sehr ehrlich: »Ich war schon immer davon überzeugt, dass ich etwas intelligenter bin als die meisten anderen«, erzählt Leibinger, »das wollte ich ursprünglich dazu nutzen, um mit weniger Arbeit als alle anderen im Leben zurechtzukommen.« Doch die Rechnung sei nicht aufgegangen. »Vielleicht wäre es doch leichter geworden, wenn wir in den USA geblieben wären.«

BERTHOLD LEIBINGER wird am 26. November 1930 in Stuttgart als Sohn eines Händlers für Ostasienkunst geboren. Seine Kindheit und Jugend verbringt er in Korntal bei Ditzingen. Dort werden die Prinzipien des schwäbischen Pietismus – fleißig, fromm und sparsam zu sein – leidenschaftlich gepflegt. Sie prägen Leibinger – ebenso wie andere Maximen wie Verantwortungsgefühl und Integrität, die ihm seine Eltern vermitteln. Nach dem Abitur 1950 beginnt er mit einer Mechanikerlehre bei der Maschinenfabrik Trumpf. Dem schließt sich ein Maschinenbaustudium an der Technischen Hochschule Stuttgart an.

Spätestens mit seiner Diplomarbeit, die er bei Trumpf schreibt, zeigt Leibinger, dass er das Zeug zum Erfinder hat. Für das damals eher kleine Maschinenbauunternehmen, gegründet und geführt von Christian Trumpf, entwickelt er eine neue Maschine zur Blechbearbeitung, die Kopiernibbelmaschine. Wie bei einer Perforation werden Bleche Stück für Stück entlang einer Linie abgetrennt, die aus kleinen Einzellöchern besteht. Die Kopiernibbelmaschine schneidet Bleche damals so schnell und akkurat wie kein anderes Gerät. Nach zwei Jahren Arbeit bei einem US-Maschinenbauer kehrt er 1961 zu Trumpf zurück. Er wird Leiter der Konstruktionsabteilung. Die Produkte, die er plant und zum Patent anmeldet, verhelfen Trumpf zu einem enormen Wachstum. Für seine Patente wird er mit Unternehmensanteilen entlohnt. 1978 wird Leibinger zum Trumpf-Chef. 2005 wechselt er an die Aufsichtsratsspitze.

Trumpf hat einen Umsatz von 1,4 Milliarden Euro und beschäftigt 6000 Mitarbeiter. Das Unternehmen ist in 23 Ländern aktiv und gehört zu den weltweit führenden Werkzeugmaschinenherstellern, die mit Lasertechnik arbeiten. Lasermaschinen machen gut zwei Drittel des Konzernumsatzes aus.

Vieles ist Zufall in seinem Leben, schon die erste Verbindung zu Trumpf. Leibingers Eltern besitzen einen Laden mit ostasiatischer Kunst, Anna Trumpf, die Frau des damaligen Firmenbesitzers, ist eine gute Kundin. Aus der Kundin wird eine Freundin der Familie und später Berthold Leibingers Patentante. Und aus ihrem Mann Leibingers Chef. Denn obwohl Deutsch, Philosophie und Geschichte seine Lieblingsfächer sind, fängt er nach dem Abitur eine Mechanikerlehre bei Trumpf an – aus Vernunft, um etwas Handfestes in der Hand zu haben, das gibt er offen zu. Und aus rein pragmatischen Erwägungen: »Trumpf war in allernächster Nähe, fünf Minuten mit dem Rad morgens, abends acht Minuten, weil es ein bisschen bergauf ging«, erzählt er in dem ihm eigenen Tonfall, freundlich, souverän, mit sonorer Stimme.

Es ist aber deutlich mehr als die reine Bequemlichkeit und Vernunft, die ihn zu Trumpf bringt. Er sind die Erfahrungen seiner Eltern, die Erfahrungen der Nachkriegszeit, die ihn prägen und ihn veranlassen, der schwäbischen Maxime »Schaffe, net schwätze« den Vorzug zu geben und sich gegen ein geisteswissenschaftliches Studienfach zu entscheiden. Die Erfahrungen, dass der Handel mit Ostasienkunst, mit Fayencen und Tuschzeichnungen, Lackarbeiten und Holzschnitten, wie seine Eltern ihn betreiben, ein mühsames Geschäft ist, zudem auch noch exotisch, nicht in die damalige Zeit passt. »Wir waren immer so unnötig. Ostasiatika, reiner Luxus.« So will Leibinger nicht sein: »Als junger Mensch möchte man ja kein Exot sein.« Doch über all das spricht der Mann eigentlich kaum, allenfalls in Nebensätzen, man muss es sich zusammensuchen. Er erzählt lieber von den zwei Adern, die er geerbt hatte, eine für Technik und Handwerk, die andere für die Kunst. Er philosophiert über Neugier, Interesse und die Notwendigkeit der Fantasie, darüber, ob und wie man sie steuern kann, damit am Ende Innovationen herauskommen. »Wie organisiert man Innovationen? Diese Frage beschäftigt mich mein ganzes Leben«, sagt er leise und macht dabei ein bekümmertes Gesicht, denn eine Lösung, ein Patent hat er dafür bis heute nicht gefunden.

Bis dahin begnügt er sich mit einer Zwischenlösung:»Freiräume schaffen und eine entsprechende Atmosphäre, die inspiriert, sowie fähige Leute suchen.«Die entsprechende Atmosphäre, die besteht bei Trumpf aus Fabrikhallen, die eher an die Lobby eines architektonisch anspruchsvollen Hotels erinnern. Die Wände ziert moderne Kunst, der Fußboden ist mit schwarzem Basalt ausgelegt. Würde nicht gelegentlich ein kleiner Werkszug Bauteile an die Montageplätze bringen, dann wähnten sich die Mitarbeiter möglicherweise ganz woanders als in ihrem staubfreien Werk in Ditzingen, einer kleinen Stadt westlich von Stuttgart.»Es geht darum, auch die Augen in den Kreis der schutzbedürftigen Organe aufzunehmen«, sagt Leibinger nicht ohne eine gehörige Portion Pathos.»Es geht darum, auch Gutes in die Landschaft zu setzen, wenn man ein guter Unternehmer sein will.«

Es sind diese sehr verschiedenen Pole, zwischen denen sich Leibingers Leben bewegt, der Maschinenbau und die Liebe zur Musik, Literatur und Architektur, die Vernunft und das Schöngeistige. Er ist feinsinnig und zugleich ein Mann der Zahlen. Er kann aus Goethes Faust rezitieren und zugleich über optimale Schweißnahtvorbereitung und Laserschneidanlagen referieren. Er ist ein Mann der Gegensätze, sein Charakter wirkt dennoch nicht zerrissen. Er weiß die Dinge zu vereinen – auf seine Art.»Ich bin eher ein Künstler«, sagt er über sich selbst.»Auch die Unternehmensführung ist eine Kunst, die Kunst Widersprüchliches zusammenzubringen.«

Er beherrscht zudem die Kunst, selbst trockene, sperrige Themen unterhaltsam zu präsentieren, Technisches verständlich zu machen, Kompliziertes zu vereinfachen. Wenn er über Werkzeugmaschinen spricht, werden sie zu»Königinnen«, vielfältig begabt und einsetzbar, denn sie bohren und fräsen, drehen und schleifen, erfordern daher viel Hingabe und Pflege. Wenn Leibinger über Bleche spricht, dann verliert das Material seine Kühle und Sperrigkeit, wird biegsam und flexibel, geradezu faszinierend. Er spricht genauso über diese Dinge wie über seine Vorliebe für amerikanische Autoren, für klassische Musik, für Bauhaus-Design.

Nur bei einem Thema, da wird der sonst so Gesprächige und Ent-
spannte eher wortkarg – wenn jemand seine Karriere auf die Kurz-
formel »vom Tellerwäscher zum Millionär« bringt. Das ärgert ihn,
ärgert ihn gewaltig, die Adern entlang der Schläfen treten jetzt noch
etwas stärker hervor. Er macht seinem Verdruss auch Luft und
schnaubt für seine doch eher leise Art sehr laut, bevor er sagt: »Vom
Tellerwäsche zum Millionär, das stimmt einfach nicht. Als ob nichts
dazwischen gewesen wäre, allen voran das Aufwachsen in einem
Elternhaus, wo mir Abitur und Studium ermöglicht wurden, wo einem Maximen vermittelt wurden.«

Die Maximen, das waren die Prinzipien des schwäbischen Pietismus: fleißig, sparsam und fromm, das war Pflicht. Hinzu kommen
bei Leibinger Verantwortungsgefühl, Glaubwürdigkeit und Integrität. Diese Mischung macht aus dem philosophisch veranlagten
Techniker einen erfolgreichen Fabrikanten. Und im Privatleben einen sehr konsequenten Vater, wie seine Kinder erzählen: »Er war
streng, zu streng, würde ich sagen«, erzählt seine jüngere Tochter
Regine. »Bei Geburtstagen musste ich als Bub auch immer die un-
populären Mitschüler einladen«, berichtet sein Sohn Peter Leibinger, der heute die Lasersparte von Trumpf führt, »das fand ich damals natürlich furchtbar blöd.« Nicola Leibinger-Kammüller, die
ältere Tochter drückt es diplomatischer aus: Man könne die Regeln,
die er aufstelle, auch durchbrechen. »Das hat er auch geschafft.« Er
beharre nicht auf seinen Prinzipien, sei flexibel.

Zuletzt im Herbst dieses Jahres, bei seiner Entscheidung darüber, wer nach ihm die Führung seines Unternehmens übernimmt.
Kurz vor seinem 75. Geburtstag hat er verkündet, dass für ihn ein
neuer Lebensabschnitt beginnt. Nach mehr als 40 Jahren bei
Trumpf, davon 27 Jahren an der Spitze, hat Leibinger die Führung
des Unternehmens an seine Tochter Nicola Leibinger-Kammüller
übergeben – eine Entscheidung, die viele in der Branche überrascht,
haben sie doch eher Leibingers Sohn Peter auf der Rechnung. Letztlich habe die Wahl nicht wirklich fassbare Gründe gehabt, sagt Leibinger, wenn er seine Entscheidung zu erklären versucht.

Er hat sich viel Zeit damit gelassen, die Struktur des Unternehmens zunächst auf die Übergabe vorbereitet, zahlreiche Gespräche geführt, sich immer wieder beraten – mit seiner Frau, mit Menschen aus dem Unternehmen, mit dem Aufsichtsrat. Und ausnahmsweise überwiegen in dem sonst so glatten, schmalen Gesicht die Furchen, wenn er sagt: »Es fällt mir nicht leicht, die Richtlinienkompetenz abzugeben.« Doch er habe es so gewollt – auch aus Pflichtgefühl, erzählt Leibinger. Und die Falten um Nase und Mund werden noch etwas tiefer. »Eine zu späte Übertragung der Verantwortung auf die Kinder führt dazu, dass sie zu spät lernen, Entscheidungen zu treffen, Verantwortung zu übernehmen. Und das ist nicht gut, wenn sie es möglicherweise mit 50 Jahren oder noch später zum ersten Mal tun.« Seine Tochter, die neue Trumpf-Chefin, ist 45 Jahre alt.

Wann immer es um seine Nachfolge geht, ist Leibinger nur eine Sache von vornherein klar: dass die Unternehmensführung in der Familie bleiben würde. Er singt ein Hohelied auf die Familie und auf familiengeführte Unternehmen. Darauf lässt er nichts kommen und begründet das gelegentlich recht lapidar: »Da muss sich der Chef nicht zu viel reinreden lassen.« Eine ökonomische und eine ideelle Begründung schiebt er aber gleich hinterher: Die ökonomische Argumentation beginnt er mit einer philosophischen Frage: Was treibt den Menschen an? »Dass Leistung sichtbar und belohnt wird. Dass Eigentum weitergegeben werden kann.« Die ideelle Seite: Im Besitz der Familie stiftet das Unternehmen Identität, bleibt eine Firma zum Anfassen. Und das lebt er auch: »Ich habe keine Yacht, kein Schloss, ich hab auch nie Golf gespielt.« Der Gewinn bleibe im Unternehmen.

Leibinger, ein Firmenchef ganz nach dem Geschmack der Mitarbeiter? Nicht ganz, gelegentlich knirscht es intern: »Zu sehr sind Sie es gewohnt, im Mittelpunkt des Interesses zu stehen«, sagte Horst Warthon bei seinem Ausscheiden als Betriebsratschef des Werkes Ditzingen vor einigen Jahren. Zu groß sei inzwischen die Distanz zwischen Leibinger und den Mitarbeitern, beklagte er.

Autoritär und patriarchalisch nennen einige Leibingers Führungsstil. »Ich stelle die Verantwortung in den Vordergrund«, stellt Leibinger es aus seiner Sicht richtig. Dazu gehört für ihn nicht nur erfolgreich zu wirtschaften, sondern auch gesellschaftliche Verantwortung zu übernehmen in Ehrenämtern wie der Bachakademie oder im Innovationsforum Baden-Württemberg.

»Er passt nicht ins normale Unternehmerbild«, sagte mal ein alter Freund von ihm, der inzwischen verstorbene Marcus Bierich, früherer Chef des Autozulieferers Bosch: »Der Konformismus, mit dem es sich die Wirtschaft gern leicht macht, ist nicht seine Sache.« Leibinger selbst formuliert es so: »Gegen Widerstände zu agieren, das ist ein wichtiger Impetus. Das vermisse ich inzwischen bei vielen Dingen.«

So hat er auch einige Widerstände überwunden – beim Bau des ersten Trumpf-Lasers Anfang der achtziger Jahre zum Beispiel, der zunächst nur 90 Sekunden funktioniert, mit Beharrlichkeit und Ausdauer aber fortentwickelt wird. Leibinger stellt ein junges Entwicklerteam zusammen – darunter Physiker und Mechaniker, die wissen, wo es beim Kunden hakt, welche Belastungen ein Laser außerhalb des Labors überstehen muss –, gibt ihnen Geld und Zeit und lagert sie aus der Firmenzentrale aus. Er schafft einen kleinen Think-Tank, der Neues austüfteln soll – mit Erfolg: »Eineinhalb Jahre später haben wir einen Laser, der wirklich ein Quantensprung war, zuverlässig und kompakt, und er war unser Laser«, erzählt Leibinger. Aus dem Stand hat sich Trumpf an die Spitze einer neuen Technologie gesetzt. Heute machen Lasermaschinen gut zwei Drittel des Konzernumsatzes aus und die Lasersparte glänzt mit den höchsten Wachstumsraten.

Hürden überwunden hat Leibinger auch bei der bisher schwersten Krise der Branche Anfang der neunziger Jahre, als die Umsätze der Schwaben einbrechen. Leibinger hat sie gemeistert – unkonventionell, unter anderem mit Hilfe eines Arbeitszeitmodells, das später Porsche und Daimler-Chrysler als Vorbild dient: Mehrarbeit darf bis zu zwei Jahre auf Zeitkonten angesammelt und wieder abgebaut werden.

Und heute klingt es wie aus dem Lehrbuch, wenn man den Aufstieg von Trumpf betrachtet. Eine Strategie, die sich auf drei Kernpunkte stützte: Marktführerschaft bei Technik, Qualität und Service; früher Eintritt in neue Märkte und Diversifizierung aus dem Stammgeschäft heraus. Leibinger brachte seine Strategie auf die Kurzform: »Auf dem westeuropäischen Markt wollen wir dominieren, in den USA kräftig mitmischen und in Japan sichtbar präsent sein.«

Dass er diese Ziele mit streng rationalen Entscheidungen, mit einem Masterplan erreicht hat, diesen Eindruck relativiert er: »Viele strategische Überlegungen macht man, ohne dass man dabei alle Perspektiven übersieht. Manche Schritte ergeben dann ganz neue Perspektiven.«

Es ist eine der seltenen Situationen, in denen Leibinger etwas einschränkt, seine Leistung, sein Können. Ähnlich spricht er nur noch über seinen Abgang von der Konzernspitze: »Es ist nun mal ein Gesetz, dass ältere Menschen zu mehr Vorsicht neigen, dass die Bewahrung wichtiger wird als neue Ziele zu erobern.« Und das habe sich bei ihm bewahrheitet: »In unseren Gesprächen zur Jahresplanung war ich immer der Vorsichtigste.« Schnell korrigiert sich an dieser Stelle etwas: »Ich war immer der Vorsichtigere, die jüngeren Kollegen deutlich mutiger.«

Trotz seines Wechsels vom Chefsessel an die Spitze des Aufsichtsrates und seines Plans, ein Buch über sein Leben zu schreiben – Leibingers Lebensinhalt wird die Firma aber auch weiterhin bleiben, daran lässt er keinen Zweifel: »Ich bin immerhin noch größter Anteilseigner.«

Peter Brors, Katharina Slodczyk

Kapitel 14

»Wir brauchten Zeit zum Lernen«

Der SAP-Gründer DIETMAR HOPP

Als die beiden Besucher aus den Sonnenstrahlen eines Hochsommertages in den Schatten der Lobby des Golfclubs St. Leon Rot treten, haben sich ihre staunenden Augen noch nicht an die neuen Lichtverhältnisse gewöhnt, da eilt schon ein dienstbarer Geist im dunklen Anzug auf sie zu, der, sei es durch Telepathie, sei es durch schwarze Magie, genau zu wissen scheint, wen er vor sich hat: »Herr Hopp erwartet Sie bereits.« Die Dienstleistungsmaschinerie des Golfclubs läuft effizient und geräuschlos – fast wie von Zauberhand bewegt. So wie es der Hausherr mag.

Hier im nordbadischen Kraichgau ist Dietmar-Hopp-Land – so weit das Auge reicht, draußen auf den 45 Löchern der zweieinhalb Golfplätze, die sich der 66-Jährige gegönnt hat, aber auch weit über die Grenzen des weitläufigen Vereinsgeländes hinaus.

Ein paar Stufen die Treppe hinauf, oben im ersten Stock des Clubhauses hat sich der Gründer des Softwareriesen SAP eine private Wohnung eingerichtet. Stilmöbel im großzügigen Salon, ein Esstisch mit zwölf Stühlen, einige üppige Fauteuils, ein dicker Teppich, schwere Vorhänge – die erste Annäherung an Deutschlands vielleicht erfolgreichsten Unternehmer der vergangenen 30 Jahre fällt wie erwartet aus: solider Reichtum, gediegen, aber keinesfalls extravagant.

Hopp ist so etwas wie ein Selfmade-Multimilliardär, ein großspuriges Wort, das so gar nicht zu dem robusten, manchmal etwas behäbig wirkenden Mann im legeren Anzug, mit dem fast schon obligatorischen Polohemd passen will – genauso wenig wie zur be-

schaulichen nordbadischen Provinz um die Städtchen Walldorf und
St. Leon Rot mit ihren sanften Hügeln.

In diesem Mikrokosmos, in dem das rund 17 Kilometer entfernte
Heidelberg, das Urbild deutscher Gemütlichkeit, fast schon wie eine
Metropole wirkt, liegt Hopps Universum. In die Welt hinausgezo-
gen hat es ihn nie wirklich, auch wenn er ein Ferienhaus in Florida
und eine Golfanlage in Südfrankreich sein Eigen nennt. Mit trauri-
gem Ton in der Stimme erzählt er die Geschichte eines Freundes, der
aus Steuergründen vor Jahren nach Costa Rica auswanderte und
dort vereinsamte.»Das wird mir nicht passieren.«

Warum sollte Hopp der Versuchung des Fernwehs erliegen, wenn
er sich hier im Kraichgau mit den SAP-Milliarden seine eigene kleine
Welt aus Sport, Wohltätigkeit und Unternehmertum erschaffen hat?
Ist es vielleicht gerade dieses Bodenständige und Grundsolide, das
den Erfolg des Unternehmers Hopp ausmacht? Ist der auf den ersten Blick so ungewöhnliche Weg einer Firma mit dem Standortnach-
teil Deutschland in der Hochgeschwindigkeitsbranche Softwareent-
wicklung tatsächlich auf urdeutsche Tugenden wie Ingenieurskunst,
Gründlichkeit und die Liebe zum eigenen Produkt zurückzuführen?

Als erste Arbeitsthese für die Erforschung des Phänomens SAP
taugt das Postulat von der »Entdeckung der Langsamkeit« jedenfalls. Im Zeitraffer liest sich Hopps erstaunliche Geschichte so: Am
1. April 1972 gründet er mit vier Kollegen von IBM eine kleine Firma
mit dem Namen »Systemanalyse und Programmentwicklung«. Damals rüsten die Unternehmen gerade von Lochkarten auf echte
Computer um. 34 Jahre später heißt die Firma SAP. Entstanden ist
der drittgrößte Softwarekonzern der Welt mit einem Umsatz von
über 8,5 Milliarden Euro, den 35 900 Mitarbeiter in 50 Ländern erzielen. Das bedeutet, dass Hopp und seine Mitgründer ziemlich genau drei neue Arbeitsplätze an jedem einzelnen Tag geschaffen haben. Was sich derart verkürzt wie eine rasante Erfolgsstory aus dem
High-Tech-Wunderland liest, verlief tatsächlich weitaus gemächli-
cher, ganz im Rhythmus des Kraichgaus, den der Volksmund auch
die »badische Toskana« nennt.

Wie die meisten guten Ideen, ist das Konzept von SAP einfach und unmittelbar einleuchtend. Bis zu jenem 1. April 1972 schreiben Hopp und seine Systemberaterkollegen bei IBM für jedes einzelne Unternehmen ein eigenes Programm, mit dem sich die wirtschaftlichen und betrieblichen Abläufe abbilden lassen. Warum nicht eine Standardsoftware für alle, von der Stange sozusagen, statt immer wieder neu und maßgeschneidert, fragen sich eines Tages Hopp und seine vier Mitgründer Hasso Plattner, Klaus Tschira, Hans-Werner Hector und Claus Wellenreuther, die bei IBM alle im gleichen Großraumbüro sitzen.

Die eigentliche Geschichte von SAP beginnt in der Old Economy, genauer gesagt in einer Faserfabrik des amerikanischen Chemieriesen ICI in Östringen,»nur über den Berg« vom örtlichen IBM-Büro. Hopp und seine Kollegen proben den sanften Ausstieg in die Selbständigkeit. Erst nach und nach nabeln sie sich von IBM ab. Für ihr erstes Projekt dürfen die Gründer die Ressourcen von ICI nutzen. Meist abends und am Wochenende schreiben sie auf den Rechnern der Faserfabrik ihre ersten Programme für die Finanzbuchhaltungssoftware RF. Der Chemiekonzern bekommt die Software dafür billiger, die Vermarktungsrechte verbleiben indes bei den Gründern. Am Ende des ersten Jahres hat das neue Unternehmen einen Umsatz von 620 000 D-Mark erzielt.

»Wir hatten kaum Geld und haben gar nicht erst versucht, eine Bank zu finden, die uns welches leiht«, erinnert sich Hopp. Unter seiner Federführung entstehen die ersten Produkte,»sehr langsam und sehr ingenieurmäßig, so etwas ginge heute gar nicht mehr«.

Genauso sorgfältig wägt Hopp ab, was er sagt, wohlüberlegt spricht er seine Sätze mit einem leichten Anklang des weichen Kraichgauer Idioms. Immer wieder setzt er seine kräftigen Hände gegeneinander, Fingerkuppe auf Fingerkuppe mit leichtem Druck, wenn er über seine nächsten Worte nachdenkt.

Inzwischen hat er den Stapel Akten, den er in einer Plexiglasschale von Termin zu Termin mit sich herumzutragen pflegt, zur Seite gelegt, und bei einem der zahlreichen dienstbaren Geister des

Golfclubs ein Mineralwasser bestellt. Darin löst er eine Aspirintablette auf. Eine Sommergrippe plagt Hopp an diesem Tag. Das Sprechen fällt ihm schwer, aber tapfer erzählt er seine Geschichte, diszipliniert wie stets.

Acht Jahre lang schlüpfen Hopp und seine Kollegen bei Kunden wie ICI unter, acht Jahre lang feilen und tüfteln sie. Erst dann ziehen sie ins erste eigene Gebäude in Walldorf.»Schneller wäre gefährlich gewesen«, meint Hopp heute.»Wir brauchten Zeit zum Lernen.« Zeit, die heute kaum mehr einer hat, glaubt der SAP-Gründer.»Die Finanziers sitzen einem im Nacken« – entweder Banken oder Beteiligungsgesellschaften.»Wenn aber die Geldgeber zwei Tage in der Woche beim Chef am Schreibtisch sitzen, kann der keine Firma führen.«

Für den ersten Quantensprung in der Unternehmensgeschichte von SAP sorgt indirekt ausgerechnet Ex-Arbeitgeber IBM. Ende der siebziger Jahre kündigen die Amerikaner die Großcomputer der Serie 4300 an, Maschinen, die viermal schneller sind als die bis dahin leistungsstärksten – aber nur ein Viertel so teuer.»Plötzlich hatten wir einen quasi unbegrenzten Markt für unser Produkt«, sagt Hopp. Das Produkt heißt inzwischen R/2. Das»R« steht für »Real Time«, um auszudrücken, dass vom Nutzer eingegebene Daten sogleich auf allen anderen angeschlossenen Rechnern verfügbar sind.

SAP beginnt zu wachsen, aber natürlich in gemächlichem Tempo. Das Programm, das sich zunächst auf die Finanzbuchhaltung und die Materialwirtschaft konzentriert, erweitert SAP nun systematisch auf Bereiche wie Produktionsplanung, Produktionssteuerung und Instandhaltung. Hinzu kommen Varianten von R/2, speziell entwickelt für verschiedene Branchen.

1986 erreicht SAP die Grenze von 100 Millionen D-Mark Umsatz. 1988, 16 Jahre nach der Gründung wagt das Unternehmen den Börsengang, der viele Investoren zu Millionären und die Gründer zu Milliardären macht. 1,2 Millionen Aktien kommen am 4. November für je 750 D-Mark an den Markt. Auf heutige Verhältnisse umgerechnet, entspricht das einem Preis von 2,99 Euro, im Frühjahr 2006 notieren die SAP-Anteile bei rund 190,62 Euro. Die »Entdeckung der Langsamkeit« hat sich ausgezahlt. Von 1988 an wächst der Umsatz rasant. Innerhalb von zwei Jahren verdoppeln sich die Einnahmen auf 500 Millionen D-Mark.

Doch nur mit Gründlichkeit und Verlässlichkeit lässt sich die Erfolgsgeschichte des Unternehmens nicht erklären. Auch nicht mit der Tatsache, dass »Hopp mit Hasso Plattner einen kongenialen Mitstreiter gefunden hat«, wie es der ehemalige Europachef der Unternehmensberatung McKinsey, Herbert Henzler, ausdrückt. »Ein perfektes Paar«, nennt er die beiden.

Plattner, vier Jahre jünger als Hopp und bei IBM dessen Assistent, war der Mann für die Öffentlichkeit, der extrovertierte Verkäufer der Marke SAP, der die Gäste auf Kundenmessen schon einmal mit einem Solo auf der E-Gitarre begrüßte. »Plattner stand im Rampenlicht, Hopp trieb im Hintergrund die Unternehmensentwicklung voran«, so drückte es Mitgründer Klaus Tschira einmal aus. Doch trotz des fast perfekten Teamworks der frühen Jahre macht SAP nicht alle fünf Partner zu Milliardären. Claus Wellenreuther steigt schon Anfang der achtziger Jahre aus. »Aus gesundheitlichen Gründen«, sagt Hopp. Wellenreuther leidet an Rheuma. Jahre später profitiert der fünfte Gründer dann doch noch vom steilen Aufstieg von SAP. 2003 übernimmt der Softwarekonzern das kleine IT-Unternehmen DCW, das Wellenreuther nach seinem Ausstieg aufgebaut hatte. Auch der Rest des Teams muss erfahren, dass die Harmonie der Gründerjahre nicht ewig hält. Hans-Werner Hector verlässt SAP 1996 im Streit und verkauft einen Großteil seiner Anteile.

Glaubt man Hopp, dann fehlt neben Gründlichkeit, Vorsicht und Ingenieurwissens als einzige Zutat für den SAP-Erfolgscocktail nur noch der Zufall. 1987 macht sich Hopp auf den Weg ins Hauptquartier der Bundesbahn in Frankfurt. »SAP war klein und die Bahn groß, ich saß alleine 28 Leuten gegenüber.« Denen will Hopp das damals ziemlich konkurrenzlose Software-Paket »R/2« verkaufen.

Doch das lief nur auf Großrechnern. Die Bahn wollte aber ein Programm für die neuen, kleineren IBM-Maschinen. Hopp fährt unentschlossen zurück nach Walldorf und redet mit Plattner. »Ich rechnete mit keiner leichten Diskussion, schließlich liefen unsere Geschäfte sehr gut, und plötzlich sollten wir etwas völlig Neues entwickeln.« Doch Plattner lässt sich schnell überzeugen. »Dietmar, das machen wir.« Die Entwicklung von R/3 beginnt.

Nur wenige Jahre später werden die Großrechner Opfer eines rasanten Artensterbens. Der Siegeszug der flexiblen, vernetzten Personalcomputer kommt genau rechtzeitig für die Einführung von »R/3«. Von 1991 bis 1997 explodiert der SAP-Umsatz von 700 Millionen auf 6 Milliarden D-Mark. 25 Jahre nach der Gründung überspringt auch der Gewinn vor Steuern erstmals die Milliardengrenze. Die Presse jubelt: »Die Gewinnmaschine« (*Die Zeit*), »SAP überholt Daimler-Benz« (*Börsenzeitung*), »SAP bricht sämtliche Rekorde«(*Der Tagesspiegel*).

Den guten Zeitpunkt für die Einführung von »R/3« will Hopp nicht auf sein Konto buchen: »Nichts als Zufall, es wäre gelogen, wenn wir das als unternehmerische Weitsicht verkaufen würden.« Doch das ist Tiefstapelei. Tatsächlich treffen die Gründer in einer für das Unternehmen kritischen Situation die richtige Entscheidung. Das nennt man schlicht gutes Management. Natürlich gehört zu einer Erfolgsstory wie der von SAP auch immer Glück. Doch im Fall des Walldorfer Softwareentwicklers kommen die ganz spezifischen Stärken der Gründer hinzu: profundes Fachwissen, hellwacher Instinkt, strengste Disziplin und sehr viel Pragmatismus.

Das Lächeln von Giovanni Trapattoni wirkt ausgesprochen gequält, als der Fußballtrainer nach dem Pokalspiel seines VfB Stuttgart gegen die unterklassige TSG Hoffenheim über den Rasen in die Kabine schleicht. Der für seine Temperamentsausbrüche bekannte Italiener wirkt an diesem Sonntagnachmittag Ende August selbst wie eine »Flasche leer«.

Gerade hat sich sein Bundesligateam nur mit größter Mühe mit 4:3 nach Verlängerung in die nächste Runde gezittert – eine ausgesprochen traurige Vorstellung, wie Zeitungen am nächsten Tag über die Leistung des VfB urteilen. Einer ist allerdings noch trauriger als Trapattoni: Dietmar Hopp.

Die TSG Hoffenheim ist sein Verein, hier hat er vor über 40 Jahren selbst gespielt, das kleine aber feine »Dietmar-Hopp-Stadion« hat er gebaut, und er hat den ehemaligen Nationalspieler Karlheinz Förster als sportlichen Berater in die Provinz geholt. Jetzt plant Hopp den nächsten Coup: Einen Fußballtempel, mit Platz für 30 000 Zuschauer. 40 Millionen Euro will er dafür verbauen. Wer später einmal das Bier im neuen Stadion ausschenkt, dürfte auch schon klar sein. Hopp gehört die Mannheimer Eichbaum-Brauerei.

Der SAP-Gründer liebt seinen Verein, aber er weiß auch ganz genau, wo er ihn sehen will: im Profifußball – und das möglichst schnell. Der Masterplan für das Projekt Fußballbundesliga steht bereits: Mit voller Kraft treibt Hopp die Zusammenlegung der Fußballamateurvereine aus den Orten Hoffenheim, Sandhausen und Walldorf voran. Der neue Verein soll entweder den Namen FC Kurpfalz Heidelberg oder HSW Heidelberg 06 tragen und den Kern einer künftigen Profimannschaft bilden.

Ein kühnes Vorhaben, doch angesichts seiner bisherigen Erfolge, wäre es mehr als fahrlässig, Hopps Ambitionen nicht ernst zu nehmen. Mit seinem Sohn Daniel hat er den Eishockeyclub Adler Mannheim saniert und den Kraichgauer Handballverein SG Kronau Östringen in die höchste Spielklasse geführt.

Die Sportbegeisterung zeigt eine weitere Facette der Persönlichkeit Hopps, ohne die sich der Erfolg des Unternehmers nicht verstehen lässt: eine fast schon an Sturheit grenzende Zielstrebigkeit, gepaart mit eiserner Disziplin. »1992 habe ich gesagt, mit 55 Jahren will ich meinen eigenen Golfclub besitzen«, erzählt Hopp. Es dauert bis zu seinem 57. Geburtstag, weil »zwei unbelehrbare« Eigentümer das ausgewählte Gelände blockieren. Die Verzögerung scheint Hopp noch heute zu ärgern. Aber der Golfclub existiert, so wie er ihn sich vorgestellt hat und ist bereits dort angekommen, wo die Fußballer noch hin sollen: sportlich die Nummer eins in Deutschland sein.

Mit ähnlicher Willenskraft und Disziplin hat Hopp den Aufbau von SAP vorangetrieben und mit genau der gleichen Disziplin zieht er sich schließlich auch wieder aus dem Unternehmen zurück. Planmäßig tritt Hopp 1998 den Vorstandsvorsitz an Plattner ab und wechselt in den Aufsichtsrat, und genauso planmäßig, räumt er seinen Platz als Chefaufseher am 12. Mai 2003, wiederum für Plattner. »Wir haben Hunderte von Unternehmen kennen gelernt, und oft sah man wie ein sturer Patriarch, der nicht loslassen konnte, viel Unglück über die Firmen gebracht hat.«

SAP muss auch ohne ihn und Plattner überlebensfähig sein, muss sich abnabeln können von den Übervätern der Gründergeneration, davon ist Hopp überzeugt. Und tatsächlich, bei SAP gelingt es, auch nach Hopps Ausscheiden und dem Wechsel von Plattner in den Aufsichtsrat sprudeln die Gewinne unter Führung des neuen Vorstandschefs Henning Kagermann weiter, auch wenn der Aktienkurs nach dem Platzen der Technologieblase nie wieder den Höchststand von knapp 270 Euro von Anfang 2000 erreicht.

Heute hat Hopp außer als Großaktionär offiziell nichts mehr mit SAP zu tun. Seine Anteile hat er in der Dietmar-Hopp-Stiftung und im Golfclub St. Leon-Rot GmbH & Co. geparkt. Nicht einmal ein Büro unterhält er auf dem Campus in Walldorf, nur eine persönliche Sekretärin gibt es noch, die Anrufe beantwortet, die Post öffnet und Termine verwaltet. »Aber es ist ja nicht so, dass man sein Kind nicht mehr sehen dürfte«. Hopps Villa liegt um die Ecke vom Firmengelände, zu den meisten Vorständen hat er noch Kontakt. Ins Tagesgeschäft will er sich nicht mehr einmischen, aber interessiert ist er schon, vor allem, wenn der Aktionär die Dinge anders sieht als die heutigen Manager. Während der Bieterschlacht mit dem US-Konkurrenten Oracle um das Unternehmen Retek »gab es schon unterschiedliche Vorstellungen. Ich war am Ende ganz froh, dass die Übernahme nicht geklappt hat.« Wer Hopp kennt, ahnt, dass er seine Meinung offen und klar geäußert hat.

DIETMAR HOPP wird am 26. April 1940 in Heidelberg als Sohn eines Lehrers geboren. Nach dem Abitur studiert er an der Technischen Universität Karlsruhe Nachrichtentechnik, 1966 beginnt er bei IBM. Bald schon hat er die unternehmerische Idee, kommerzielle Anwendersoftware als Standardprodukt herzustellen und alle erfassten Informationen sofort (»Real Time«) auf Datenträgern mit direktem Zugriff fortzuschreiben.

Am 1. April 1972 gründet er mit den vier IBM-Kollegen Hasso Plattner, Klaus Tschira, Hans-Werner Hector und Claus Wellenreuther eine eigene Firma mit dem Namen »Systemanalyse und Programmentwicklung«. Der Durchbruch gelingt dem jungen Unternehmen mit dem Finanzbuchhaltungssystem »RF«. Später folgt das Programm »R2«, ein System, das in der Lage ist, auch andere betriebliche Abläufe wie Produktionsplanung und -steuerung zu erfassen. Der SAP-Aufstieg aber macht nicht alle fünf Gründer gleichermaßen reich. Claus Wellenreuther steigt schon Anfang der achtziger aus gesundheitlichen Gründen aus. Jahre später indes profitiert auch er, als SAP 2003 seine neue Softwarefirma DCW übernimmt, die Wellenreuther nach seinem Ausstieg aufgebaut hat. 1988 kommt die SAP-Aktie an die Börse. Sie macht viele Investoren reich, vor allem aber die Gründer. 1,2 Millionen Aktien kommen am 4. November für je 750 D-Mark an den Markt. Auf heutige Verhältnisse umgerechnet, entspricht das einem Preis von 2,99 Euro, im Frühjahr 2006 notieren die SAP-Anteile bei rund 190,62 Euro. 1998 tritt Hopp den Vorstandsvorsitz an Hasso Plattner ab und wechselt an die Spitze des Aufsichtsrats, die er 2003 wiederum für Plattner räumt.

Heute führt Henning Kagermann SAP. Das Unternehmen ist in der Branche, gemessen am Umsatz (8,5 Milliarden Euro), die Nummer drei weltweit. SAP beschäftigt 35 900 Mitarbeiter.

Hopp ist jetzt 66 Jahre alt, zu jung für den Ruhestand, findet er. Sein Golf-Handycap hat sich gerade von 8,5 auf 10,2 verschlechtert. »Zu viel Stress«, entschuldigt er sich und wird dabei sogar leicht rot im Gesicht. Am Stress dürfte sich in Zukunft kaum etwas ändern. »Ich möchte schon noch den einen oder anderen Börsengang durchziehen.« Dafür hat er Friedrich von Bohlen und Halbach, Ex-Chef des Neue-Markt-Unternehmens Lion Bioscience engagiert. Der verwaltet für Hopp eine Reihe von Firmenbeteiligungen in Wachstumsbranchen. Große Hoffnung setzt Hopp in das Softwareunternehmen Inter Component Ware (ICW), das eine maßgebliche Rolle bei der Einführung der Patientenkarte im Gesundheitswesen spielen soll. »Der Erfolg steht jetzt vor der Tür«, sagt der SAP-Gründer über die Firma, die bislang nur rote Zahlen geschrieben hat. Schon 2007 könnte ICW den Weg an den Aktienmarkt finden.

»Mit Lion ist von Bohlen gescheitert, aber für mich ist das kein Makel«, sagt Hopp. Wer mit vollem Einsatz spielt, darf auch schon einmal verlieren, da ist der bodenständige Hopp ganz dem amerikanischen Unternehmerbild verpflichtet.

Der SAP-Gründer, »immer noch mit meiner ersten Frau verheiratet« und Vater zweier Söhne, stammt aus kleinbürgerlichen Verhältnissen. Der Vater war Hauptschullehrer, so etwas prägt. »Es ist schon ein sehr merkwürdiges Gefühl, wenn man plötzlich mehr Geld hat, als man jemals ausgeben kann.« Hopp teilt seine weltlichen Güter gerne, immerhin hat er mehr davon als Fürstin Gloria von Thurn und Taxis oder der marokkanische König. »Wir Reichen müssen uns unserer Verantwortung stellen«, sagt Hopp und will von einer Reichen- oder Vermögenssteuer trotzdem nichts wissen. Er möchte selbst entscheiden, was, wen und wo er fördert.

Von seinem Vermögen hat er zwei Drittel in seine Stiftung gesteckt. Die finanziert der Heidelberger Kinderklinik teure Geräte zur Früherkennung tückischer Stoffwechselerkrankungen, rettet den Fußballclub FC Walldorf vor dem Konkurs oder spendiert dem Nachbarverein FC Zuzenhausen ein Jugendförderzentrum. Seine Stiftung unterstützt auch Schulen und Altenheime, die meisten natürlich in der Umgebung Heidelbergs. Hopp bestimmt eben gerne selbst die Regeln, nach denen er spielt, egal ob es um die Philanthropie geht oder um eine handfeste Auseinandersetzung mit der Staatsmacht.

Die Szene könnte aus einem *Tatort* stammen. Am 27. Februar 2003 blockieren Polizeifahrzeuge die Auffahrt zu Hopps Villa. Kriminalbeamte stürmen in Richtung Eingang. Als sich die Hausangestellte weigert zu öffnen, drohen die Polizisten die Tür einzuschlagen. Was ist passiert? Hopps Freund Bernhard Termühlen, der Ex-Chef des Finanzdienstleisters MLP, ist in Geldschwierigkeiten geraten. Hopp will helfen und verpfändet SAP-Aktien im Wert von 67,5 Millionen Euro. Das Problem: Die Aktien gehören nicht ihm selbst, sondern seiner Stiftung. Die Staatsanwaltschaft wittert einen Fall von Untreue.

Dass nichts dran ist an dem Verdacht, bestreitet heute niemand mehr. Das Ermittlungsverfahren wird eingestellt, nicht ohne eine scharfe Rüge des Landgerichts Mannheim für die Staatsanwaltschaft. Es habe nicht einmal ein Anfangsverdacht bestanden, denn Hopp hatte seine Stiftung von allen Risiken persönlich freigestellt. Das wussten die Strafverfolger und ermittelten trotzdem.

Dieses Mal konnte Hopp die Regeln nicht selbst bestimmen, aber vielleicht kann man sie ja für künftige Spiele ändern? Der Ex-SAP-Chef gründet prompt die Stiftung »Pro Justitia«, die übereifrigen Staatsanwälten auf die Finger klopfen soll. Wenn Hopp etwas anfängt, dann gründlich, und so überzeugt er in einem Brief Ex-Justizministerin Sabine Leutheusser-Schnarrenberger, einen Sitz im Beirat der Stiftung zu übernehmen.

Auch bei SAP hat Hopp die wenigen Regeln im Unternehmen gerne selbst festgelegt, und die changieren auf ganz individuelle Weise zwischen Gutsherrenart und Laisser-faire.

Der 5. Februar 1998 ist ein ganz besonderer Tag für SAP. An diesem Morgen verkündet Hopp offiziell, dass er den Chefsessel des Unternehmens im Mai räumen wird. Vor der Kantine, dort, wo der Gründer auch oft in der Mittagspause gegessen hat, strömen die Angestellten zusammen. Hunderte sind es, die für ihren Chef singen: »Marmor, Stein und Eisen bricht, aber unsere Liebe nicht«. »Die Menschen bei SAP waren mir immer wichtiger als der Aktienkurs«, sagt Hopp. Die Mitarbeiter als wichtigstes Kapital der Firma, der Satz gehört zum Standardrepertoire jedes Managerseminars, doch bei SAP scheint die Sache irgendwie mit Leben erfüllt. »Hopp und seine Kollegen haben es verstanden, den Mitarbeitern die Freiheit zu geben, die sie brauchen, und haben so ein kreatives Biotop geschaffen«, lobt Ex-McKinsey-Mann Herbert Henzler. Feste Arbeitszeiten oder eine Kleiderordnung gibt es bei SAP bis heute nicht. Wer will, kann nachts und in Jeans und T-Shirt programmieren. Damit die klugen Köpfe nicht zur Konkurrenz abwandern, bekommen sie nicht nur überdurchschnittliche Gehälter, sondern auch zinslose Darlehen für den Hausbau, einjährige Lohnfortzahlung im Krankheitsfall und kostenlosen Sport auf den konzerneigenen Tennisplätzen.

So ist Hopp und seinen Mitgründern etwas in Deutschland ziemlich Seltenes gelungen: Sie haben es geschafft, ihren Mitarbeitern einen glaubhaften Wertekanon zu vermitteln und legen damit den Grundstein für eine Firmenkultur, die diesen Namen auch tatsächlich verdient. »Eine Philosophie ohne die der Erfolg von SAP nicht möglich gewesen wäre«, meint Henzler.

»Zu Recht ist das Unternehmen stolz auf seine ausgeprägte Streitkultur«, frei nach dem Motto der Gründer: »Denkt, aber denkt nicht alle das Gleiche«.

Die andere Seite von Hopps Personalführung sieht so aus: »Ich habe es nie bereut, mit der richtigen Firmenpolitik einen Betriebsrat verhindert zu haben«, sagt der Gründer mit wie immer leiser, aber in diesem Moment sehr bestimmter Stimme. Erst im März 2006 hat der SAP-Vorstand den Widerstand gegen eine Arbeitnehmervertretung aufgegeben. Als letztes der 30 Dax-Unternehmen bekommt jetzt auch SAP einen Betriebsrat. Für die meisten in Walldorf war das 30 Jahre lang kein Problem. »Für Hopp hat man sich gerne zerrissen, er war so etwas wie ein strenger aber fürsorglicher Patriarch«, erzählt ein Mitarbeiter. Für andere schwingt darin aber auch »immer einiges von der Selbstherrlichkeit eines Feudalherren« mit.

Für viele bei SAP ist der Großaktionär indes noch immer »Vadder Hopp«, ein Spitzname der aus der Anfangszeit von SAP hängen geblieben ist, als er das »Unternehmen wie eine Fußballmannschaft führte«, wie es Co-Gründer Plattner einmal formulierte. Noch immer kommen die Mitarbeiter mit ihren Problemen gerne zu Hopp. Als SAP beschließt, einen Teil der Verwaltung nach Prag zu verlegen, »gab es Härtefälle«, wie Hopp es nennt. »Eine Frau mit zwei Kindern und einem arbeitslosen Mann, die kann nicht nach Tschechien gehen, das muss man verhindern.« Von den Prag-Plänen scheint er ohnehin nicht allzu viel zu halten. »Natürlich muss man aus Kostengründen in Indien und China entwickeln, aber die Auslagerung der Verwaltung hat für sehr viel Wirbel gesorgt«.

Von plumper Kapitalismuskritik hält Hopp allerdings genauso wenig: »Ich stehe voll hinter den Plänen des SAP-Vorstands, eine Umsatzrendite von 30 Prozent zu erreichen, das ist kein Verbrechen sondern bittere Notwendigkeit.« Aufgeregte Debatten über Heuschrecken und ähnliches kapitalistisches Ungeziefer sind Hopps Sache nicht. Aber auch die immer wiederkehrende Beschwörung der deutschen Malaise geht Hopp eher auf die Nerven. »Man kann ein Land auch schlecht reden.«

Knallhartes Renditedenken und fürsorgliche Hege und Pflege des Standortes Deutschland – für Hopp sind das keine Gegensätze, sondern zwei Seiten von gutem Unternehmertum. Ihm wäre es am liebsten, wenn der Weltkonzern SAP genauso heimatverbunden bleiben würde wie er. »Wir hätten das Unternehmen nicht so groß machen können, wenn wir an Deutschland geklebt hätten. Aber Walldorf ist noch immer unser Entwicklungsschwerpunkt, hier und in unmittelbarer Umgebung arbeiten 12 000 Menschen, denen muss man das Gefühl geben, das ist unsere Heimat. Etwas anderes können wir nicht tun.«

Michael Maisch, Georg Weishaupt

Kapitel 15

»Ich wollte immer Chef werden«

Der Einzelhandelskönig ERIVAN HAUB

Es ist gerade fünf Uhr in der Früh, als Erivan Haub seinen Lastwagen belädt. Die ersten schwachen Sonnenstrahlen des Tages kämpfen über Los Angeles noch mit dem Nebel. Haub ist schon vor einer Stunde aufgestanden. Joghurts, Milch und Cornflakes – die Millionenstadt will versorgt sein, und Haub ist es, der den Amerikanern die Zutaten für ihr Frühstück bringt. Unzählige Lebensmittelgeschäfte stehen auf seinem Dienstplan. Er muss sich beeilen, sonst ist die Route nicht zu schaffen.

Er steuert den 40-Tonner vor einen Laden in Santa Monica. Springt aus dem Führerhäuschen, öffnet die Ladeluke, lädt die Kisten aus und stellt sie auf den Gehsteig. Mit den Lieferpapieren in der Hand eilt er zum Filialleiter. Der aber will nicht unterschreiben, verlangt, dass Haub die Ware auch noch in den Laden trägt. Und in die Regale räumt. »Da ist mir der Kragen geplatzt. Das hatte der die Tage vorher auch schon immer von mir gefordert, obwohl es ausdrücklich nicht mein Job war.« An diesem Morgen dreht sich Haub wortlos um, startet den Motor und fährt »die ganze Ware über den Haufen«.

Noch am Nachmittag wird er vom Chef zum Rapport bestellt, hat er doch Lebensmittel für fast 500 Dollar zerstört. Der Boss hört sich die Geschichte in aller Ruhe an – »und befördert mich. Zack. Einfach so«.

Wer Erivan Haub, 73, heute fragt, was ihn in seinem Berufsleben besonders bewegt und geprägt hat, dem erzählt er gerne und ausführlich von seinen Lehrjahren in Amerika. Von den 100 Dollar, die ihm seine Eltern Anfang der fünfziger Jahre zusteckten und mit denen er bei seiner Ankunft in Illinois auskommen musste, von dem Job als Lastwagenfahrer in Kalifornien, von der Arbeit im Keller eines Supermarkts in Chicago, wo er Kisten aufschnitt und Dosen und Flaschen ins Lager stellte, von seiner Zeit als Mitarbeiter im Wahlkampfteam des späteren US-Präsidenten Eisenhower und von seinen Geschäften auf Kuba, wo er in der Import- und Exportbranche tätig war und Spielzeug gegen Sandalen tauschte. Als er zwei Jahre später nach Deutschland zurückkehrt, hat er den Kopf voller Erfahrungen und Pläne. Es beginnt sein Aufstieg zu einem der größten, reichsten (geschätztes Vermögen 4 Milliarden Euro), aber auch geheimnisvollsten Krämer des Landes.

Heute steuert Haub mit seinen Söhnen die Tengelmann-Gruppe, das sind 7 300 Filialen in 14 Ländern mit einem Umsatz von fast 27 Milliarden Euro und 184 000 Mitarbeitern. Jeder Deutsche kennt ein Geschäft aus dem Haub-Reich. Ob es nun Tengelmann, Kaiser's oder A&P heißt, Plus, kd, die Baumärkte Obi oder die Textilkette Kik. Täglich kaufen vier Millionen Menschen bei ihm ein. Dieses Imperium ist sein Werk.

Erivan Haub ist darüber ein vermögender Mann geworden. Als ihn die *Forbes*-Herausgeber in den achtziger Jahren erstmals unter die reichsten Deutschen einreihen, empfindet er das als eine Art von Anprangern. Die Veröffentlichung passt nicht zu seiner Art zu leben, und es passt auch nicht zu seinem Geschäft. »Schrecklich, ganz schrecklich«, sagt er noch heute über diese Liste. »Das hat den Menschen das Gefühl gegeben, die Händler verdienen zu viel.«

Mülheim an der Ruhr, hier steht mitten in einem Wohngebiet, umringt von einer roten Backsteinmauer, die Konzernzentrale. Es ist der erste warme Frühlingstag des Jahres. Arbeiter mähen die weitläufigen Rasenflächen vor dem Hauptgebäude, der Springbrunnen wird geputzt. In dem Moment, als das erste Wasser in die Becken schießt, nähert sich ein Mann im dunklen Anzug. Mit großen Schritten geht er auf die Arbeiter zu. Jedem einzelnen schüttelt er persönlich die Hand, verbeugt sich sogar leicht, er lächelt, fragt wie es ihren Familien geht, wünscht dann noch einen schönen Tag und macht sich, nachdem der Fotograf seine Arbeit verrichtet hat, zurück auf den Weg in sein Büro.

Im Foyer kommt er an einer deutschen und einer amerikanischen Flagge vorbei, an einer Wand hängt dort die Weltcharta für Natur aus dem Jahr 1982. Er fährt mit dem Lift in den vierten Stock, tritt ein in sein ganz in beigebraun gehaltenes Arbeitszimmer. Die Vorhänge sind in diesem Ton, genauso wie der gewaltige Tisch, auf dem ein großes Schachspiel aus Bernstein steht und zwei golden glänzende Kaffeekannen. Die holländischen Meister an den mit kanadischem Wurzelholz getäfelten Wänden passen zum Interieur, auch die tiefen Sessel.

Da sitzt Erivan Haub nun und berichtet aus seinem Leben, ein Mann mit einem fast faltenlosen Gesicht, wohlig gebräunt und mit einem einnehmenden Lächeln. Ein Mann, der sich nie in den Vordergrund gedrängt, der nur selten Interviews gegeben hat, von dem nur wenige Fotos existieren, der an den Kassen seiner Supermärkte fast nie erkannt wird, wenn er mit einem Portemonnaie in der Hand bezahlen will.

Zurückhaltend, bloß nicht auffallen, ist schon immer seine Devise gewesen. Bei einer Schifffahrt für Medienschaffende über die Ostsee steht er einst einen halben Abend lang an der Reling. Er trägt weiße Hosen, eine blaue Jacke und eine Seemannsmütze. Vor der Brust hält er einen Feldstecher. Er will sich nicht unterhalten, nur die Weite des Meeres aufnehmen. An Bord sind viele Journalisten, die lange auf ein Interview mit ihm hofften. Er bleibt den meisten unerkannt und scheint es zu genießen. Seine Mutter hat ihm einst gesagt:»Rede nicht zu viel, höre lieber zu«. Es ist der goldene Rat, den früher Könige von ihren Erziehern hörten.

Und doch ist Haub eines nicht: ein Herrscher, der nur bestimmt und nur das tut, was er will. Selbst aus dem Betriebsrat ist zu hören:»Haub ist hart, aber fair, sein Wort gilt, er ist absolut verlässlich.« Er ist auch kein schrulliger Mann, wie es seine zurückgezogene Lebensführung vermuten ließe. Er sagt dazu nur:»Ich wollte immer etwas bewegen, ich wollte gestalten. Langes Theoretisieren war mir immer ein Gräuel. Wir überlegen heute viel zu lange, bevor wir überhaupt etwas anfangen.«

Der Generaleinwand auf solche Sätze lautet zumeist: Ja, das klingt schön, die Welt ist aber inzwischen viel komplizierter geworden. Sicher, aber viele wesentliche Themen in der Wirtschaft, die heute neu und brisant erscheinen, spielten in den sechziger und siebziger Jahren ebenfalls eine zentrale Rolle:

• die Zerschlagung überholter Strukturen;
• Wachstum durch aggressive Zukäufe;
• Was mache ich mit den Mitarbeitern bei Rationalisierung?
• Wie internationalisiere ich mein Geschäft, ohne zu Hause die Kernkompetenz zu verlieren?

Erivan Haub stand mitten im Sturm dieser Entwicklung, manchmal war er der Sturm. Er kauft auf, er rationalisiert, in seiner Zeit beginnt der Preiskampf in der Lebensmittelbranche, Supermärkte verdrängen die Tante-Emma-Läden. Seinem Ruf schadet es nicht. Seine Mitarbeiter schwören auf ihn. Wie hat er diesen Spagat geschafft? Irgendetwas muss doch anders gewesen sein. Aber was? Oft findet sich die Antwort in der Persönlichkeit des Mannes, der das alles bewegt und aufgebaut hat.

Als in Berlin die Mauer fällt und er nachts auf einer Dienstreise in Amerika angerufen wird, ist seine erste Frage:»Und was tun wir?« Am nächsten Tag lässt er Lastwagen mit Kaffee und Schokolade beladen, zur Glienicker Brücke fahren, wo Kaiser's-Mitarbeiter die Waren kostenlos verteilen.»Geben macht mir ausgesprochen große Freude«, sagt er,»ich hungere ja nicht dabei.«

Seltsam, man glaubt seinen schnörkellosen Sätzen und gerät schnell in seinen Bann. Er ist ein Mensch, den man mag und man vermutet, dass auch er die Menschen mag. In jedem Fall ist Erivan Haub ein überaus höflicher Mensch. Er gießt seinen Gästen Kaffee ein und reicht köstliche Pralinen aus der eigenen Produktion. Er wirkt zufrieden. Das humane Denken hat er aus seinem Elternhaus.

Als Hitler an die Macht kommt, ziehen sich seine Eltern aus dem öffentlichen Leben zurück. Sie kaufen sich in Idstein bei Wiesbaden einen Hof und machen daraus einen kleinen landwirtschaftlichen Betrieb. »Meine Eltern hassten die Nazis, hatten früh das menschenverachtende System durchschaut.« So erlebt der Sohn den Hitler-Wahn nur in der Schule. »Mein Vater modernisierte den Betrieb, kaufte Kühe, die mehr Milch gaben und lieferte die höchste Milchquote der Gegend ab. Deshalb ließen ihn die Nazis in Ruhe.«

Erivan Haub wächst in der Abgeschiedenheit des Landguts auf, Nachbarn gibt es auf Sichtweite nicht. »Ich bin meinen Eltern und Lehrern dankbar«, sagt er, »dass sie Wert darauf legten, dass ich mich benehmen konnte, dass sie mich einfach und schlicht erzogen haben, und dafür sorgten, dass ich mich in Haus und Garten nützlich machen konnte. Holz hacken, Brunnenwasser pumpen und Tiere füttern, gehörten zu meinen täglichen Pflichten. Und Butter in einem Fass machen, das könnte ich noch heute.«

Wenige Wochen vor Kriegsende wird er eingezogen. Mit 12 Jahren. Der Junge ist hochgewachsen und kräftig gebaut, die Nazis geben ihm eine Panzerfaust. »Wir wussten, dass der Krieg längst verloren war, ich versenkte die Panzerfaust in einem Graben und versteckte mich drei Wochen im Wald.« Nach Hause kann er nicht, das Risiko, als Fahnenflüchtiger erschossen zu werden, war zu groß.

Seiner Mutter Elisabeth Haub und seinem Onkel Karl Schmitz-Scholl gehören die Tengelmann-Gruppe damals in dritter Generation. Vor dem Krieg hat Tengelmann 1 500 Läden, 1945 sind es nur noch 80. Allerdings bleiben die zentralen Hallen in Mülheim unzerstört. Sie sind mit besonders hartem Krupp-Stahl armiert. Dort lagern Lebensmittel. Vor allem jene Kunstprodukte wie Bratlingspulver, Sojafertigsuppen und Trockenmarmelade, die während des Kriegs und auch anschließend so begehrt sind. Mit seiner Mutter fährt Erivan Haub schließlich mit einem alten DKW durch das zertrümmerte Deutschland nach Mühlheim, sie führt das Unternehmen, bis ihr Bruder Karl Schmitz-Scholl von den Briten freikommt. So sieht der damals 14-Jährige zum ersten Mal sein späteres Reich.

1952 starten in Deutschland die ersten Fernsehsendungen, Erivan Haub hat sein Abitur mit besten Noten abgeschlossen und soll nun als Trainee, so heißt das damals schon, nach Amerika gehen. Der Flug mit einer PanAm-Maschine von Frankfurt nach Chicago dauert 24 Stunden, Stopp in Irland, Neufundland, Boston. Für die Menschen in Deutschland eine unvorstellbare Reise. Den halben Erdball an einem Tag.

Amerika entspricht seinem Wesen. Haub schwärmt:»Die ungeheure Weite, die unkomplizierte Art der Menschen, der Pioniergeist.« Noch heute fährt er jedes Jahr für mehrere Monate nach Wyoming. Dort besitzt er eine Ranch, die bis zum Horizont reicht. Auf ihr weiden über 400 Bisons. Was er anpackt, macht er ganz.

Sein Start in der Neuen Welt ist beschwerlich. Er mietet für 70 Dollar ein 10 Quadratmeter kleines Zimmer im Heim des YMCA, also beim Christlichen Verein junger Männer, und arbeitet in einem Supermarkt für 135 Dollar die Woche, neuneinhalb Stunden jeden Tag. Nach Feierabend trägt er zwei Stunden Pakete aus.»Ich war für jedes Trinkgeld dankbar und sammelte auch Pfandflaschen von der Straße. Niemand war sich in Amerika dafür zu schade, auch ich nicht.«

Mehrmals gerät er dort, mit der ungestümen Energie eines 20-Jährigen, in heikle Situationen. Zuerst arbeitet er im Keller eines Supermarkts. Kartons aufschneiden, Dosen in Regale räumen. Das war so ziemlich der niederste Job, den das Geschäft zu bieten hatte. »Im Keller arbeitete auch noch ein Schwarzer. Wir verstanden uns gut, aber das sah die Filialleitung nicht gern«, erinnert er sich. »Die Rassenschranken waren in den fünfziger Jahren noch erheblich.« Er aber sieht das nicht ein, denn nach dem Krieg waren vor allem die farbigen US-Soldaten in Deutschland immer besonders nett zu ihm und den anderen Kindern gewesen, und noch heute erinnert er sich dankbar an die erste große Tafel Schokolade, die er von einem Afroamerikaner geschenkt bekam.

Als ein Vorgesetzter zum unzähligen Mal die Waren, die er gerade erst alle eingeräumt hat, einfach wieder aus den Regalen rausschmeißt, streckt Haub ihn mit einem Kinnhaken vor den Kunden nieder. »Er lag flach auf dem Boden, obwohl er viel kräftiger war als ich. Die Geschäftsleitung untersuchte den Vorfall, gab mir Recht und eine höhere Position. Man durfte in Amerika nicht feige sein, das hat mir, wie auch der Vorfall später in Kalifornien, sehr imponiert«.

Und dann gibt es da noch ein weiteres berichtenswertes Ereignis aus Amerika. Das spielt sich, verkürzt, in etwa so ab: eine verheiratete, bildhübsche junge Frau, mit der Haub durch die Staaten fährt, und ein betrogener Ehemann, der ihn verfolgt – eine nicht ungefährliche Situation im sittenstrengen Amerika. »Ich war halt jung und habe nichts ausgelassen«, sagt Erivan Haub heute.

Tatsächlich findet er auch noch Zeit, um im US-Wahlkampfteam des späteren Präsidenten Eisenhower mitzuarbeiten und die erste Reise von Bundeskanzler Konrad Adenauer in Amerika als Hilfskraft zu begleiten.

Nach zwei Jahren zurück in Deutschland, verlangt die Familie nun von ihm noch ein Wirtschaftsstudium als letzten Baustein für die Karriere bei Tengelmann. Er wird Schüler bei Karl Schiller in Hamburg, und wieder wird seine fast körperliche Abneigung gegen alles Theoretische deutlich: »Ich mied die Vorlesungen und flüchtete in unser Kontor am Sandtorkai. Der Einkauf von Kaffee und Kakao, das machte mir mehr Spaß«. Trotzdem schließt er sein Studium zum Diplom-Volkswirt wie schon das Abitur mit besten Noten ab.

Die Abneigung gegen seinen eigentlichen Studienaufenthalt erfährt allerdings schon recht früh beträchtliche Minderung, als ihm eine attraktive Studentin begegnet. Heute ist er seit 47 Jahren mit Helga Otto verheiratet. Sie haben drei Söhne, 45, 43 und 41 Jahre alt, die inzwischen verschiedene Bereiche des Unternehmens leiten. Karl-Erivan führt das Europa-Geschäft, Christian Nordamerika, und Georg ist für die Immobilien zuständig. Die fünfte Generation hat übernommen.

Als Erivan Haub sich 2000 dazu entscheidet, die Unternehmensführung an seine Kinder abzugeben und in den Beirat zu wechseln, fällt ihm das schwer. »Ich wollte immer Chef des Unternehmens werden und sein. Ich war voller Tatendrang und Ideen und wollte etwas bewegen und habe das schon ziemlich früh meinen Onkel spüren lassen, der mich aber lange hingehalten hat.«

Nach dem Studium muss Haub weitere Trainee-Ausbildungen über sich ergehen lassen: bei einer Bank und bei einem Immobilienmakler, schließlich ein halbes Jahr Brasilien, erst ab 1963 darf er in Wiesbaden ein Gebiet der Tengelmann-Gruppe leiten – weit genug weg von der Zentrale in Mühlheim, wo der Onkel regiert.

Am 22. März 1969 stirbt der kinderlose Onkel in der Schweiz an einem Herzinfarkt. Haub befindet sich in diesem Moment mit seiner Familie und Freunden zum Skiurlaub in Val d'Isère. Die Mutter weilt in Afrika.

Was sollte er tun? Erivan Haub erzählt: »Ich nahm den Nachtzug und kam morgens um sechs Uhr in Mülheim an, ging durch einen Seiteneingang in die Firmenzentrale, rief für acht Uhr die Führungskräfte in den großen Konferenzsaal und teilte ihnen mit, dass ich die Führung übernehmen würde, ohne zu wissen, wie die Besitzverhältnisse waren. Ich habe das Schicksal selbst in die Hand genommen. Vier Tage später bei der Eröffnung des Testaments war klar: Mein Onkel hatte mich zum neuen Unternehmenschef ernannt.«

Aber so ganz scheint der Onkel seinem Nachfolger nicht zu trauen. Er fürchtet, sein Neffe würde die Firma verkaufen und nach Amerika gehen. Deshalb setzt er zwei Testamentsvollstrecker ein, die das Unternehmen 30 Jahre begleiten sollen. »Ich wusste, wenn ich die beiden Herren nicht schnell loswerden würde, hätte ich sie jahrzehntelang im Nacken und könnte das Unternehmen nicht selbst führen. Mit allen möglichen Tricks gelang es mir, den einen so mürbe zu machen, dass er nach drei Wochen die Testamentsvollstreckung niederlegte. Der andere war ein Wirtschaftsprüfer aus München. Von dem verlangte ich, er müsse nach Mühlheim ziehen und täglich in der Firma mitarbeiten. Da gab er auf und nahm eine Abfindung an.« Der Chefsessel war endgültig frei, er war jetzt der Boss.

ERIVAN HAUB wird am 29. September 1932 in Wiesbaden als Sohn eines Landwirts geboren. Seine Mutter Elisabeth ist die Tochter der Mülheimer Unternehmerfamilie Schmitz-Scholl. Anfang der fünfziger Jahre absolviert er zwei kaufmännische Ausbildungen bei der Jewel Tea Company in Chicago und bei der Alpha-Beta-Company im kalifornischen La Habra. Nach seiner Rückkehr nach Deutschland studiert er Volkswirtschaft bei Karl Schiller in Hamburg und schließt ein Trainee-Programm bei der Commerzbank an.

1963 tritt er in die familieneigene Tengelmann-Gruppe ein. Das Stammhaus hatten Wilhelm Schmitz und seine Frau Louise, geborene Scholl, 1867 gegründet. Der spätere Firmenname Tengelmann wurde von einem ehemaligen Prokuristen des Unternehmens entliehen. Haub arbeitet bis 1969 für die Tengelmann Warenhandels OHG in Wiesbaden. Nach dem Tod des Onkels in diesem Jahr tritt er das Erbe eigentlich gegen dessen erklärten Willen an und steigt zum alleinigen geschäftsführenden Gesellschafter auf. Damals setzt das Unternehmen mit 427 Lebensmittelfilialen und der Schokoladenfabrik Wissoll 1,4 Milliarden D-Mark um. Haub initiiert die weitgehend eigenfinanzierte Expansion, kauft 1971 Kaiser's Kaffee hinzu. Er gründet den Discounter »Plus«. Im Ausland richtet er sein Augenmerk vor allem auf Amerika, 1979 erwirbt er die Great Atlantic & Pacific Company (A&P).

Heute setzt die Tengelmann-Gruppe weltweit mit mehr als 184 000 Mitarbeitern und 7 300 Filialen in 15 Ländern 27 Milliarden Euro um. Im Januar 2000 hat sich Erivan Haub aus der Konzernführung in den Aufsichtsrat verabschiedet und die operative Leitung an seinen Sohn Karl-Erivan abgegeben. Seither konzentriert sich die Gruppe auf das Discountgeschäft (Plus), Bau- und Heimwerkermärkte (Obi), den Textilhandel (Kik) und das amerikanische A&P-Geschäft.

Wie war der Zustand der Firma, als er die Führung übernahm? »Sehr solide, aber relativ bescheiden. Es waren wenig finanzielle Reserven da. Und ich war immer ein Mensch, der gern Reserven hat.« Damals besitzt die Firma 427 Filialen, heute sind es mehr als 7 300. Der Gesamtumsatz liegt bei 1,4 Milliarden Mark, heute beträgt er knapp 26,8 Milliarden Euro, also mehr als 50 Milliarden Mark.

Bei der Frage nach seinem Erfolgsgeheimnis greift Erivan Haub nicht auf irgendwelche Wirtschaftsgurus zurück, sondern auf seine Schulzeit: »Wir hatten lebenserfahrene Lehrer, die auch durch Krieg und die schwierigen Nachkriegsjahre geprägt waren. Von ihnen lernte ich, mich auf das Wesentliche zu konzentrieren. Später in den USA habe ich die praktische Umsetzung gesehen.«

Auf das Wesentliche konzentrieren: Haub verkauft im Unternehmen vieles, was nicht zum Kerngeschäft gehört: Grundstücke, Häuser, die Backpulverherstellung, die Spirituosenabfüllung und die Kaffeerösterei. Irgendwie kommt einem das bekannt vor aus der modernen Wirtschaft. Haub zieht es schon Ende der sechziger Jahre durch.

Einmal das Portfolio bereinigt, beginnt er mit passenden Zukäufen: Kaiser's ist das Objekt der Begierde. Der Onkel hatte zuvor schon einmal abgewinkt. Die seien mit 1 200 Filialen wesentlich größer und würden nicht zu Tengelmann passen. Haub aber trifft sich mit dem Hauptgesellschafter von Kaiser's im Frankfurter Hof. Erst vor Ort stellt sich heraus: Der will eigentlich Tengelmann kaufen. Freundlich geht man auseinander. In aller Stille aber organisiert Haub fortan die feindliche Übernahme, kauft über Schweizer Mittelsmänner heimlich Kaiser's-Anteile, bis er 1971 die Mehrheit hat. »Ich legte in den zwei Jahren schon so viele Reserven an, dass ich keine Bankkredite brauchte. Ich wusste auch, dass Kaiser's wie so viele Traditionsunternehmen in der Substanz reich war, obwohl ich keine einzige Bilanz gesehen hatte.«

Am 1. April 1971, mitten in der Übernahmeschlacht, stürzt Haub beim Ski fahren, muss dreimal am Knie operiert werden. »Während ich im Bett lag, führten wir die letzten Verhandlungen. Am 13. Mai ging ich auf Krücken mit meinen engsten Mitarbeitern zum Vorstand von Kaiser's. ›Meine Damen und Herren‹, sagte ich, ›mir ist es gelungen, Ihre Firma zu übernehmen. Aber wir wollen partnerschaftlich zusammenarbeiten.‹«

Am nächsten Tag lauteten die Schlagzeilen: »Kaiser's an der Kette«, »Kaiser bei Kaiser's ist jetzt Tengelmann« und »Tengelmann schluckt Kaiser's Kaffee«.

Haub macht sein Versprechen wahr: Kein Mitarbeiter wird entlassen. »Mein Prinzip war immer, wenn irgend möglich keine Leute zu entlassen. Fast jeder ist irgendwie einsetzbar.«

1972 gründet Haub den Discounter Plus (heute 3 700 Filialen in Europa), um den Aldi-Brüdern Konkurrenz zu machen.

Deutschland wird ihm bald zu eng, noch 1972 kauft er in Österreich Löwa, ein paar Jahre später, Ende der siebziger Jahre, in den USA das älteste und einstmals größte Lebensmittelfilial-Unternehmen Atlantic & Pacific Tea Company – kurz A&P genannt. Die Firma schreibt tiefrote Zahlen. Haub saniert A&P, schon bald macht das Unternehmen wieder Gewinne.

Bei allem Gewinnstreben aber verliert er das Wohl und Wehe seiner Angestellten nie aus den Augen. Eine enge, langjährige Vertraute Haubs formuliert es so: »Herr Haub hat seinen Mitarbeitern immer das Gefühl gegeben, dass sie für ihn wichtig sind.« Sie sagt aber auch: »Darüber ist er schlechten Mitarbeitern gegenüber oft viel zu weich gewesen. Die hat er nicht entlassen, die hat er lieber mit durchgefüttert und so den Erfolg des Unternehmens ein Stück weit auch gefährdet.«

Tengelmann hat es nicht geschadet, und auch Haubs anderen Engagements für die Gesellschaft nicht. Im Gegenteil. Bei Erivan Haub ist es der Umweltschutz. Anfang der achtziger Jahre erfindet er für Tengelmann das Umweltzeichen »Frosch und Schildkröte« und verpflichtet seine Lieferanten auf umweltfreundliche Produkte. Als die isländische Regierung sich weigert, den Walfang einzustellen, streicht er alle isländischen Waren aus seinen Läden. Ihm werden 13 Umweltpreise verliehen.»Umwelt hat keine Besitzer«, sagt er,»und was niemandem gehört, ist oft recht- und schutzlos«.

Anfangs wird er belächelt, heute wissen alle: Er war ein Trendsetter, einer, der den Zukunftsmarkt sah, eine Spezies unter Unternehmern, die immer seltener zu werden scheint.

Was läuft heute schief in Deutschland? Wo sind all die Pioniere geblieben?»Die Bürokratie muss massiv abgebaut werden. Solange ich nicht im Arbeitsamt anrufen kann, um mir zehn Leute ohne großen Aufwand für zehn Tage zu holen, solange werden wir nicht vorankommen. Unser Land ist bürokratisch verknöchert«, sagt er und erzählt von seinem Sohn Karl-Erivan, der 80 Prozent seiner Arbeitszeit damit verbringt, die Banken ruhig zu halten und die Auflagen für Schutzmaßnahmen am Arbeitsplatz zu erfüllen. Dass sich an diesem Zustand alsbald etwas ändern wird, das glaubt er nicht:»Für echte Reformen geht es uns noch nicht schlecht genug. Wir mussten uns noch alles selbst erarbeiten, den Kühlschrank, die Schlafgelegenheit, das Abendbrot.«

Wenn er davon erzählt und immer wieder ein wenig verklärt in die Vergangenheit zurückblickt, dann klingt es bisweilen so, als habe er den Glauben an die Durchsetzungs- und Gestaltungskraft der Politik verloren. Dann erzählt er auch von den Wahlkämpfen Helmut Kohls, die er unterstützt hat. 1998 beispielsweise ist es eine ranghohe Tengelmann-Mitarbeiterin gewesen, die sich im Ruhrgebiet, obwohl parteilos, sogar auf der Straße für die Union eingesetzt hat. Sie denkt sich neue Slogans für die Ortsvereine aus,»die hatten damals so schlechte«, sie verteilt höchstpersönlich in Fußgängerzonen Flugblätter und diskutiert mit den Bürgern.

Auch ihr Chef agiert für die CDU, wenn auch mehr im Hintergrund. Immer wieder spendet Erivan Haub größere Beiträge in die Parteikasse, hilft dem Kanzler auch in der Affäre um die Schwarzgelder der Union. Haub überweist Anfang 2000 einen sechsstelligen Betrag an Helmut Kohl, als der zwar die Namen der Spender nicht sagen, aber für den finanziellen Schaden der Partei gerade stehen will.»Ich schätze Helmut Kohls Lebensleistung, deshalb habe ich das getan«, sagt er. Er sagt aber auch: »Ich gehörte eine Zeit lang zu jenem Kreis aus der Wirtschaft, den er schon mal um Rat gebeten hat. Aber in seinen letzten Jahren als Kanzler, da hat er einfach nicht mehr zugehört, da hat er auch im Land nicht mehr viel bewegt.«

Er selbst hat noch genügend Ideen für neue Projekte. »Wir wollen in Osteuropa stark wachsen, und wir wollen den Trend zu gesunder Ernährung nutzen.«

Sein letzter großer Coup liegt inzwischen schon zehn Jahre zurück. Damals gründet er den Textildiscounter kik, heute hat die Kette 1 600 Filialen und ist hochprofitabel. Zum Abschied auf dem Parkplatz sagt er: »Es wird Zeit, mal wieder einen Treffer zu landen.«

Peter Brors, Claus Larass

Kapitel 16

»Das ist nichts für junge Manager«

Der Eigentümerunternehmer
Klaus Jacobs

Was treibt ihn? Klaus Jacobs sitzt in seinem Zürcher Büro, als sei er auf der Durchreise: der Schreibtisch picobello aufgeräumt, wenn nicht gar unberührt. Darauf die frisch gedruckten Visitenkarten, die ihn als Chef des weltgrößten Zeitarbeitsunternehmens Adecco ausweisen. Sie stecken noch in ihrer Originalverpackung. Daneben eine blau-rote Reproduktion eines Mark-Rothko-Bildes, das der asketische, beinahe hagere Mann mit keinem Blick würdigt.

Jacobs, Chef jener Dynastie, die den Deutschen als erstes die Kaffeebohne als Lebensgefühlt verkauft, dann die lila Schokolade beschert hat, ist hier nicht zu Hause. »Ich bin ein deutsch sprechender Europäer. Dies ist das Büro eines fahrenden Sängers«, sagt er, streicht sich mit der Hand über den kahl und kahler werdenden Kopf und packt schon wieder den kleinen kalbslederbraunen Aktenkoffer. Er will heute Abend noch nach London. Nahe der britischen Hauptstadt lebt die Familie auf einem Gestüt. Jacobs hat als Dressurreiter an Weltmeisterschaften teilgenommen. Noch heute züchtet er Pferde. Der Betrieb ist der einzige in seinem Leben, bei dem er hinnimmt, dass die Margen nicht stimmen. Noch nicht.

Bei Adecco hat er sich das drei Jahre angeschaut. Mit zunehmendem Ärger. Dann hat er gehandelt: den Chef entlassen, den Partner an der Verwaltungsratsspitze ausbezahlt und sich selbst als Konzernlenker und obersten Kontrolleur in Personalunion eingesetzt. Mit seinen damals gerade gefeierten 69 Jahren wird er selbst zum Zeitarbeiter. Bis 70 hat er sich gegeben, um den Laden wieder auf Vordermann zu bringen. Er selbst hat Milliarden auf der hohen

Kante. Er hat ein erfülltes Unternehmerleben hinter sich, er hat für Jacobs die Krönung erfunden, auch den vakuumverpackten Kaffee, dann hat er alles verkauft und ist noch einmal als Unternehmer durchgestartet. Was treibt diesen Mann?

1944 ist Klaus Jacobs acht Jahre alt. Der Vater kämpft nicht im Feld. Weil die Versorgung der Bevölkerung mit Kaffee und Lebensmitteln eine kriegswichtige Aufgabe ist, darf er zu Hause bleiben. Die Familie zieht aus der Lüneburger Heide fort in die Nähe von Bremen. Am Rande der Stadt haust sie in einer Holzbaracke. Die Engländer haben längst die Lufthoheit über Deutschland erkämpft. Eine Bombe zerstört die notdürftige Behausung der Familie, die aber in einem Schutzraum überlebt. Nachdem britische Truppen die Weser überqueren und auch die Hansestadt dem Nazi-Regime entrissen wird, ist der Krieg für Klaus Jacobs vorbei. 1946 wechselt er auf das »Neue Gymnasium Bremen«. Der Junge pendelt täglich auf dem Trittbrett überfüllter Hamsterzüge in die Stadt und wieder hinaus. Er sieht Menschen, die mit nichts anderem beschäftigt sind, als sich Kleider, Brennstoff und Lebensmittel zu organisieren. »Vielleicht tankt man dort so auf, dass der Wille entsteht, etwas zu unternehmen«, sagt Jacobs.

Mit 19 habe er die »Matura« bestanden. Er sagt tatsächlich »Matura«, benutzt den Schweizer Ausdruck für »Abitur« und spricht dabei mit unüberhörbarem norddeutschem Akzent, mit scharfem »s« und langem »e«. Jacobs, der deutsche Unternehmer, der in England wohnt, hat seit Jahren einen Schweizer Pass, obwohl ihn dort nicht alle gleichermaßen schätzen. Doch das ist eine andere Geschichte, die später erzählt wird.

Mit 19 tritt Jacobs seine erste Stelle an: bei Nottebohm & Co. in Hamburg, einer Gesellschaft für Außenhandel, Import, Export, für Kaffee, Häute und Honig. Die Firma gibt es heute nicht mehr. An Jacobs hat das nur beinahe gelegen: Als Lehrling jener hanseatischen Kaufleute muss er Aschenbecher leeren, Bleistifte anspitzen, Klobürsten reinigen, anschließend die Post öffnen und verteilen. Tagein, tagaus. »Ich habe mich gefragt: Wozu muss ich das lernen?«

An einem Samstagnachmittag allein im Kontor, als die Sonne über der Alster glitzert und er auf den Postlauf der Herren Direktoren wartet und wartet, platzt ihm der Kragen. Er lässt die Post ungeöffnet und geht an eine jener Maschinen, die ratternd Lochstreifen ausspucken und als die Urahnen von Faxen und E-Mails in jener Zeit ihren Dienst verrichten. Er manipuliert das Gerät solange, bis tatsächlich ein langer Lochstreifen erscheint, aus dem sich folgende Nachricht ergibt:»Liefere wie vereinbart 100000 Zwergmausfelle.« Als Absender taucht eine Adresse aus Honduras auf. Jacobs ist zufrieden und setzt sich ins Wochenende ab.

Als er am Montag nach der Vorlesung an der Universität wieder bei Nottebohm anklopft, öffnet ihm eine wutschnaubende Sekretärin: Er solle sich sofort bei seinem Chef Baron von Ritter melden.»Ich bin knapp an einem Verweis vorbei, aber das war mir nicht sehr unangenehm. Ich habe den Baron nie sonderlich geschätzt«, sagt Jacobs.

Auch der Chef, Willy Nottebohm persönlich, zitiert den unbotmäßigen Lehrling zu sich. Er schließt die ledergepolsterte Tür, pafft an seiner Zigarre und fragt:»Junge, wie hast du das gemacht? So etwas hat bei uns noch nie einer gewagt. Einen Riesenspaß, auf den die Herren auch noch fast reingefallen wären und die Felle bezahlt hätten. Klasse.« Dann lacht er dröhnend.»Das hat mich motiviert«, sagt Jacobs.»Als Unternehmer musst du etwas unternehmen.«

Und in Deutschland lässt sich in jenen Jahren eine Menge unternehmen. Die Währungsreform hat die Wirtschaft längst auf eine solide Grundlage gestellt. Der Marshall-Plan sieht für die drei Westzonen das Gegenteil von dem vor, was die Sowjets mit ihrer Ostzone veranstalten: Während die Amerikaner Geld nach Westdeutschland pumpen und damit wie ein Erste-Hilfe-Sanitäter einem Todkranken Sauerstoff zum Überleben spenden, soll in Ostdeutschland der Patient erst sterben, um dann neu geboren zu werden. Statt aufgebaut, wird dort demontiert. Hätten die Volkswagen-Werke nicht zufällig in Wolfsburg und Hannover, sondern zum Beispiel in der Lausitz gestanden, wäre der Transporter des Wirtschaftswunders wohl nie entwickelt worden.

Klaus Jacobs fährt 1957 in so einem schwarz-gelb lackierten VW-Bulli frischen Kaffee in Berlin aus. Ein halbes Jahr lang, dann bittet der Junior den Patron, ihn in die Ferne zu schicken, in die Länder der Kaffeebauern, nach Guatemala, San Salvador, Kolumbien. Er kratzt seine Ersparnisse zusammen. Arbeitet nicht mehr länger für den Vater, sondern gründet mit 7000 gesparten Dollar in Antigua seine eigene Agentur. Die Farmer liefern ihm Kaffee, er verkauft ihn auf eigene Rechnung weiter und verdient 25 bis 50 Cent an jedem 70-Kilo-Sack. Der Vater lässt den Sohn gewähren und kauft ab und an sogar bei ihm ein.

Klaus Jacobs ist inzwischen jedoch Kaufmann genug, um eine Zahl in seiner Bilanz stets im Auge zu behalten: die Gewinnmarge. Sie würde steigen, wenn er den fertigen Kaffee nicht nur verkaufte, sondern auch in die Veredelung des Rohkaffees einsteigen würde. Dabei wird der Kaffee als rote Frucht vom Baum gepflückt, geschält, getrocknet, gelagert und erst dann weiterverkauft. Zwei Jahre nach Eröffnung seiner Handelsagentur hat Jacobs 50000 Dollar gespart, die er in gebrauchte Maschinen investiert. Damit lassen sich die Kaffeekirschen, jene roten Früchte, in denen die begehrten Bohnen stecken, nun in großen Mengen und noch dazu sehr schnell schälen.

Jacobs hat seinen ersten Coup gelandet. Er tauft das Unternehmen Intercafé, verdient statt 25 Cent jetzt fünf Dollar je Sack und wird zum führenden Kaffee-Exporteur in Guatemala. »Tchibo war einer unser Großkunden. Ich war glücklich damals«, sagt Jacobs. »Sehr.«

So denkt er. Bis der 25-Jährige über die Ferien nach Hause reist, und es ihn erwischt. Verliebt. Verlobt. Verheiratet. Sechs Kinder hat er heute, sieben Enkelkinder.

Die junge Familie will nicht in den Bremer Muff, wo jeder jeden kennt und Klaus stets der Sohn bleiben wird. Wenn es schon Europa sein muss, dann bitte schön weit weg von Bremen. Jacobs zieht nach Wien und bringt den Österreichern bei, dass die Melange aus Jacobs-Bohnen noch besser schmeckt. Der Vater holt ihn 1963 zurück. Braucht er den geschäftstüchtigen Sohn an seiner Seite?

KLAUS JACOBS wird am 3. Dezember 1936 in Bremen geboren. Die Familie ist schon 1105 in der Hansestadt urkundlich nachweisbar. Jacobs wächst in einer kargen Unterkunft nahe Bremen auf. Dort geht er auch zur Schule, absolviert die Akademie für Internationalen Handel und Wirtschaftsbeziehungen in Hamburg und studiert in Stanford.

Ende der fünfziger Jahre steigt er in das familieneigene Kaffeehandelsgeschäft ein. Sein Vater schickt ihn nach Mittelamerika. In Guatemala gründet er mit geringem Eigenkapital seine eigene Agentur, die er Jahre später für viel Geld wieder verkauft. Er kehrt zurück nach Europa, geht zunächst für Jacobs Kaffee nach Wien und übernimmt 1972 die Geschäftsführung von seinem Vater Walther. Klaus Jacobs setzt auf mehr Markenbewusstsein und erfindet die »Krönung«. Später führt er den vakuumverpackten Kaffee ein, die Umsätze explodieren. Er internationalisiert das Geschäft und fusioniert die Firma 1982 mit der sanierungsbedürftigen Schweizer Interfood-Gruppe, zu der bekannte Marken wie »Toblerone« gehören. Mit einem veritablen Marketingfeuerwerk, etwa mit dem Werbeeinsatz der lila Kuh für die Marke »Milka«, treibt er den Umsatz des inzwischen in der Schweiz ansässigen Konzerns auf über 7 Milliarden Franken.

Ziemlich überraschend verkauft er 1990 Jacobs Suchard an Philip Morris. Erst später wird bekannt, dass sich seine Geschwister nicht länger an den Konzern binden wollten. Mit dem Erlös von 3 Milliarden Franken zahlt er die Verwandtschaft aus und investiert neu: in den weltgrößten Hersteller von Industrieschokolade Barry Callebaut sowie in den Zeitarbeitskonzern Adecco. Da hat er soeben das Management ausgewechselt und sich selbst – vorübergehend – als CEO an die Spitze des operativen Geschäfts gesetzt.

In Deutschland ist Kaffee längst zu einem Symbol des Wiederaufbaus und Wirtschaftswunders geworden. Kaffee trinken heißt, sich etwas leisten zu können. Der Konsum steigt stetig. Jacobs hat einen Marktanteil von 20 Prozent, nur Tchibo kann da mithalten.

Doch die Märkte schwanken, bis 1963 das internationale Kaffeeabkommen zwischen den Kaffee produzierenden und verbrauchenden Ländern abgeschlossen wird. Feste Exportquoten stabilisieren den Kaffeepreis auf hohem Niveau. Für die Röster aus Bremen ein Paradies. Klaus Jacobs übernimmt die Geschäftsführung in Bremen und kümmert sich verstärkt um das Marketing.

Es folgt Coup Nummer zwei nach der Firmengründung in Guatemala. Aus Jacobs-Kaffee in brauner, blauer und grüner Verpackung wird Jacobs »Privat«, Jacobs »Tradition« und die »Krönung«, Jacobs »Krönung«. Schauspielerin Karin Sommer wirbt für das neue Spitzenprodukt mit jenem unvergessenen Fernsehspot, in dem die Schwiegermutter kommt und nichts im Schrank ist, außer einer Packung »Krönung«. Die Schwiegermutter ist glücklich, Karin Sommer ist glücklich und Jacobs auch. Der Umsatz steigt innerhalb eines Jahres von 500 auf 700 Millionen Mark.

Doch Klaus Jacobs wird ungeduldig. Der Vater hat mehrmals angekündigt, ihm das Geschäft zu übergeben, aber stets hat er in letzter Minute einen Grund gefunden, selbst die Führung weiter in Händen zu halten. »Ich hatte bereits meine Mannschaft für den Ernstfall zusammengestellt«, berichtet Klaus Jacobs.

Aber der Ernstfall lässt auf sich warten. 1972 weilt er in den Dolomiten, als sein Telefon klingelt. In seiner Abwesenheit hat jemand aus seiner Mannschaft den Vater überzeugt, den Preis für ein Pfund Jacobs-Kaffee um eine D-Mark anzuheben. Die Deutschen reagieren darauf so sensibel, wie auf zehn Pfennig mehr je Liter Benzin an der Tankstelle. Innerhalb weniger Tage sinkt der Marktanteil um fünf Prozentpunkte. Die Konkurrenz frohlockt.

Jacobs bricht den Urlaub ab und eilt zurück nach Bremen, wo er einen zerknirschten Vater findet. »Du musst diesen Ratgeber, der mich überredet hat, die Preise anzuheben, rausschmeißen«, fordert der Vater den Sohn auf. »Nur, wenn du auch zurücktrittst«, antwortet der Sohn. »Denn sonst bin ich nächstes Mal wieder im Urlaub und dir flüstert jemand was Unheilvolles zu, was Du dann auf der Stelle umsetzt.«

Klaus Jacobs hat sich in seinem kühlen Adecco-Büro warm geredet. Der gepackte Koffer für den Abendflug nach London kann noch warten. »Es war nicht leicht, den Vater zum Rücktritt aufzufordern«, sagt er. Seine Augen glühen. Er sucht nach einer Erklärung dafür, dass er nicht anders konnte. »Ich meine, dass jeder Vorgesetzte, auch wenn es der eigene Vater ist, die Verpflichtung hat, seinen Platz zur richtigen Zeit zu räumen.«

Und was ist mit ihm selbst? Mit 69 ist er bei Adecco gerade erst wieder eingestiegen. »Es gibt Aufgaben, die kann ich jungen Leuten nicht zumuten«, sagt Jacobs und kaschiert damit nur schlecht seine Überzeugung, vieles einfach besser als andere zu können. Bei Adecco sei zur Zeit besonders Erfahrung gefragt. Tatsächlich sind die Verhältnisse unübersichtlich. Da sind die anderen Anteilseigner, also vor allem der französischstämmige Milliardär Philipp Foriel-Destezet, da ist der Verwaltungsrat, in dem sich Franzosen und Deutsche beharken, und da ist der bisherige Konzernchef, der eher dem französischen Lager zugeneigt war. »Da braucht es eine interne und externe Autorität. Das ist nichts für einen jungen, noch nicht so erfahrenen Manager.«

Seine beiden ältesten Söhne Christian, 42, der als Anwalt in Hamburg arbeitet und die Familienstiftung führt, und Andreas, 40, der die Investmentholding mit den sonstigen Beteiligungen der Familie leitet, kämen theoretisch für das Adecco-Spitzenamt in Frage. Natürlich habe er sie auf heikle Einsätze im Berufsleben vorbereitet. Aber eben noch nicht auf Adecco.

Die Börse gibt ihm, als er seinen Entschluss, die Sache selbst zu regeln, vor Monatsfrist verkündet, recht und honoriert seinen Einsatz mit einem nach oben schießenden Aktienkurs. Seither reist er, wenn es geht gemeinsam mit seinem Stellvertreter an der Verwaltungsratsspitze Jürgen Dormann, dem ehemaligen Top-Manager bei Hoechst und ABB, von Markt zu Markt. Analysten sprechen von einer veritablen Shoppingtour der beiden Vollblutunternehmer.

Sie dürften dabei sein, was Passendes zu finden, um das Adecco-Portfolio nach oben abzurunden: Ein Unternehmen aus der Branche vielleicht, das vor allem mit der Vermittlung von Führungskräften vergleichsweise mehr Geld verdient als Adecco mit seinem Brot-und-Butter-Geschäft. Jacobs schweigt zu diesen Vermutungen. Lieber spricht er über die Vergangenheit. »Schreiben Sie, Frau Karges«, sagt Klaus Jacobs damals 1972 zur Sekretärin seines Vaters, während der Senior unschlüssig am Türrahmen lehnt. »Schreiben Sie: Ich freue mich, meinen Sohn Klaus mit sofortiger Wirkung zum neuen Vorstandsvorsitzenden zu berufen und ihm die Geschäftstätigkeit zu übertragen.«

Er reißt das Papier geräuschvoll aus der Andruckrolle der Schreibmaschine und hält es dem Vater vor die Augen. Der setzt sich, liest, streicht das Wort »Vorstandsvorsitzender« mit dem Kommentar »das klingt zu staatstragend« durch und ersetzt es handschriftlich durch »Sprecher des Vorstands«. Anschließend muss Frau Karges noch eine Reinschrift verfassen. Das Schreiben erlangt Rechtskraft, in dem es ans Schwarze Brett im Bremer Kontor geheftet wird. Der Wechsel an der Firmenspitze ist perfekt. Und Jacobs feuert auf der Stelle den schlechten Ratgeber seines Vaters. »Es war meine erste Amtshandlung als Sprecher des Vorstands. Ich bin nicht einmal zurück in mein Büro gegangen, sondern habe sofort gehandelt.«

Drei Entscheidungen trifft Jacobs in den nächsten drei Jahren, die in der Branche Pioniercharakter haben und mit weitsichtig zu beurteilen sind: Er internationalisiert das Unternehmen und macht Jacobs zum größten Kaffeeanbieter in Europa. Er revolutioniert die Verkaufsmethode. Statt frischen Kaffee, den einst bis zu 1 500 Mitarbeiter täglich in die Geschäfte ausfahren, bevorzugt er als Erster vakuumverpackten und gemahlenen Kaffee. Der Frischedienst wird alsbald eingestellt, die Mitarbeiter entlassen.

1975 geht das noch ohne große Zwischentöne. Die Arbeitslosenquote liegt bei kaum 4 Prozent. Heute würden Politiker in Deutschland das Vollbeschäftigung nennen. Damals nutzen die regierenden Sozialdemokraten die florierende Wirtschaft, um ihr Modell von der Welt umzusetzen. Willy Brandt bringt eine Reichensteuer ins Gespräch. Die Regierung weitet die Mitbestimmung in Betrieben aus, die Rechte der Gewerkschaften werden verbessert. So müssen fortan im Aufsichtsrat gleichviel Arbeitnehmer- und Arbeitgebervertreter sitzen.

Der Bremer Oberbürgermeister Hans Koschnick –»Hänschen« nennt Jacobs ihn – wird stellvertretender SPD-Vorsitzender und hat anderes zu tun, als sich um die Anliegen der Kaffeemillionäre zu kümmern. Jacobs vermutet Schikane hinter Anweisungen, wonach die firmeneigenen Lastwagen an einer großen Bremer Kreuzung nicht mehr nach links abbiegen dürfen, um auf direktem Weg in die Rösterei zu gelangen. Er zahlt seine »Abschiedssteuer« und beschließt den Umzug in die Schweiz.

Dort kauft sich der Deutsche in die erste Unternehmensliga ein: Er erwirbt 1982 das Schokoladenimperium Interfood, mit so illustren Marken wie Suchard und Toblerone, auf die jeder Eidgenosse noch heute schwört.

Unter dem Namen Jacobs Suchard stärkt er die Marken Toblerone, aber vor allem die in lila Papier verpackte Schokolade Milka versetzen immer mehr Käufer in Verzückung. Die lassen sich, angeheizt von Jacobs' Werbefeuerwerk mit einer lila Kuh in Scharen in süße Versuchung führen und bescheren dem Konzern stetig steigende Umsätze.

Umso größer ist das Entsetzen, als der Deutsche mit der scharfgeschnittenen Nase 1990 diese Nationalheiligtümer der Schweizer an den US-Zigarettenmulti Philip Morris verscherbelt. Okay, verscherbelt ist das falsche Wort, Jacobs hat immerhin 3,2 Milliarden Franken für 62 Prozent seiner Stimmrechtsanteile an Jacobs Suchard erhalten. Aber das macht die Sache nur noch schlimmer.

Den »Entführer des Matterhorns« nennen sie ihn zeitweise zwischen Zürich und Genf, der die dreieckige Toblerone, die doch so schön den Schweizer Alpengipfeln nachempfunden ist, ins Ausland transferiert hat und die lila Schoki, die drauf und dran war, das weiße Schweizer Kreuz auf rotem Grund als nationales Symbol abzulösen, gleich mit.

Danach gilt Jacobs vielen Schweizern über Jahre als kühl kalkulierender Hanseat und schnöder Jet-Setter mit einer Schwäche für edle Pferde. Er wird in seiner Wahlheimat in Küsnacht an der goldenen Küste des Zürichsees allenfalls noch geduldet. Jacobs lernt Schwyzerdütsch, die Schweizer wollen ihren Ohren nicht trauen. Der Musikliebhaber sponsert die Oper in Zürich, die Eidgenossen meinen, es sei Selbstsucht. »Ich stehe zu meinem Lebensweg und meinen Entscheidungen«, sagt er in einem früheren Interview, und die harmonieverliebten Schweizer fühlen sich prompt vor den Kopf gestoßen. Er erscheint ihnen wie eine Mischung aus Wall Street und Rotem Kreuz, wenn er auf der einen Seite sein Imperium ausbaut und sich auf der anderen in Genf zum Präsidenten der Weltpfadfinder aufschwingt.

Doch Klaus Jacobs fühlt sich selbst nicht ganz wohl in dieser Lebensphase. Er hat nicht nur Suchard verkauft, sondern auch das Unternehmen, das seinen Namen trägt, das er geerbt und erheblich erweitert hat, das er zu *dem* Kaffeeröster in Europa entwickelt hat: Jacobs wird amerikanisch. »Ich habe verkauft, als wir voll im Segel waren. Es war die schwerste Entscheidung in meinem Leben. Ich möchte sie nicht noch einmal treffen müssen«, sagt er heute, und für einen Augenblick ist es still im kargen Züricher Büro. Jacobs hat seine Achillesferse entblößt. Auch jemand wie er, der seine Unabhängigkeit vor sich herträgt wie eine Monstranz, hat in seinem Leben nicht immer getan, was er wollte.

Die Geschwister hatten andere Pläne mit der Firma. Sie wollten seiner Internationalisierungsstrategie nicht weiter folgen. Jacobs sagt: »Ich konnte das Unternehmen nicht mehr frei führen. Dann muss man eben verkaufen.«

Mit dem Geld, mehr als 3 Milliarden Franken, zahlt er seine Geschwister aus. Er will heute, wo er wieder obenauf ist, nicht mehr darüber richten, sondern erlaubt sich die Geste der Gnade: »Für sich gesehen, hatten die Geschwister vielleicht sogar Recht.« Damals aber hat es ihn getroffen. Als zudem der gerade teuer gekaufte US-Süßwarenhersteller Bracht nicht so läuft, wie Jacobs sich das vorgestellt hat, willigt er in das Angebot von Philip Morris ein.

Doch Jacobs, der Umtriebige, der Getriebene und der Antreiber in einer Person, wäre nicht er selbst gewesen, hätte er sich mit Sentimentalitäten lange aufgehalten. »Ich habe nicht eine Minute gezögert«, sagt er. Auf der Stelle investiert er in die Zeitarbeit, kauft den Schweizer Anbieter Adia und fusioniert ihn später mit der französischen Ecco zur Nummer eins der Branche. Außerdem holt er sich von den Amerikanern das Geschäft mit der Industrieschokolade zurück und baut es aus. Barry Callebaut entsteht, heute der weltgrößte Schokoladenhersteller. Übrigens jene Firma, an deren Spitze seit kurzem Sohn Andreas als Aufsichtsratsvorsitzender amtiert. Diese Aufgabe traut er seinem Nachfahren offenbar schon zu, Adecco noch nicht.

Was also treibt ihn an, auch mit fast 70 noch immer dort weiter zu machen? »Ich bin immer noch sehr neugierig«, sagt er. »Und voller Tatendrang.«

Peter Brors, Oliver Stock

Anmerkungen

Einleitung

1 Werner Abelshauser, *Deutsche Wirtschaftsgeschichte seit 1945*, München 2004, S. 11
2 Horst Köhler, Rede am 15.3.2005 in Berlin
3 Alfred C. Mierzejewski, *Ludwig Erhard*, München 2005, S. 75f.
4 Harold James, *Familienunternehmen in Europa*, München 2005, S. 246
5 Ebd., S. 246
6 Egon Zehnder, *Jahrzehnte der Führung*, Düsseldorf 2004, S. 10ff.
7 Lothar Gall, *Krupp im 20. Jahrhundert*, Berlin 2002, S. 491f.
8 James, *Familienunternehmen*, S. 276f.
9 Milton Friedman, *Kapitalismus und Freiheit*, Frankfurt 2002, S. 49
10 Frank-Walter Steinmeier, Matthias Machnig, *Made in Germany 21*, Hamburg 2004, S. 102
11 Jacob Burckhardt, *Weltgeschichtliche Betrachtungen*, Stuttgart 1978, S. 234
12 James, *Familienunternehmen*, S. 350

Kapitel 8

1 Ludwig Poullain, *Tätigkeitsbericht*, Stuttgart 1979, S. 49
2 Ebd., S. 39
3 Ebd., S. 221
4 *Frankfurter Allgemeine Zeitung*, 16.7.2004

Kapitel 11

1 Bettina Grosse de Cosnac: *Ein Bär geht um die Welt. Haribo – vom Bonbonkocher zum König der Gummibärchen. Eine deutsche Familiensaga*, Hamburg 2003
2 Ebd.

Kapitel 12

1 *Adenauerdenkmal auf dem Adenauerplatz in Berlin*, Broschüre der K.-A.-Stiftung, 2005, S. 8
2 Rüdiger Jungbluth, *Die Quandts*, Frankfurt 2002, S. 248
3 Horst Mönnich, *BMW – Eine deutsche Geschichte*, München 1993, S. 634
4 Jungbluth, *Quandts*, S. 251
5 Ebd., S. 253
6 Richard A. Johnson, *Six Men Who Built the Modern Auto Industry*, St. Paul 2005, S. 65
7 Jungbluth, *Quandts*, S. 259
8 Johnson, *Six Men*, S. 72
9 Ebd., 62
10 Ebd., 15
11 *Frankfurter Allgemeine Zeitung*, 7.7.1999
12 *Frankfurter Allgemeine Zeitung*, 19.5.1999
13 Johnson, *Six Men*, S. 291
14 Ebd., 283

Kapitel 13

1 Walt Whitman, *Leaves of Grass*, Oxford UP 2001, S. 439

Die Autoren

Peter Brors, Jahrgang 1966, geboren in Troisdorf, Diplom-Kaufmann. Zunächst Studium der Volkswirtschaftslehre an der Universität Bonn, später BWL an der Universität Trier. Volontariat an der Georg von Holtzbrinck-Schule für Wirtschaftsjournalisten. Mitarbeit bei der *WirtschaftsWoche* und beim Züricher Wirtschaftsmagazin *Bilanz*. Seit 1994 Redakteur beim *Handelsblatt*, zuerst im Ressort Unternehmen und Märkte, später als Reporter. Seit 2004 Leiter des Ressorts Report und Profil.

Joachim Dorfs, Jahrgang 1964, geboren in Essen, Diplom-Volkswirt. Studium der Volkswirtschaftslehre an der Universität Köln. Volontariat an der Georg von Holtzbrinck-Schule für Wirtschaftsjournalisten. Seit 1992 Redakteur beim *Handelsblatt*. Arbeitete für das *Handelsblatt* in Washington und Paris, dann Leiter des Unternehmensressorts. Heute Stellvertretender Chefredakteur.

Christoph Hardt, M.A., Jahrgang 1960, geboren in Hennef/Sieg. Studium der Geschichte, Philosophie und Musikwissenschaft in Heidelberg. Nach dem Studium zunächst wissenschaftlicher Angestellter am Institut für Sozial- und Wirtschaftsgeschichte, dann Volontariat beim *Kölner Stadt-Anzeiger*. Politischer Redakteur in Köln, danach Wechsel zum *Trierischen Volksfreund* und Parlamentskorrespondent für die Holtzbrinck-Regionalzeitungen in Bonn und Berlin. Seit 2000 beim *Handelsblatt* in Düsseldorf, zunächst als Textredakteur, dann als Reporter. Seit 2005 Büroleiter des *Handelsblatts* in München.

Claus Larass, Jahrgang 1944, geboren in Jüterbog, Journalist. Nach dem Volontariat Redakteur bei verschiedenen Zeitungen. Schrieb für *Welt am Sonntag*, ab 1992 Chefredakteur von *Bild*. 1998 zuerst stellvertretender Vorstandsvorsitzender der Springer AG, anschließend Vorstand bei ProSiebenSat1 bis Ende 2003. Seither Publizist und Medienberater.

Michael Maisch, Jahrgang 1967, geboren in Achern/Baden, Diplom-Volkswirt. Studium der Volkswirtschaftslehre an der Freien Universität Berlin, freier Mitarbeiter im Wirtschaftsressort der *Berliner Zeitung*. 1997 Wechsel nach Frankfurt/M. zur Nachrichtenagentur *vwd*. Seit 1999 Redakteur beim *Handelsblatt*, Schwerpunkte Investmentbanking und Reportagen. Seit Juni 2006 Korrespondent in London für das *Handelsblatt*.

Christoph Neßhöver, Jahrgang 1970, geboren in Köln. Studium der Politikwissenschaft und Volkswirtschaft in Trier und Bordeaux. Nach dem Volontariat an der Georg von Holtzbrinck-Schule für Wirtschaftsjournalisten *Handelsblatt*-Korrespondent in Washington (2000 bis 2001) und Paris (2001 bis 2004). Seit Oktober 2004 Reporter des *Handelsblatts* in Düsseldorf.

Katharina Slodczyk, Jahrgang 1972. Nach dem Abitur Volontariat bei den *Ruhr-Nachrichten*, Dortmund. Anschließend Besuch der Kölner Journalistenschule für Politik und Wirtschaft. Parallel dazu Studium der Volkswirtschaftslehre an der Kölner Universität. Veröffentlichungen unter anderem in der *Zeit, Frankfurter Allgemeinen Zeitung* und *Capital*. Seit 2000 Redakteurin beim *Handelsblatt*, zunächst im Ressort Unternehmen und Märkte, 2005 Wechsel zum Reporter-Team.

Oliver Stock, Jahrgang 1965. Studium der Geschichte und Volkswirtschaft an den Universitäten Hamburg, Bordeaux und Wien. Volontariat bei der *Hannoverschen Allgemeinen Zeitung*. Dort als Redakteur tätig, wechselte später als Sprecher ans Ministerium für Wirtschaft, Technologie und Verkehr in Niedersachsen. Seit 2000 beim *Handelsblatt*, verantwortete dort die Seite »Tagesthema«. Berichtet seit 2004 als Korrespondent in Zürich über Themen aus der Schweiz und Österreich.

Georg Weishaupt, Jahrgang 1956, geboren in Aachen, Diplom-Kaufmann. Zunächst Ausbildung zum Bankkaufmann, dann BWL-Studium in Aachen und Köln. Mitarbeit beim *Kölner Stadt-Anzeiger*. Volontariat bei der *WirtschaftsWoche* in Düsseldorf. Seit 1986 Redakteur beim *Handelsblatt*, zuerst im Ressort Unternehmen und Märkte, dann als Reporter, heute zuständig für die Rubrik Profil.

Bernd Ziesemer, Jahrgang 1953. Politik-Studium in Hamburg und Köln. Ausbildung an der Henri-Nannen-Journalistenschule (Gruner+Jahr/Die Zeit). Korrespondent in Bonn, Frankfurt, Moskau und Tokio, seit 1999 beim *Handelsblatt*. Seit 2002 Chefredakteur des *Handelsblatts*.

Literatur

Abelshauser, Werner: *Deutsche Wirtschaftsgeschichte seit 1945*, München 2004

Ackermann, Rudolf: *Chronik der Firma Heraeus, III. Teil, 1945–1980 (unvollständig)*, Hanau 1986–1990

Burckhardt, Jacob: *Weltgeschichtliche Betrachtungen*, Stuttgart 1978

Deichmann, Heinz-Horst: *Mir gehört nur, was ich verschenke*, Essen 2001

Engisch, Helmut/Michael Zerhusen: *Die Fischers. Eine schwäbische Dübel-Dynastie*, Stuttgart 1998

Erhard, Ludwig: *Wohlstand für alle*, Frankfurt 1957

Friedman, Milton: *Kapitalismus und Freiheit*, Frankfurt 2002

Gall, Lothar: *Krupp im 20. Jahrhundert*, Berlin 2002

Dönhoff, Marion/Hubert Markl/Richard von Weizsäcker (Hrsg.): *Eliten und Demokratie. Wirtschaft, Wissenschaft und Politik im Dialog zu Ehren von Eberhard von Kuenheim*, Berlin 1999

Grau, Ute/Barbara Guttmann: *Reinhold Würth – Ein Unternehmer und sein Unternehmen*, Künzelsau 2005

Grosse de Cosnac, Bettina: *Ein Bär geht um die Welt. Haribo – vom Bonbonkocher zum König der Gummibärchen. Eine deutsche Familiensaga*, Hamburg 2003

Hauss, Heike: *Faszination Blech*, Stuttgart 1996

James, Harold: *Familienunternehmen in Europa*, München 2005

Jeske, Jürgen (Hrsg.): *Roland Berger*, München 2003

Johnson, Richard A.: *Six Men Who Built the Modern Auto Industry*, St. Paul 2005

Mierzejewski, Alfred C.: *Ludwig Erhard*, München 2005

Jungbluth, Rüdiger: *Die Quandts. Ihr leiser Aufstieg zur mächtigsten Wirtschaftsdynastie Deutschlands*, Frankfurt 2002

Leibinger, Berthold: *Es sind geistige Kräfte, die die Welt verändern (Reden)*, Gerlingen 2002

Leibinger, Berthold: *Erfolgsmodell Innovation*, Stuttgart/Leipzig 2005

Mönnich, Horst: *BMW. Eine deutsche Geschichte*, München 1993

Poullain, Ludwig: Tätigkeitsbericht, Stuttgart 1979

Recker, Marie-Luise/Daniela Gniss: *Heraeus – Ein Familienunternehmen seit 1851*, Hanau 2001

Schäfer, Volker: Heraeus: *Ein Technologie-Unternehmen. Eine kurze Unternehmensgeschichte von der Firmengründung bis zur Gegenwart*, Hanau 1993

Schönherr, Karlheinz: *Nach oben geschraubt. Reinhold Würth – Die Karriere eines Unternehmers*, Düsseldorf 1991

Schrank, Ralf: *Heraeus – Ein Familienunternehmen schreibt Industriegeschichte – Von der Einhorn-Apotheke zum Weltkonzern*, München 2001

Schumpeter, Joseph A.: *Kapitalismus, Sozialismus und Demokratie*, Frankfurt 1993

Weber, Max: *Die protestantische Ethik und der Geist des Kapitalismus*, München 2004

Würth, Reinhold: *Entrepreneurship. Mut zur Verantwortung*, Künzelsau 1999

Würth, Reinhold: *Erfolgsgeheimnis Führungskultur, Bilanz eines Unternehmens*, Künzelsau, 1999

Zerhusen, Michael/Dieter Tschorn (Hrsg.): *Begegnungen mit Artur Fischer*, Stuttgart 1999